国家重点研发计划"固废资源化"重点专项支持
固废资源化技术丛书

产品全生命周期溯源技术体系研究

"产品全生命周期识别溯源体系及绩效评价技术"项目组　编

科　学　出　版　社
北　京

内 容 简 介

本书选取电器电子产品、汽车产品、铅酸蓄电池、典型包装物等四类产品，针对全生命周期资源消耗与环境影响的减量化目标，全面回顾国内外生产者责任延伸系统评估已有工作基础，采用企业自主披露信息与逆向物流系统平台信息相结合的方式，采集数据，建立了生产者履责绩效评价指标体系。基于生产者履责绩效综合评价模型和评价方法，整合生产企业现有的其他材料供应、市场销售、生态设计、信息公开以及回收利用等信息，建立生产企业履责绩效评价信息数据库，并在浙江湖州开展上述四类产品全生命周期识别溯源及绩效评价的集成示范应用。了解不同回收体系的商业模式下，生产者履责绩效评价系统和信息数据库的应用情况、各类产品全生命周期信息大数据平台的协调整合与应用情况，以及各研发技术的应用情况。

本书是项目组在产品全生命周期溯源技术领域多年研发工作的总结，旨在为我国生产者责任延伸制度推行提供重要支撑。本书可作为高等院校环境经济学、环境工程等专业本科生和研究生的参考书，亦可作为相关领域科研工作者、工程人员、企业人员等的参考资料。

图书在版编目(CIP)数据

产品全生命周期溯源技术体系研究/"产品全生命周期识别溯源体系及绩效评价技术"项目组编. —北京：科学出版社，2023.12
（固废资源化技术丛书）
ISBN 978-7-03-076912-1

Ⅰ. ①产… Ⅱ. ①产… Ⅲ. ①产品生命周期－质量管理－研究 Ⅳ. ①F273.2

中国国家版本馆 CIP 数据核字（2023）第 216673 号

责任编辑：杨 震 杨新改 孙静惠 / 责任校对：杜子昂
责任印制：徐晓晨 / 封面设计：东方人华

科学出版社 出版
北京东黄城根北街 16 号
邮政编码：100717
http://www.sciencep.com

北京中科印刷有限公司 印刷
科学出版社发行 各地新华书店经销

*

2023 年 12 月第 一 版　开本：720×1000　1/16
2023 年 12 月第一次印刷　印张：13 1/4
字数：270 000

定价：108.00 元
（如有印装质量问题，我社负责调换）

"固废资源化技术丛书"编委会

顾　　问：左铁镛　张　懿
主　　编：李会泉
副 主 编：何发钰　戴晓虎　吴玉锋
编　　委（按姓氏汉语拼音排序）：
　　　　　陈庆华　陈运法　程芳琴　戴晓虎　顾晓薇
　　　　　韩跃新　何发钰　胡华龙　黄朝晖　李会泉
　　　　　李少鹏　李耀基　梁秀兵　刘　诚　刘会娟
　　　　　罗旭彪　闵小波　邱廷省　王成彦　王栋民
　　　　　王海北　王学军　吴玉锋　徐夫元　徐乐昌
　　　　　张　伟　张利波　张一敏　仲　平
青年编委（按姓氏汉语拼音排序）：
　　　　　顾一帆　国佳旭　柯　勇　李　彬　刘　泽
　　　　　刘家琰　马保中　王晨晔　王耀武　张建波
　　　　　朱干宇

本书作者名单

（按姓氏汉语拼音排序）

曹婧	崔璇	崔燕	邓毅	窦从从
杜柯	范心雨	何艺	侯贵光	黄永和
霍慧敏	贾佳	贾彦鹏	黎宇科	李刚
李越	李金玲	李淑媛	李震彪	刘婷婷
刘欣伟	刘自钦	柳溪	罗岩	穆献中
宋鑫	唐爱军	童昕	托同霞	王佳
王恒广	王璐瑶	王沛泽	王如月	王小珏
王学军	王兆龙	吴玉锋	谢海燕	许军祥
许开华	薛颐	杨春平	杨登才	杨煜田
么新	银温良	张坤	张德元	张东琦
张宇平	郑紫晨	朱丽		

丛 书 序 一

深入推进固废资源化、大力发展循环经济已经成为支撑社会经济绿色转型发展、战略资源可持续供给和"双碳"目标实现的重要途径，是解决我国资源环境生态问题的基础之策，也是一项利国利民、功在千秋的伟大事业。党和政府历来高度重视固废循环利用与污染控制工作，习近平总书记多次就发展循环经济、推进固废处置利用做出重要批示；《2030年前碳达峰行动方案》明确深入开展"循环经济助力降碳行动"，要求加强大宗固废综合利用、健全资源循环利用体系、大力推进生活垃圾减量化资源化；党的二十大报告指出"实施全面节约战略，推进各类资源节约集约利用，加快构建废弃物循环利用体系"。

回顾二十多年来我国循环经济的快速发展，总体水平和产业规模已取得长足进步，如：2020年主要资源产出率比2015年提高了约26%、大宗固废综合利用率达56%、农作物秸秆综合利用率达86%以上；再生资源利用能力显著增强，再生有色金属占国内10种有色金属总产量的23.5%；资源循环利用产业产值达到3万亿元/年等，已初步形成以政府引导、市场主导、科技支撑、社会参与为运行机制的特色发展之路。尤其是在科学技术部、国家自然科学基金委员会等长期支持下，我国先后部署了"废物资源化科技工程"、国家重点研发计划"固废资源化"重点专项以及若干基础研究方向任务，有力提升了我国固废资源化领域的基础理论水平与关键技术装备能力，对固废源头减量—智能分选—高效转化—清洁利用—精深加工—精准管控等全链条创新发展发挥了重要支撑作用。

随着全球绿色低碳发展浪潮深入推进，以欧盟、日本为代表的发达国家和地区已开始部署新一轮循环经济行动计划，拟通过数字、生物、能源、材料等前沿技术深度融合以及知识产权与标准体系重构，以保持其全球绿色竞争力。为了更好发挥"固废资源化"重点专项成果的引领和应用效能，持续赋能循环经济高质量发展和高水平创新人才培养等方面工作，科学出版社依托该专项组织策划了"固废资源化技术丛书"，来自中国科学院过程工程研究所、五矿集团、矿冶科技集团有限公司、同济大学、北京工业大学等单位的行业专家、重点专项项目及课题负责人参加了丛书的编撰工作。丛书将深刻把握循环经济领域国内外学术前沿动态，系统提炼"固废资源化"重点专项研发成果，充分展示和深入分析典型无机固废源头减量与综合利用、有机固废高效转化与安全处置、多元复合固废智能拆解与清洁再生等方面的基础理论、关键技术、核心装备的最新进展和示范应用，以期让相关领域广大科研工作者、企业家群体、政府及行业管理部门更好地了解固废资源化科技进步和产业应用情况，为他们开展更高水平的科技创新、工程应用和管理工作提供更多有益的借鉴和参考。

左铁镛

中国工程院院士

2023 年 2 月

丛书序二

我国处于绿色低碳循环发展关键转型时期。化工、冶金、能源等行业仍将长期占据我国工业主体地位，但其生产过程产生数十亿吨级的固体废物，造成的资源、环境、生态问题十分突出，是国家生态文明建设关注的重大问题。同时，社会消费环节每年产生的废旧物质快速增加，这些废旧物质蕴含着宝贵的可回收资源，其循环利用更是国家重大需求。固废资源化通过再次加工处理，将固体废物转变为可以再次利用的二次资源或再生产品，不但可以解决固体废物环境污染问题，而且实现宝贵资源的循环利用，对于保证我国环境安全、资源安全非常重要。

固废资源化的关键是科技创新。"十三五"期间，科学技术部启动了"固废资源化"重点专项，从化工冶金清洁生产、工业固废增值利用、城市矿产高质循环、综合解决集成示范等全链条、多层面、系统化加强了相关研发部署。经过三年攻关，取得了一系列基础理论、关键技术和工程转化的重要成果，生态和经济效益显著，产生了巨大的社会影响。依托"固废资源化"重点专项，科学出版社组织策划了"固废资源化技术丛书"，来自中国科学院过程工程研究所、中国地质大学（北京）、中国矿业大学（北京）、中南大学、东北大学、矿冶科技集团有限公司、军事科学院国防科技创新研究院等很多单位的重点专项项目负责人都参加了丛书的编撰工作，他们都是固废资源化各领域的领军人才。丛书对固废资源化利用的前沿发展以及关键技术进行了阐述，介绍了一系列创新性强、智能化程度高、工程应用广泛的科技成果，反映了当前固废资源化的最新科研成果和生产技术水平，有助于读者了解最新的固废资源化利用相关理论、技术和装备，对学术研究和工程化实施均有指导意义。

我带领团队从1990年开始，在国内率先开展了清洁生产与循环经济领域的技术创新工作，到现在已经30余年，取得了一定的创新性成果。要特别感谢科学技术部、国家自然科学基金委员会、中国科学院等的国家项目的支持，以及社会、企业等各方面的大力支持。在这个过程中，团队培养、涌现了一批优秀的中青年骨干。丛书的主编李会泉研究员在我团队学习、工作多年，是我们团队的学术带头人，他提出的固废矿相温和重构与高质利用学术思想及关键技术已经得到了重要工程应用，一定会把这套丛书的组织编写工作做好。

固废资源化利国利民，技术创新永无止境。希望参加这套丛书编撰的专家、学者能够潜心治学、不断创新，将理论研究和工程应用紧密结合，奉献出精品工程，为我国固废资源化科技事业做出贡献；更希望在这个过程中培养一批年轻人，让他们多挑重担，在工作中快速成长，早日成为栋梁之材。

感谢大家的长期支持。

中国工程院院士

2022 年 12 月

丛 书 前 言

深入推进固废资源化已成为大力发展循环经济，建立健全绿色低碳循环发展经济体系的重要抓手。党的二十大报告指出"实施全面节约战略，推进各类资源节约集约利用，加快构建废弃物循环利用体系"。我国固体废物增量和存量常年位居世界首位，成分复杂且有害介质多，长期堆存和粗放利用极易造成严重的水-土-气复合污染，经济和环境负担沉重，生态与健康风险显现。而另一方面，固体废物又蕴含着丰富的可回收物质，如不加以合理利用，将直接造成大量有价资源、能源的严重浪费。

通过固废资源化，将各类固体废物中高品位的钢铁与铜、铝、金、银等有色金属，以及橡胶、尼龙、塑料等高分子材料和生物质资源加以合理利用，不仅有利于解决固体废物的污染问题，也可成为有效缓解我国战略资源短缺的重要突破口。与此同时，由于再生资源的替代作用，还能有效降低原生资源开采引发的生态破坏与环境污染问题，具有显著的节能减排效应，成为减污降碳协同增效的重要途径。由此可见，固废资源化对构建覆盖全社会的资源循环利用体系，系统解决我国固废污染问题、破解资源环境约束和推动产业绿色低碳转型具有重大的战略意义和现实价值。随着新时期绿色低碳、高质量发展目标对固废资源化提出更高要求，科技创新越发成为其进一步提质增效的核心驱动力。加快固废资源化科技创新和应用推广，就是要通过科技的力量"化腐朽为神奇"，将"绿水青山就是金山银山"的理念落到实处，协同推进降碳、减污、扩绿、增长。

"十三五"期间，科学技术部启动了国家重点研发计划"固废资源化"重点专项，该专项紧密面向解决固体废物重大环境问题、缓解重大战略资源紧缺、提升循环利用产业装备水平、支撑国家重大工程建设等方面战略需求，聚焦工业固废、生活垃圾、再生资源三大类典型固废，从源头减量、循环利用、协同处置、精准管控、集成示范等方面部署研发任务，通过全链条科技创新与全景式任务布局，引领我国固废资源化科技支撑能力的全面升级。自专项启动以来，已在工业固废建工建材利用与安全处置、生活垃圾收集转运与高效处理、废旧复合器件智能拆解高值利用等方面取得了一批重大关键技术突破，部分成果达到同领域国际先进水平，初步形成了以固废资源化为核心的技术装备创新体系，支撑了近20亿吨工业固废、城市矿产等重点品种固体废物循环利用，再生有色金属占比达到30%，为破解固废污染问题、缓解战略资源紧缺和促进重点区域与行业绿色低碳发展发挥了重要作用。

本丛书将紧密结合"固废资源化"重点专项最新科技成果，集合工业固废、城市矿产、危险废物等领域的前沿基础理论、创新技术、产品案例和工程实践，旨在解决工业固废综合利用、城市矿产高值再生、危险废物安全处置等系列固废处理重大难题，促进固废资源化科技成果的转化应用，支撑固废资源化行业知识普及和人才培养。并以此为契机，期寄固废资源化科技事业能够在各位同仁的共同努力下，持续产出更加丰硕的研发和应用成果，为深入推动循环经济升级发展、协同推进减污降碳和实现"双碳"目标贡献更多的智慧和力量。

李会泉　何发钰　戴晓虎　吴玉锋

2023年2月

前　言

随着中国经济社会发展和产业结构调整的推进，循环经济政策的重点逐步从产品生产领域向产品全生命周期（尤其是消费领域）不断扩展。在中国建立基于生产者责任延伸（extended producer responsibility，EPR）原则的电子废物管理制度已经获得业界和管理部门的普遍认同，但无论是法律框架，还是操作实践，对于采取什么样的组织形式更适合当前中国的现实存在一定争议。从 EPR 的主旨来看，改善废物回收处理的成本-效益和促进生态设计源头减量两个方面都很重要，但两者在政策实践中存在一定的矛盾。废弃产品的管理有必要纳入更加开放的竞争性市场，通过纵向的产业链协作与横向的城市废物管理系统对接，根据产品特点和地方实际试验新兴溯源技术条件，建立起一个以生产者为中心的产品闭环供应链系统，不断推动技术进步，以较小的综合成本实现消费者、产业界和社会公共利益的多方共赢。

2008 年颁布的《中华人民共和国循环经济促进法》中规定"生产列入强制回收名录的产品或者包装物的企业，必须对废弃的产品或者包装物负责回收"，明确将生产者责任延伸的原则引入我国相关法律体系。2009 年，国务院发布《废弃电器电子产品回收处理管理条例》（以下简称《条例》），率先在电器电子产品领域实施生产者责任延伸制度。

2016 年，依据中共中央和国务院联合发布的《生态文明体制改革总体方案》，国务院办公厅发布了《生产者责任延伸制度推行方案》（以下简称《方案》），将 EPR 制度从电器电子产品领域进一步推广到汽车、铅酸蓄电池和包装材料等领域，旨在完善市场机制，促进企业从全生命周期角度改善产品环境表现。该方案目标："到 2020 年，生产者责任延伸制度相关政策体系初步形成，产品生态设计取得重大进展，重点品种的废弃产品规范回收与循环利用率平均达到 40%。到 2025 年，生产者责任延伸制度相关法律法规基本完善，重点领域生产者责任延伸制度运行有序，产品生态设计普遍推行，重点产品的再生原料使用比例达到 20%，废弃产品规范回收与循环利用率平均达到 50%。"

为了实现上述目标，需要调动生产企业的积极性，发挥市场调节的主导作用，并进一步依法明确相关主体在各个环节所应当承担的责任，从而建立起有效的市场激励机制，调动各方主体履行资源环境责任的积极性，形成可持续的商业模式。由政府联合各相关主体，建立完善生产者责任延伸制度实施的监督评价体系，是整个制度建设的工作基础。本书以《方案》中选取的电器电子产品、汽车产品、铅酸蓄电池、典型包装物等四类产品具体要求为依据，针对全生命周期资源消耗与环境影响的减量化目标，全面回顾国内外 EPR 系统评估已有工作基础，采用企业自主披露信息与逆向物流系统平台信息相结合的方式，采集数据，建立了生产者履责绩效评价指标体系。基于生产者履责绩效综合评价模型和评价方法，整合生产企业现有的其他材料供应、市场销售、生态设计、信息公开以及回收利用等信息，建立生产企业履责绩效评价信息数据库，并在浙江湖州开展上述四类产品全生命周期识别溯源及绩效评价的集成示范应用。

本书内容是项目组在产品全生命周期溯源技术领域多年研发工作的总结。第 1 章通过对国内外生产者责任延伸制度发展的研究分析，重点阐述了产品全生命周期溯源技术的研究进展。第 2 章介绍了生产者履责绩效综合评价模型和评价方法，主要包括产品全生命周期识别溯源及绩效评价方法体系、生产者履责信息管理与核证平台。第 3 章阐述了产品全生命周期溯源技术，包括电子废物溯源管理系统、电子废物塑料分选技术、报废汽车快速识别及编码技术等内容。第 4 章介绍了电器电子产品全生命周期溯源技术，在对典型电器电子产品回收利用社会行为研究的基础上，设计了典型电器电子产品全生命周期追溯体系及典型废弃电器电子产品全生命周期信息大数据平台。第 5 章介绍了汽车产品全生命周期溯源技术，在对汽车产品及典型部件（动力电池）回收利用社会行为研究的基础上，对汽车产品及典型部件（动力电池）生产者履责绩效评价进行了研究，设计了汽车产品及典型部件（动力电池）全生命周期信息大数据平台。第 6 章介绍了铅酸蓄电池全生命周期溯源技术，研究分析了铅酸蓄电池全生命周期追溯与生产者履责绩效评价体系、中国废铅酸蓄电池生产者责任延伸制度，并介绍了研发的废铅酸蓄电池回收利用的相关技术。第 7 章介绍了典型包装物全生命周期溯源技术，在对我国典型包装物回收利用社会行为分析的基础上，设计了典型包装物全生命周期追溯体系，分析了我国典型包装物生产者责任履责情况，介绍了研发的典型包装物全生命周期大数据追溯信息平台及饮料包装图像快速识别系统关键技术。第 8 章介绍了在浙江省湖州市开展的集成示范应用，包括产品全生命周期追溯湖州示范大数据集成平台、典型产品溯源系统集成示范以及技术应用商业推广模式模块化设计。本书聚焦四类典型产品的回收利用社会行为，研究产品全生命周期溯源技术，并在北京、深圳开展单品应用，在湖州开展集成示范应用，希望能够对国内本领域同行的研究工作有所借鉴，为我国生产者履责绩效评价工作提供助力，推动我国生产者责任延伸制度的推广。

本书研究内容得到了国家重点研发计划（2018YFC1902700）的支持，在此表示诚挚的感谢。同时特别感谢翁端教授、徐鹤教授、吴玉锋教授的跟踪指导。团队的相关工作得到了本领域内各位同仁的大力支持，在此一并致以衷心谢意。

童昕、李金玲、黎宇科、王佳、张德元、崔燕、罗岩等分别参与了相关章节的撰写与整理工作，博士研究生王涛协助了部分文字整理工作，在此表示感谢。

由于作者水平有限，书中难免有不足之处，敬请批评指正，不胜感激。

王学军

2023 年 4 月 3 日

于北京大学城市与环境学院

目　录

丛书序一
丛书序二
丛书前言
前言

第1章　绪论 ··· 001
　1.1　国内外生产者责任延伸制度发展 ································· 001
　1.2　产品全生命周期溯源技术进展 ··································· 002

第2章　生产者履责绩效综合评价模型和评价方法 ························ 005
　2.1　产品全生命周期识别溯源及绩效评价方法体系 ················· 005
　　2.1.1　基于生产者自主信息披露的EPR履责绩效评估方法 ······ 006
　　2.1.2　基于回收系统多源信息的产品溯源技术 ·················· 010
　　2.1.3　产业链联动机制研究 ······································· 014
　　2.1.4　新兴技术产品逆向物流系统分析 ·························· 017
　2.2　生产者履责信息管理与核证平台 ································· 021
　　2.2.1　生产者履责信息管理与核证平台设计总体思路 ··········· 021
　　2.2.2　生产者履责信息管理与核证平台系统功能 ················ 022
　　2.2.3　数据库框架 ··· 024

第3章　产品全生命周期溯源技术 ·· 032
　3.1　电子废物溯源管理系统 ·· 032
　3.2　电子废物塑料分选技术 ·· 035
　　3.2.1　电子废物塑料高效分选工艺 ································ 035
　　3.2.2　近红外光谱废塑料分选技术 ································ 035
　　3.2.3　静电分选技术 ··· 036
　3.3　报废汽车快速识别及编码技术 ··································· 037
　3.4　报废汽车绿色拆解及零部件再利用 ······························ 039
　3.5　动力电池全生命周期识别溯源体系建设 ························· 042
　　3.5.1　废旧动力电池回收体系建设 ································ 043
　　3.5.2　退役电池包的绿色拆解工艺 ································ 044
　　3.5.3　废旧动力电池无损检测、寿命评估技术 ·················· 045

第 4 章　电器电子产品全生命周期溯源技术 ····················· 050

4.1　典型电器电子产品全生命周期追溯体系设计 ··············· 050
4.1.1　典型电器电子产品全生命周期管理模式 ··············· 050
4.1.2　典型电器电子产品全生命周期追溯体系构建 ··········· 055

4.2　典型废弃电器电子产品全生命周期信息大数据平台 ········ 061
4.2.1　总体架构设计 ···································· 061
4.2.2　网络设计 ·· 061
4.2.3　软件功能设计 ···································· 062

第 5 章　汽车产品全生命周期溯源技术 ························ 065

5.1　汽车产品及典型部件（动力电池）回收利用社会行为研究 ··· 065
5.1.1　汽车产品回收利用社会行为研究 ····················· 065
5.1.2　汽车动力电池回收利用社会行为研究 ················· 068

5.2　汽车产品及典型部件（动力电池）生产者履责绩效评价 ····· 071

5.3　汽车产品及典型部件（动力电池）全生命周期信息大数据平台 ···· 077
5.3.1　全生命周期信息大数据平台 ························· 077
5.3.2　报废汽车快速识别编码技术的研发及示范应用 ········· 078

第 6 章　铅酸蓄电池全生命周期溯源技术 ······················ 081

6.1　铅酸蓄电池全生命周期追溯与生产者履责绩效评价研究及应用 ···· 081
6.1.1　评价体系结构 ···································· 081
6.1.2　评价模型中的相关主体关系 ························· 082
6.1.3　基于 DEMATEL 的生产者履责绩效评价指标体系 ······· 083

6.2　中国废铅酸蓄电池生产者责任延伸制度研究 ··············· 089
6.2.1　中国废铅酸蓄电池产生及利用处置现状研究 ··········· 089
6.2.2　铅酸蓄电池落实生产者责任延伸制度成效研究 ········· 089
6.2.3　生产者责任延伸制下我国铅酸蓄电池最优回收路径分析 · 090
6.2.4　铅酸蓄电池生产者履责绩效评价技术规范 ············· 090
6.2.5　铅酸蓄电池生态设计标准 ··························· 090

6.3　铅酸蓄电池回收利用研究 ······························· 091
6.3.1　废铅酸蓄电池特性研究 ····························· 093
6.3.2　废铅酸蓄电池回收利用国外实践研究 ················· 094
6.3.3　我国铅酸蓄电池生产消费概况 ······················· 100
6.3.4　废铅酸蓄电池回收模式研究 ························· 105
6.3.5　废铅酸蓄电池回收利用主体行为影响因素分析 ········· 108

6.4　废铅酸蓄电池回收相关技术研究 ························· 124
6.4.1　快速识别技术 ···································· 124

6.4.2　铅酸蓄电池全生命周期信息大数据平台建设 124

第7章　典型包装物全生命周期溯源技术 125
　7.1　我国典型包装物回收利用社会行为分析 125
　　　7.1.1　典型包装物回收利用履责体系研究 125
　　　7.1.2　典型包装物消费主体分类回收行为影响因素研究 133
　7.2　典型包装物全生命周期追溯体系设计 148
　　　7.2.1　典型包装物追溯体系构建 148
　　　7.2.2　辅助技术分析——快速识别技术 149
　　　7.2.3　典型包装物全生命周期追溯大数据平台设计 150
　7.3　我国典型包装物生产者责任履责情况 160
　　　7.3.1　我国典型包装物行业现状及EPR制度推进 160
　　　7.3.2　我国典型包装物生产者责任履责情况分析 164
　7.4　典型包装物全生命周期识别溯源技术示范应用 173
　　　7.4.1　典型包装物全生命周期大数据追溯信息平台 173
　　　7.4.2　饮料包装图像快速识别系统关键技术 176

第8章　集成示范应用 181
　8.1　产品全生命周期追溯湖州示范大数据集成平台 181
　8.2　典型产品溯源系统集成示范 181
　　　8.2.1　电器电子 181
　　　8.2.2　包装物 182
　　　8.2.3　汽车 183
　　　8.2.4　铅酸蓄电池 183
　8.3　技术应用商业推广模式模块化设计 184
　　　8.3.1　核心模块 184
　　　8.3.2　技术模块 184
　　　8.3.3　渠道模块 185

参考文献 187

第1章
绪　论

生产者责任延伸是一项政策原则，通过将产品制造者的责任延伸到产品整个生命周期特别是延伸到产品的回收、循环利用和最终处置阶段，促使产品系统在产品的整个生命周期内向有利于环境的方向改善[1]。

1.1　国内外生产者责任延伸制度发展

1996年，美国总统可持续发展理事会主张"产品责任延伸"（extended product responsibility，EPR）。从美国对EPR的称呼上可以理解，它强调以产品为中心的不同主体的责任。这些主体包括产品制造者、经营者、消费者以及政府，他们将共同承担产品及其废弃物对环境的影响责任。美国将EPR界定为"产品责任延伸"，是指在整个产品责任延伸体系中，产品生命链的所有相关者，包括制造者、销售者、使用者以及产品的最终处置者将共同承担产品及其废弃物对环境产生影响所应负担的责任[2]。

欧盟的"生产者责任延伸"（extended producer responsibility，EPR）主要是指"生产者必须负责产品使用完毕后的回收、再生和处理的责任，其策略是将产品废弃阶段的责任完全归于生产者"。瑞典作为EPR制度的发源地，是最早进行制度立法实践并推动该制度发展的国家之一。瑞典的制度框架规定在《瑞典环境法典》当中，具体领域的措施则由不同的单行法规设定，如在原料包装容器方面，由制造商、进口商和销售商组织分类回收的系统；在汽车和电子电气产品方面，由生产商等免费接受返还的产品；其他如包装废弃物、废纸、轮胎等都设定了法律机制。在制度的实行上瑞典已经形成了颇为完备的回收利用体系，就包装物而言，依材质不同分别成立了十几个组织进行回收[3]。1991年，德国颁布的《包装废物条例》在生产者延伸制度的发展史上具有开创性意义，后期经过数次修改施行。该条例的颁布导致双轨制下的"德国回收利用系统股份公司"，即DSD产生。DSD的突出成绩体现在它所推行的"绿点标志"，这一环保标志有着巨大的价值和影响力[4]。

2000年，日本政府颁布了《促进建立循环型社会基本法》，该法对生产者责任延伸制度做了相应的规定，另外还详细规定了生产者和销售者在产品被使用消费后所应承担的责任。按《促进建立循环型社会基本法》要求，日本政府于2001年实施了《资源有效利用促进法》。同时还根据各类产品的性质制定了多部专项法，包括《容器包装循环利用法》《家用电器回收法》《食品再利用法》《绿色采购法》《建筑材料再生利用法》《报废汽车循环利用法》等。这些法律共同构成了EPR制度的完整法律体系，从而为EPR制度在日本的推行奠定了良好的法律基础[5]。

我国于2003年10月出台的《废电池污染防治技术政策》确定了电池的制造商或者进口商对废旧电池承担回收责任，标志着我国开始实施生产责任延伸制度。2005年实施的《固体废物污染环境防治法》是关于固体废弃物的专项立法，尤其是第五条规定了"污染者负担原则"。《固体废物污染环境防治法》比《清洁生产促进法》有所进步，规定的承担环境责任的主体和内容都有所扩大。

2009年实施的《循环经济促进法》，以明确条文规定生产者责任延伸制度作为促进我国循环经济发展的基本管理制度。这部法律的实施意味着我国生产者责任延伸制度正式确立。该法规定：生产者对列入强制回收名录的产品或者包装物承担延伸责任，承担生产中的源头预防责任、回收处置与循环利用责任。该法阐明了我国承担生产延伸责任的主体是生产者，也标志着我国已初步建立起了生产者责任延伸制度。

2012年，为规范废弃电器电子产品处理基金征收使用管理，根据《废弃电器电子产品回收处理管理条例》（国务院令第551号，以下简称《条例》），制定《废弃电器电子产品处理基金征收使用管理办法》（以下简称《管理办法》）。《管理办法》明确废弃电器电子产品处理基金是政府性基金，基金全额上缴中央国库，纳入中央政府性基金预算管理，实行专款专用，年终结余结转下年度继续使用。

关于基金的征收对象，依据《条例》第七条第一款、《管理办法》第四条规定，电器电子产品生产者、进口电器电子产品的收货人或者其代理人履行基金缴纳义务。纳入基金征收范围的电器电子产品，《管理办法》第六条规定按照《废弃电器电子产品处理目录》执行。《管理办法》第七条规定，财政部会同环境保护部、国家发展改革委、工业和信息化部根据废弃电器电子产品回收处理补贴资金的实际需要，在听取有关企业和行业协会意见的基础上，适时调整基金征收标准。《管理办法》第八条规定，电器电子产品生产者应缴纳的基金，由国家税务局负责征收。进口电器电子产品的收货人或者其代理人应缴纳的基金，由海关负责征收。

1.2　产品全生命周期溯源技术进展

产品全生命周期指的是制造产品的原材料获取、加工制造等生产过程、产品运输储存等流通过程、产品的使用过程以及产品报废处置后回到自然的一个完整的产品生命周期[6]。产品全生命周期溯源技术的发展对废物减量化意义重大。在产品全生命周期过程中,要做到在源头有效节约资源和降低污染的产生,在生产中要提高资源效率并减少废物的排放,在流通和消费过程中提倡"绿色消费"和"适度消费"理念,从而达到减量化的目的[7]。因此,需要完善产品全生命周期溯源技术,在产品全生命周期各环节,明确相关主体权利和义务,促进全产业链各环节致力于循环经济技术发展,提高社会整体资源效率。

针对产品全生命周期环境影响评价体现生产者责任延伸制度的初衷——促使生产企业从降低产品全生命周期环境影响的角度改进产品设计和商业模式[8]。以包装材料为例,从政府管理的角度,无论采用生产者责任延伸还是面向消费者的押金制,产品全生命周期环境影响评价的结果更倾向于前者[9]。针对复杂产品,如计算机,仅仅考虑废弃后拆解回收原材料也是不够的,从产品全生命周期的角度来看,通过维修和零部件重用,延长产品使用寿命,能够在诸多方面降低产品的环境影响[10]。此外,通过生产环节的产品追溯,可为拆解环节提供有价值的信息,从而提高拆解效率和循环利用价值,并促进企业改进产品设计[11]。

为了更好促进产品全生命周期不同环节的相关主体积极参与循环经济体系的建设,从而系统提高整体资源效率,减轻人类生产消费系统污染负担,需要引入产品溯源技术,使资源效率和环境影响能内化到市场主体的成本效益计算中去,从而影响分散的市场主体的交易决策。

有效的产品全生命周期溯源,有助于完善循环经济消费机制和深化循环经济消费观念。世界各国广泛尝试通过引入信息技术,更加精准有效地推动循环经济发展,鼓励产品生态设计、循环经济商业模式创新和可持续消费行为模式的建立。例如,欧盟循环经济政策框架及其具体行动计划始终围绕产品整个生命周期(包括生产、消费、废物管理、变废物为资源四个环节)展开。其中,欧盟推出的"数字产品护照"是通过产品溯源,实现产品全生命周期循环经济转型的重要举措。德国作为最早发展循环经济的国家之一,现已形成一系列完善的法律体系来保障绿色供应链管理体系的发展[12]。通过电子标签、产品溯源信息系统等技术应用,不断提高产品溯源效率,更加精准地估算资源存量和流量。日本自20世纪90年代末期大力发展循环型社会,经过20多年的发展,已经形成了从源头分类到终端处理的非常完善、精细化的垃圾减量化管理体系[13]。通过地方产业集群来推动产业生态化转型,特别强调围绕产品闭环供应链的技术合作[14]。

对于固体废弃物管理平台而言,溯源管理系统采用跨系统信息集成技术、互联网技术以及高水平的数据处理和上传技术,使溯源管理系统充分满足全流程溯源、数据实时监控与上传等要求,提高了政府对固体废弃物全生命周期的管理水平和监管力度,实现了固体废弃物的全过程信息化管理。

对于社会经济而言,固体废弃物是一种有极大再利用前景的资源[15]。电子废弃物中金属资源蕴藏丰富，其品位可以达到天然矿脉的几十甚至几百倍[16-19]。放电容量衰减至80%以内的动力电池仍可以继续用于电网储能领域；衰减至80%～20%区间，动力电池的性能仍然可以满足很多设备的能源需要；衰减至20%以下时可进行再生利用，回收镍、钴、锰、锂等多种有价值资源[20]。报废汽车中含有再生塑料、钢等众多可完全再利用的高价值物质。通过溯源管理平台可规范报废产品的处理流程，提高生产效率，高效回收废弃物，为社会经济创造出一笔可观的财富[21-23]。

对于环境保护而言，报废产品规范化回收能发掘资源利用潜力，有效避免了报废产品的潜在环境威胁[24,25]。以报废产品编码为信息载体，构建"新能源汽车国家监测与动力蓄电池回收利用溯源综合管理平台"，借助物联网，详细记录动力报废产品从生产、使用、再生利用、废旧回收到最终处置等全生命周期信息，可以推动再生资源产业集聚发展，促进再生资源规范化、规模化、高值化、清洁化利用。

第 2 章
生产者履责绩效综合评价模型和评价方法

2.1 产品全生命周期识别溯源及绩效评价方法体系

针对四类典型产品国内外生产者责任延伸制度实施的评估，结合我国现实，构建基于产品全生命周期溯源的生产者责任延伸履责绩效评估指标体系的方法，开展全生命周期关键主体和交易环节溯源技术研究，建立基于多源数据融合技术的生产者履责绩效评价指标体系和评估技术体系。作为循环经济转型的重要制度设计，本书将重塑市场机制、引导技术创新、激励产业变革作为行动关键。面对经济全球化背景下日趋复杂的跨国生产消费系统，研究从责任划分、再生利用市场重构和技术创新激励入手，建立有效的社会沟通与协作机制。针对中国推行生产者责任延伸制度的现实背景，综合考虑全社会的资源环境目标和生产企业自身的生态设计激励两方面要求，设计生产者履责绩效评价指标体系。该评价指标体系的基本框架涵盖企业个体责任和集体责任两方面的内容。①个体责任主要针对生产企业面向产品全生命周期管理，突出生态设计激励，内容基于生产企业自主信息披露；②集体责任主要针对回收处理系统建设的社会资源环境效益，突出循环经济效果：一方面促进企业、社会公众和政府管理部门就制定合理的回收目标开展沟通交流与决策，另一方面基于逆向物流和回收处理环节的开放多源数据建立溯源系统，对地方、国家和企业不同层次的回收目标落实情况进行监督和评估。整合上述两方面的评价内容，整合逆向回收系统中关键环节、关键主体的多源数据，建立生产者履责绩效综合评价指标体系和评价模型，形成四种产品生产者履责绩效评价的一般方法（图 2.1）。

该评价体系将生产企业的生态设计和末端回收处理系统建设相结合，面向治理机制建设，突出生产者参与对系统改善产品全生命周期环境表现的主动性。具体指标选择应综合考虑数据可得性和特定产品类型的特点，灵活调整。

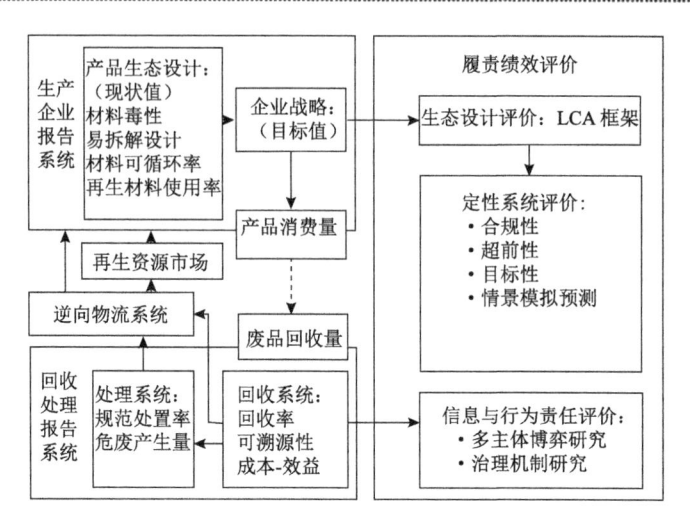

图 2.1　生产者履责绩效评价模型
LCA 表示生命周期评价

2.1.1　基于生产者自主信息披露的 EPR 履责绩效评估方法

针对生产企业面向产品全生命周期管理的需要，突出 EPR 对上游生产企业的生态设计激励效果，提出建立基于生产者自主信息披露的 EPR 履责绩效评估指标体系和评估方法。以治理机制建设为目标，充分利用市场机制和公众监督，激发生产企业主动参与循环经济体系构建[16]。

该方法鼓励企业自主信息披露，针对四种产品，比较企业产品生态设计实施力度以及承诺回收和废物减量化的目标。具体资料全部来自企业自主披露的可持续发展报告，建立包含生态设计、消费者教育、产品回收、循环利用和环保处置全生命周期各阶段企业自主承担生产者履责行动的评价指标体系。按照合规承诺、最佳实践、目标承诺三个层次，对企业自主承诺履责的绩效进行评估。

企业自愿信息披露机制是以话语沟通为媒介，促进相关主体就共同关注的问题，建立沟通、理解、承诺和监督的公共话语空间，从而推动主体合作行动。随着公众对环境问题日益关注，越来越多的企业通过披露可持续发展报告的方式来传递自身在社会、环境等领域的主动行动及成效。相比符号化的环境标签，企业自主披露的可持续发展报告可以更加系统地传递自身在经济、社会和环境三重底线要求下策略行动的内在逻辑。

企业自愿信息披露体现了 EPR 制度中对生产企业的信息责任要求。该责任以建立有效的社会沟通模式为目标，通过促进分散的多元主体自主改进、合作创新的环境治理机制转型。EPR 制度针对废物管理的操作化需求，要求生产企业承担的信息责任包含两个方面。①供应链协调：通过供应链信息传递机制，管理供应商材料环境属性的信息，以及面向末端治理的拆解、循环利用及有害物质使用情况的信息；②公众沟通：向用户和一般公众传递产品材料中有害物质使用的信息，以及要求用户配合合规处置废弃产品的信息。

考虑到 EPR 制度从产品全生命周期着眼系统减废的目的，已有研究提出建立指标体系，对生产企业 EPR 履责绩效进行综合评估，并与企业信用评级挂钩，促进企业积极履责。但以往政府监管部门直接向企业采集信息的方法效率低下，信息可靠性不高。而针对前端废物减量的生态设计、绿色供应链管理等措施往往与末端的具体回收处理方式相互影响，难以用统一的标准进行评价。相比之下，自愿信息披露则旨在通过话语和组织策略重塑行动场域，以改变集体行动规则，给制度和技术创新留下更多空间。该方法不同于依赖政府单方面强制推行的法规、标准和管控体系，更有助于激发企业创新的主动性。EPR 制度最初的设计者特别强调制度设计对创新的激励作用，而创新存在很大的不确定性，因此特别需要各相关主体积极参与对话交流，从问题识别、责任划分、建立共识、制定计划、落实行动和监督实施各个环节，开展创新合作。完善的企业环境信息披露机制建设是推动这一交流与合作行动的第一步。

首先采用全球报告倡议组织（Global Reporting Initiative，GRI）数据库中发布的企业可持续发展报告。从中选择了 38 家计算机硬件生产企业（作为电器电子产品的代表）、55 家汽车整车生产企业、46 家汽车零部件生产企业和 3 家纸基复合包装企业。由于 GRI 数据库中缺少铅酸蓄电池企业的可持续发展报告，于是选取了国内铅酸蓄电池上市公司自愿发布的企业报告作为补充。采用定性系统评价方法，从上述定性材料中，识别主题，并建构评估体系框架，以得到有事实依据的客观评价结果。具体分析方法流程如图 2.2 所示。

采用 NVivo 软件建立评价企业的研究档案。然后采用扎根理论的文本分析方法，对报告进行逐层编码，建立评价指标体系，并赋值。具体流程如下。

1）开放编码：抽取企业可持续发展报告中与 EPR 相关的主题词，形成一级自由节点，包括上游设计生产环节的"化学品管理"、"使用再生材料"、"易拆解设计"、"开展产品全生命周期环境影响评价"和"绿色供应链管理"等，与末端回收处理环节独立或参与集体形式的"回收体系"建设等。

2）选择性编码：围绕 EPR 责任划分中的"行为责任"、"经济责任"和"信息责任"，从"资源效率"和"环境影响"两个角度进一步对自由节点进行归并和分级。

3）确立主线：按照产品生命周期的五阶段"原材料获取-生产制造-运输销售-消费使用-回收处置"，将选择性编码中的评价子项串联起来，形成 EPR 履责绩效的系统评价模型。

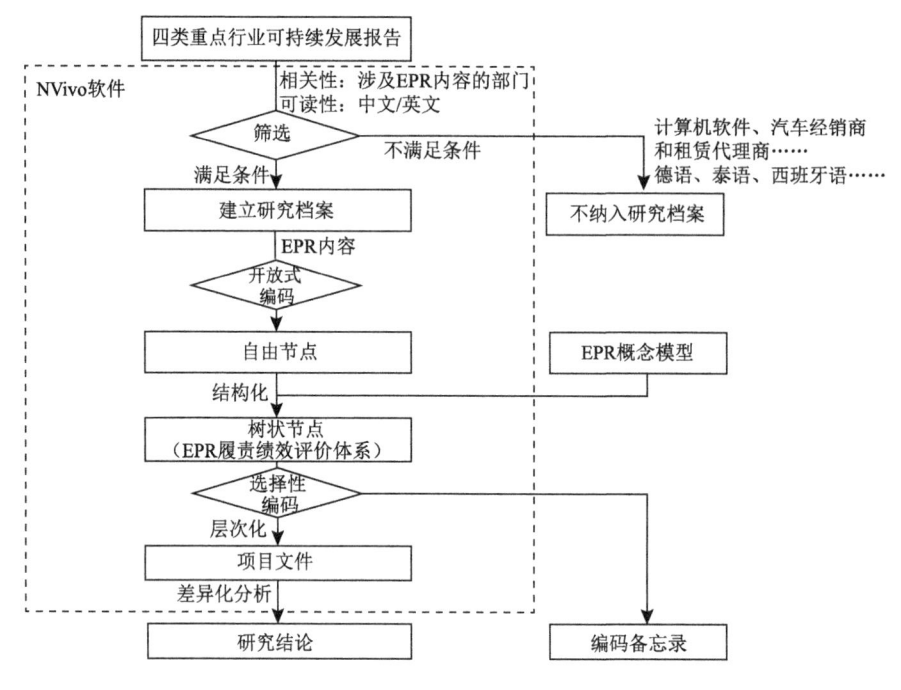

图 2.2 定性系统评价流程图

4）模型应用：根据上述评价模型对企业发布的报告进行评估分析。图 2.3 展示了定性系统分析评价模型的指标体系和四类产品企业报告指标覆盖情况。

上述评价体系从产品全生命周期角度出发，重点关注原材料获取、消费使用及废弃环节的回收处置几个环节。围绕提升资源效率和降低环境影响两大核心目标，促进生产者改进产品设计，参与完善回收体系建设。综合企业披露信息，归纳提取 EPR 履责绩效评价体系中 14 个评分子项。"有害物质"包括对铅、汞、镉、六价铬和多溴二苯醚等对人体健康有害的化学物质的管理控制；"无冲突矿产"为不采购刚果民主共和国及其周围国家通过非法开采所得之矿料，避免由于非法开采导致的环境与人权问题；"FSC 木材"包括使用森林管理委员会（Forest Stewardship Council，FSC）认证的森林来源的木材、再生环保纸，促进森林的可持续发展；"再生材料"指在生产中使用再生塑料、再生铝等再生物料，减少资源开采；"回收率可能性"指企业通过生态设计，使用环境友好材料或能在废弃后再回收的材料，促进物质的循环利用；"产品环境表现"包括产品在消费者使用阶段时耗电、排放等情况；"产品寿命延长"指企业通过模块化设计、技术更新等方式，提高产品使用寿命，使产品零部件使用周期更长，减少对原材料的消耗。"回收渠道"包括对消费者提供"以旧换新"服务、参与当地废弃产品回收网络等方式承担产品废弃后的物质责任；"拆解便利性，再生性"则包括了开发拆解回收技术，

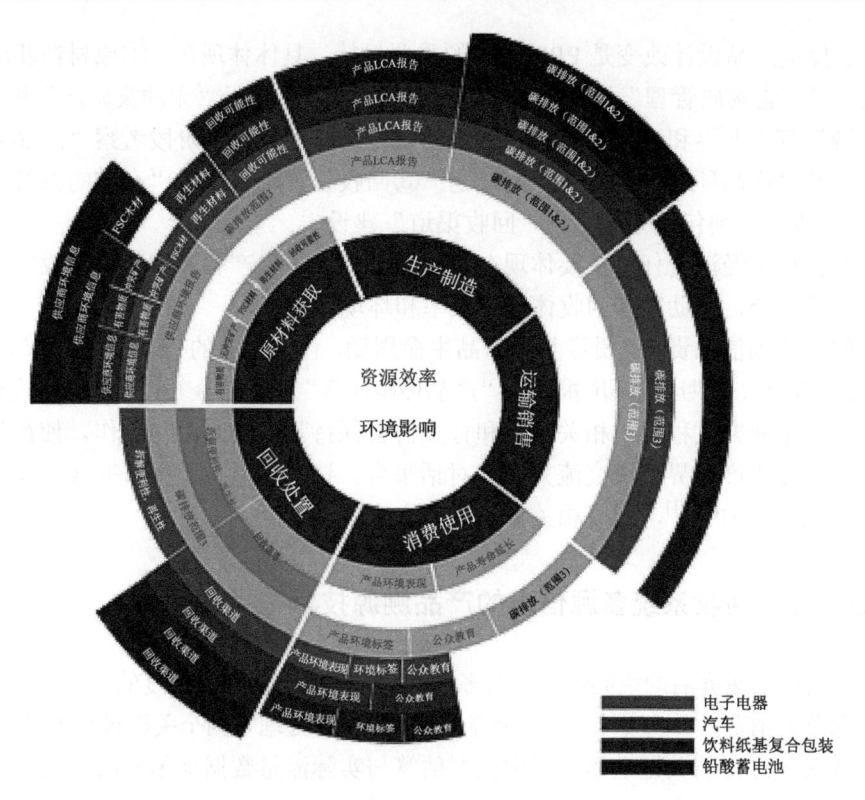

图 2.3　基于生产企业自主信息披露的 EPR 履责绩效评价指标体系及子项覆盖情况
扫描封底二维码可查阅本书彩图内容

提高材料的回收再生，以及通过使用单一材质，非必要时不使用表面涂装等措施提高拆解便利程度；"供应商环境信息"主要指要求供应商提供环境类相关信息，包括对供应商的可持续发展进行评价，帮助其提高环境表现等；"产品 LCA 报告"指企业对其产品进行全生命周期评价，向公众披露产品的环境影响；"环境标签"指企业在产品上使用第三方认证的绿色标志，向消费者传递产品的环保属性；"碳排放"指企业对其范围一、二、三的温室气体排放的情况进行审查与披露；"公众教育"包括企业开展与环境相关的公益活动以及向消费者进行环保宣传教育等内容。

然后，根据子项之间的逻辑关系，将其按照 EPR 原则要求加以归并，形成图 2.3 中的指标体系框架。其中，黑色环为产品生命周期的五个阶段：原材料获取、生产制造、运输销售、消费使用、回收处置。在不同阶段，生产者可以通过不同的行为来承担相应的责任，从而提高产品的资源效率或者减少产品的负面环境影响。

橙色环为生产者需要承担的行为责任，包括前端的生态设计和末端的回收处置两方面。由于生产制造和运输销售阶段的物质管理为生产者的经营范围内活动，法律层面有较为完善的标准和制度，因此在生产者责任延伸绩效评价中不做专项考察。促进产品设计改变是 EPR 制度的重要目标，具体体现在：①原材料获取阶段考察"有害物质管理"、"材料再生性"、"可回收性"以及"无冲突矿产"和"木材来源"等产业界和环保领域共同关注的议题；②消费使用阶段考察"产品寿命延长"和"产品环境表现"两方面议题；③回收处置阶段考虑"产品的拆解便利性"，回收环节则包括直接参与"回收渠道"建设。

蓝色环为经济责任，主要体现在回收处置环节。生产者参加集体回收组织，缴纳回收基金，帮助改善回收体系的效率和环境表现。

绿色环为信息责任，贯穿整个产品生命周期，包括企业的"碳排放披露"、"产品 LCA 报告"、"供应商环境报告"、"产品环境标签"和"公众教育"等多项内容。

在整个研究过程中与相关企业和行业协会保持紧密的交流与合作，使得整个过程成为促进产业界形成交流共识的对话平台。这一特点也使得研究成果能够为行业界顺利采纳[19-21]，形成相关标准并落实应用。

2.1.2 基于回收系统多源信息的产品溯源技术

针对产品废弃后的空间流转涉及多主体、多环节、多空间尺度的特征，将回收系统划分为消费、二手流转、最终废弃后收集、拆解处理等四个关键过程（图 2.4）。针对各关键过程的关键主体，采用模型估算与实际流量数据采集相结合的方法，

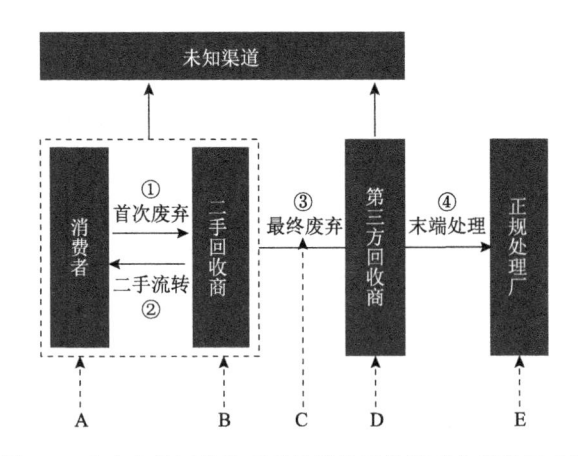

图 2.4 废弃产品回收处理系统结构及数据采集环节示意图

A. 消费端的首次废弃量。采用物质流分析方法估算，并根据常住人口、GDP 的平均占比作为空间权重分至省和地级市。
B. 二手回收商回收量。采用二手产品网络平台数据。
C. 最终废弃量。基于最终废弃的使用寿命分布估算。并根据常住人口、GDP 的平均占比以及废弃年限作为空间权重分至省和地级市。
D. 第三方废弃产品回收商回收量。采用专业化再生资源回收第三方回收平台数据。
E. 正规处理厂处理量。采用有资质的处理厂（或参加本项目示范的企业）数据

对产品流向进行溯源，获得产品首次废弃、二手流转、最终废弃和末端处理四个阶段的界面数据。据此估算不同区域在废弃产品流动不同阶段的回收率，以及不同阶段之间的流动特征。

回收处理系统涉及消费者、回收渠道、再利用及循环处理等众多相关主体。目前四种产品都存在回收处理系统末端正规化处理厂与非正规处理点并存的局面，两者在回收渠道环节存在交叉。对于电子产品和汽车，产品首次废弃后，往往还要经过复杂的多级流转和梯次利用，最终进入处置环节，因此回收处理系统的数据采集面临数据分散、破碎的困境。从鼓励生产者参与逆向物流系统建设的角度看，回收处理环节的信息溯源机制建设至关重要[22]。一方面，信息溯源可以保证环境污染责任追溯，明确相关各方的责任与义务；另一方面，信息追溯可以为相关各方分享再利用环节的价值创造提供技术保障，也有助于激励生产企业参与逆向物流系统建设。

对于铅酸蓄电池和包装，产品废弃后经过回收分拣直接对应最终的材料循环或处置环节，一般没有二手利用的环节。但目前的非正式回收渠道仍然存在从分散的消费端逐步汇集到处理厂的多级回收体系，各个环节流向监测与污染控制面临的问题与汽车、电子产品有类似之处。其中铅酸蓄电池由于最终处置环节的环境污染风险较大，对流向控制的要求更高。而包装材料属于低值可回收物，重点在于解决回收过程的成本问题。

近年来，随着互联网的快速发展，再生资源回收利用环节涌现出多种形态的新型三方信息化回收平台，如互联网二手交易平台、互联网竞价集散平台等。这些平台的出现缩短了传统回收中的流转链条，重塑了市场结构和商业模式。目前，尽管这些平台交易量在整个资源回收系统中所占的比例还比较低，但是给产品全生命周期溯源管理提供了技术可能性。

考虑到回收处理环节以集体责任模式为主流，为了有效评估生产企业参与逆向物流建设的实际效果，以考察对象企业前三年平均销售产品数量为基准，将回收体系的汇总数据加权分割，计算评价指标。首先以电子产品为例，基于目前市场上已经初具规模的各类回收平台，选择代表性环节，根据实时交易信息，采集数据，建立回收处理系统的评估指标体系（表2.1）。目前上述产品流动溯源技术在废弃电器电子产品领域发展最为成熟，因此评价工作也以电器电子产品为例展开。

表 2.1 回收处理系统评价指标体系

目标项	指标项	数据来源及指标计算方法
资源环境责任	回收率	各级回收平台回收量除以前三年平均消费量
	规范处理率	正规处理厂处理量除以当年理论报废量
	危废处置量	正规处理厂最终外送处置的危废量

续表

目标项	指标项	数据来源及指标计算方法
经济责任	产品消费量	消费量=电子产品国内生产量+进口量−出口量
	回收处理系统成本−收益	回收体系管理机构、处理厂的收支情况

针对国内涌现的一批网络二手回收平台，形成形式多样的二手交易、租赁、共享等新商业模式。上述方法将规范化回收利用的范围扩展到更广泛的再利用、再制造环节。以国内某大型二手回收商和废弃电器电子产品回收平台2018年数据为例，2018年二手回收量为557551台，最终废弃量为731863台，这一数据相比模型测算的理论报废量占比很低，但为二手流向追踪提供了技术条件。根据网经社《2018年度中国二手电商发展报告》，在现有二手回收平台中，闲鱼的渗透率最高，达到70.7%；位居第二的转转平台渗透率达到20.38%；爱回收和拍拍平台的渗透率分别为3.18%和1.91%。提供数据的二手回收商渗透率不及爱回收平台，年数据样本约为557551条，以市占率1.5%估算，整个二手回收市场的年数据量约为3717万条。

从技术上展现了开展产品溯源的技术可行性。通过各类二手平台与生产企业合作开展针对以旧换新的逆向物流建设，也有助于完善回收率目标的制定。建议区分回收率和规范处理率。第一，将再利用纳入回收率计算范围。未来各类二手平台在整个回收体系中所占的份额会逐步提升。通过合理机制鼓励各类回收平台为生产企业提供支持回收的证明，一方面可以将二手利用纳入环保回收范围之内，鼓励再利用，延长产品使用寿命；另一方面也可以评估产品实际使用寿命，为面向产品全生命周期的生态设计提供支持。因此，未来目标是通过生产者与此类平台合作，开展以旧换新，逐步提升这类平台回收量占消费量的比重。这一指标可以有效反映具备溯源条件的废旧产品回收率水平。

第二，规范处理率主要针对最终废弃产品的规范化处理，指正规处理厂拆解处理数据数量占理论最终废弃量的比重。作为废弃电器电子产品环境污染控制的关键环节，提高末端拆解处理环节的规范处理率一直是国内电子废物管理制度的核心政策目标。参考环境保护部公示的2014~2018年全国正规处理厂各类电子产品实际拆解量数据，回收率结果如表2.2所示。值得说明的是，在抽样调查开展时，手机尚未纳入我国电子废弃物管理名录，因此正规处理厂缺乏废弃手机的回收数据，故回收率的分析以"四机一脑"五类电子产品为例进行统计。从回收率的整体变化来看，实施基金补贴政策确实有效地提高了电子产品回收率。政府电子废弃物补贴基金在2014年、2015年开始大规模施行，这两年"四机一脑"的回收拆解率显著提高，分别达到66.4%、61.3%，相比2012年政策刚实施时的16.4%有显著提升。然而，自2016年基金陷入"入不敷出"的困境以来，电子产品回收率明显下降，2017 年降至 43.5%（2018 年因数据报送原因，统计尚不完全）。这一变化一方面揭示了我国现有环保回收体系严重依赖政策补贴的现状，另一方面也表明电子废弃物回收市场受政策影响大，对末端处理环节的政策调整会通过市场传导到前端回收环节，从而影响市场活跃性。

表 2.2　2014～2018 年"四机一脑"产品规范处理率

产品	2014 年	2015 年	2016 年	2017 年	2018 年
电视机	182.8%	154.9%	114.2%	103.5%	95.7%
冰箱	15.8%	28.7%	47.4%	54.8%	50.1%
洗衣机	27.0%	44.1%	75.4%	74.0%	62.6%
空调	0.7%	0.9%	8.1%	12.7%	11.2%
计算机	18.0%	28.3%	20.0%	14.5%	10.0%
总计	66.4%	61.3%	50.7%	43.5%	36.6%

第三，为了有效促进循环经济价值链的形成，回收系统的经济效益评价指标着重考察基金与回收规模之间的关系。目前正规处理厂高度依赖基金补贴，从环境效益的角度，基金补贴有资质的处理厂，以保证企业按照环保标准，开展最终废弃物的拆解处理。为了建立消费量与拆解市场之间的联动关系，在经济效益指标中，宏观考察市场消费量（采用表观消费量替代）（表 2.3）、规范拆解量与处理基金规模之间关系（表 2.4 和表 2.5）。

表 2.3　2014～2017 年中国六类电器电子产品表观消费量　（单位：万台）

年份	电视机	冰箱	洗衣机	空调	计算机	手机
2014	6729.31	5128.25	5172.27	10204.66	413.88	32532.52
2015	7297.13	4267.93	5529.20	10174.11	604.37	48620.80
2016	7754.51	4325.84	5768.59	9650.42	1781.59	59049.19
2017	8716.16	5984.23	5780.66	15354.61	5155.68	68360.49

表 2.4　根据表观消费量推算的处理基金规模　（单位：亿元）

年份	电视机	冰箱	洗衣机	空调	计算机	总计
2014	8.75	6.15	3.62	7.14	0.41	26.08
2015	9.49	5.12	3.87	7.12	0.60	26.20
2016	10.08	5.19	4.04	6.76	1.78	27.85
2017	11.33	7.18	4.05	10.75	5.16	38.46

表 2.5　废弃电器电子产品处理基金实际收支状况　　（单位：亿元）

年份	收入 执行	收入 预算	支出 执行	支出 预算
2014	28.78	—	33.92	—
2015	27.15	30	53.97	53.97
2016	26.1	50	47.14	47.16
2017	28.01	33	0.66	9.12
2018	28.65	33	22.74	36.47
2019	—	30	—	38.6

按照处理基金征收标准，从表观消费量推算废弃电器电子产品处理基金规模，得到的结果与财政部公布的实际征收的基金数额有一定的出入。缴纳基金是所有在华销售相关产品的企业法定责任，但企业生产环节存在复杂的外包、贴牌等合作方式，导致区分每个品牌生产企业实际缴纳基金的数量存在一定的技术困难。

处理基金的补贴力度和产品特性直接影响规范拆解率。自基金制度建立以来，2015 年对基金标准做过一次调整，对各项产品的规范处理率影响比较显著。就目前的管理制度现状而言，处理基金只能以集体责任的形式考核，建议适当增加生产企业缴纳基金的信息公开，有助于准确评估生产企业的履责情况。目前，五种产品基金征收和补贴费率固定，缺少弹性。费率设定的时候生产量还远高于废弃量，因此单台产品的征收费率远低于处理补贴的费率。随着国内电器产品市场饱和，新增废弃量逐渐接近新品生产量，造成近年来处理基金收支严重"入不敷出"。而基金的征收和补贴发放完全分离，导致部分产品规范处置率畸高（如电视机），而部分产品规范处置率很低，虽然 2015 年补贴标准调整以后情况有所改善，但问题并未得到根本解决。从技术层面，将基金征收过程与回收过程相联系，通过产品流向溯源，将再利用与再制造纳入循环经济效益的评估体系中，促进生产者主动开展产品生态设计和商业模式创新。

2.1.3　产业链联动机制研究

针对低碳发展和智能化技术应用带来的产品技术和消费模式变化的新特征，以汽车电动化转型为例，考察强化生产者责任，系统改进产品循环经济体系的可行性。以铅酸蓄电池为例，分析了动力电池与铅酸蓄电池回收联动的潜力及其对回收利用设施布局可能带来的影响。

汽车电动化转型提高了汽车全生命周期溯源管理的效率和精细水平，对其他汽车相关材料的回收利用也将带来显著影响，技术变化具有集群化转型的带动作用。目前我国汽车电动化转型处于国际领先水平，为了解决动力电池的回收循环利用问题，国家在电动车发展之初就围绕废弃动力电池的回收、梯次利用和材料循环开展了溯源管理体系建设。汽车和动力电池也被纳入《生产者责任延伸制度推行方案》的管理范围之内。电动汽车依赖能源互联网实时追踪电池状态和流向，因此为产品全生命周期溯源提供了良好的技术基础。汽车的电动化转型深受动力电池技术变化的影响，给电池的循环技术变革带来深刻影响，具体包括前端的减量化和后端的回收溯源两方面。其中，铅酸蓄电池作为汽车产品相关的大宗危废，技术变化对铅资源供应和铅环境污染风险的影响尤其值得关注，并且其管理模式对动力电池的循环经济体系建设也有重要的参考意义。

第一，基于综合系统模型，预测不同电动化转型情境下，中国2020~2050年电动汽车和燃油汽车的社会保有量、新增量、废弃量以及市场占有率；第二，根据当前电动汽车市场发展的区域差异，预估各省份电动车和燃油汽车保有水平差异，据此测算不同类型车辆车载铅酸蓄电池所占比重；第三，对比当前铅酸蓄电池再利用能力的空间分布，探讨基于电动车溯源机制重塑铅酸蓄电池全生命周期管理体系的目标和机制。结果显示：较低的电动车转型速度下，全国车载铅酸蓄电池将于2037年达到报废高峰，至2050年累积产生量达5923万t；较快的电动车转型有可能降低车载蓄电池报废总量，至2050年累积产生量为4351万t。两种情景下废弃铅酸蓄电池总量的空间分布相似。华北、广东位居前列，长三角地区、河南、四川等地产生量也较大，整体呈现东南沿海高、西北内陆低的特点。这主要是由于环渤海、珠三角、长三角以及成渝地区四大城市群人口密度大、经济活动发达、汽车消费水平高。

两种情境下，报废铅酸蓄电池的车型来源差异较大。在快速技术替代情景下，各省的报废车载铅酸蓄电池主要来自新能源汽车。随着电动汽车逐渐占据市场主流，新能源车辆溯源体系可以覆盖全国85%以上的废弃车载铅酸蓄电池。即使在缓慢技术替代情景下，全国也有68.5%的废弃铅酸蓄电池来自新能源汽车，不过区域之间存在明显差别。华北地区、浙江、广东等地汽车电动化转型进程较快，电动车溯源系统可以覆盖70%以上的废弃车载铅酸蓄电池。大部分省份电动车溯源系统可覆盖废弃量的50%左右。

再生利用基础设施的地域分布是构建铅酸蓄电池回收网络的重要一环。在"谁生产，谁回收"的政策指导下，一些铅酸蓄电池龙头企业陆续将再生铅纳入业务板块，并开始在全国布置再生利用基础设施以及回收网点。例如，骆驼集团股份有限公司采用经销商逆向运输及循环取货的模式集中回收废铅电池，在12个省份获得回收试点资格，共建立71个废铅酸蓄电池集中转运点、1666个废铅酸蓄电池收集网点。但是，对于业内大部分企业来说，由于废铅酸蓄电池来源广泛且分散，中间环节多且小商贩高价竞争收购，建立再生利用基础设施成本过高，导致生产企业回收难度大。

进一步对比各省份铅酸蓄电池再生利用基础设施分布与车载铅酸蓄电池理论报废量空间分布，可以看出两者存在明显的空间不匹配。安徽、宁夏、河南、江西、贵州以及内蒙古的回收利用能力远高于其废弃量。而车载铅酸蓄电池报废量较高的河北、山东、广东地区则低于全国平均水平。这种空间分布特点反映了目前依靠个体回收商贩回收的市场化机制下，铅酸蓄电池流向的现实特点：经过多级流转，沿海发达地区的铅酸蓄电池更多流向了周边相对落后的地区。如果铅酸蓄电池生产行业能够更有效地控制废弃铅酸蓄电池的回收供应链，提高行业集中度，则再生铅加工处理的生产区位应该能更加体现交通和市场指向性的特点，以减少物流成本和转运环境风险。

汽车动力电池和铅酸蓄电池都属于2016年国务院办公厅印发的《生产者责任延伸制度推行方案》中重点推行的产品类型。电动汽车依赖能源互联网追踪电池管理，为产品全生命周期溯源提供了良好的技术基础。生产者责任延伸制度要求汽车企业从产品全生命周期的角度，构建闭环供应链系统，利用自身的维修、服务体系提高产品循环利用率。当前，各国在新能源汽车发展中都高度关注循环经济的协同效应，保证关键资源供给，并系统改善产品全生命周期的环境表现。汽车整车企业与铅酸蓄电池生产企业形成联合回收主体，二者共同做好信息的公开化、透明化，将铅酸蓄电池全生命周期纳入溯源管理范围，使废旧铅酸蓄电池在逆向回收的每一个节点都可追溯（图2.5）。随着电动化转型的逐步深入，这一机制将延伸到整个汽车行业领域，从而大幅提高车载铅酸蓄电池规范化回收利用的水平，并激励整车生产企业从生态设计的角度，努力改进启动电源技术，最终实现汽车产品低碳化与循环经济发展的双重目标。

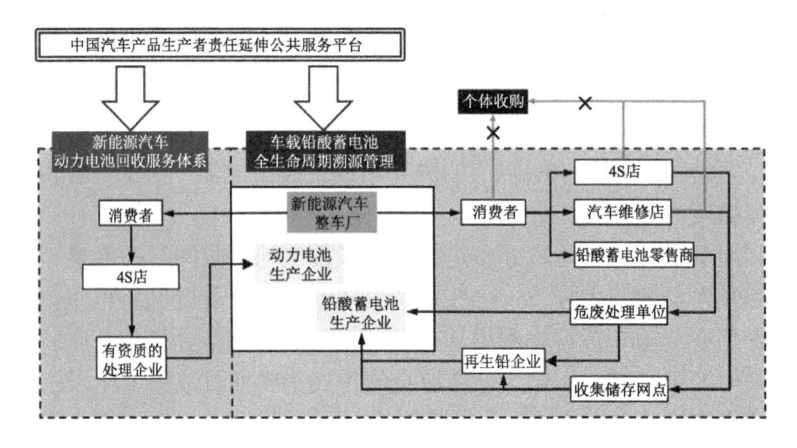

图2.5 整合汽车动力电池和铅酸蓄电池全生命周期管理溯源体系示意图

2.1.4 新兴技术产品逆向物流系统分析

针对新兴技术带来的新型电子废物——光伏产品，开展基于 EPR 的逆向物流系统分析。分布式光伏产品具有用户分散、拆装过程复杂的特点。光伏技术快速发展，生产企业在市场推广过程中，需要将产品废弃后的回收利用纳入产品全生命周期管理的商业模式之中。研究利用光伏产品生产销售企业售后服务能力，建立基于 EPR 制度的废弃光伏组件回收渠道，以合理布局循环处理设施，鼓励光伏产品的再利用与供应链闭环设计。

我国早期光伏项目多为大规模地面电站，主要位于土地成本低廉、光照资源充足的中西部地区，由于该地工商业用电需求不足、消纳能力有限，产生了严重的弃光现象。"十二五"期间，我国光伏补贴政策逐步转向激励消费端，鼓励分布式并网发电，补贴用户发电自用和余电上网。分布式光伏项目占地面积小，适应东部人口密集、土地资源稀缺的现状，且有利于解决消纳问题。近几年来，我国分布式光伏装机量激增（图 2.6）。在空间分布上，光伏发电的重心已经开始从西北向中东部地区转移。

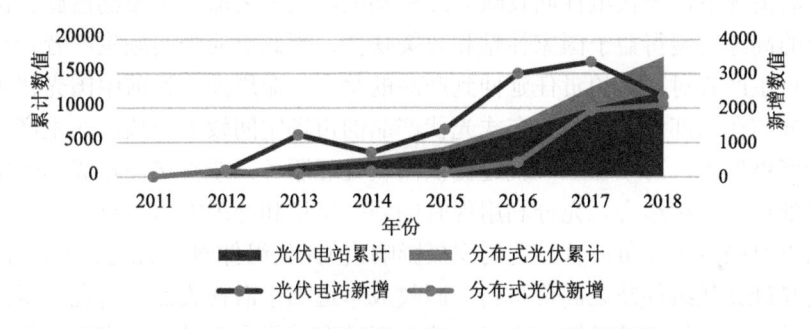

图 2.6 2011~2018 年中国光伏电站和分布式光伏装机量（kW）

由于光伏组件背板中含有氟化物，电池中含有铟、镉等重金属，光伏发电系统隐藏着退役光伏组件的重金属污染和材料循环利用问题。另外，考虑到薄膜光伏电池中碲、铟、镓等稀有金属的存在，并且从废弃光伏板中回收硅所需的能源和成本仅相当于直接制造硅的 1/3，如果不进行回收再利用，废弃的光伏组件将会产生巨大的资源和能源浪费。根据中国可再生能源行业协会和中国科学院电工研究所可再生能源发电系统研究部的预测，从 2015 年起，我国既有光伏发电系统将开始产生末端废弃的光伏组件，2020 年后，废弃量开始显著增加；在电站维护良好的情况下，2025 年将新增 6.1 万 t 废弃物，2034 年则增加至 90 万 t，在高废弃的情况下更将达到近 110 万 t。国际能源机构（International Energy Agency，IEA）的预测模型也有着类似的增长轨迹（图 2.7）。因此，未来十年左右，废弃光伏组件的回收处理和循环利用将成为中国重要的环境问题，有必要提前制定相关政策，建立光伏组件回收渠道并布局循环处理设施。

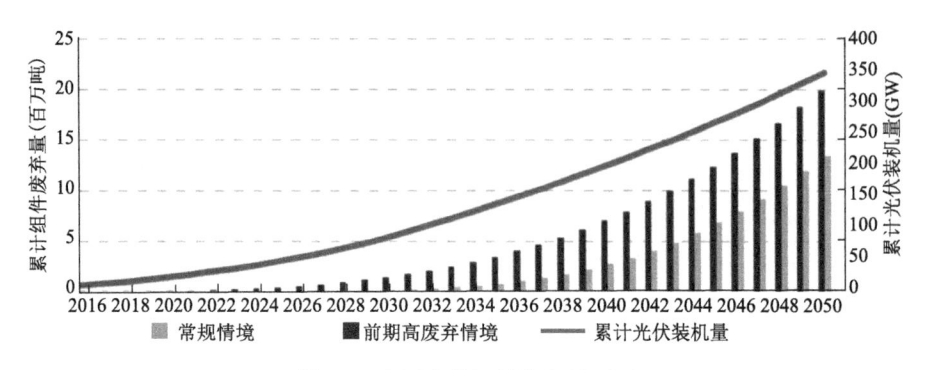

图 2.7 中国光伏组件废弃量预测

根据不同商业化光伏组件回收的模式的经济可行性分析，只有铜铟镓硒（CIGS）薄膜组件的回收收益超过了回收成本和填埋成本。在不考虑环境和社会外部性的情况下，光伏组件回收缺乏经济动因，需要采取政策激励措施。由于光伏产业的高速发展得益于国家补贴和政策扶持，因此更应当实施生产者责任延伸制度，将生产者对产品的责任延伸到产品的整个生命周期。目前中国光伏生产企业主要分布在东部沿海，与分布式光伏产品的市场空间较为一致，在生产者责任延伸制度框架下，可以让工厂就近提供回收处理服务，或直接与较成熟的电子废物拆解处理体系相结合，充分利用现有的回收渠道和处理能力。总体而言，光伏组件回收对减少环境负荷有显著的积极影响，但光伏组件回收的经济可行性较差，尤其是晶硅光伏组件缺乏高价材料，回收成本远高于潜在收益。研究显示，由于喷墨和丝网印刷技术的发展，光伏电池中银的含量将显著减少，进一步收缩晶硅组件回收的利润空间；并且随着光伏组件的制造成本持续下降，回收费用会更为显著。这意味着光伏组件回收产业迫切需要建立生产者责任延伸制度，从机制上保证企业积极参与光伏产品的循环经济体系建设。

基于上述背景，以浙江省为例，借鉴国际环保组织 PV CYCLE 在欧洲的光伏回收组织形式，针对浙江省"百万家庭屋顶光伏工程"中安装组件的回收再利用，考虑两种回收情景：①市政回收，即由市政管理机构统一建立回收渠道，在浙江省各地级市建立备选回收点；②生产者责任组织（Producer Responsibility Organization，PRO）回收，即由生产者责任组织负责组织回收，挑选浙江省范围内有光伏拆装业务的光伏销售企业作为备选回收点，分别构建光伏末端废弃物逆向物流网络优化设计模型。在市政回收情境下，由市政管理机构统一建立回收渠道，浙江省各城市中心作为备选回收点；在生产者责任组织回收情境下，挑选浙江省范围内具备光伏拆装业务的企业作为备选回收点。

结果显示，在初始情况下，2041年至2043年间，除了绍兴市政回收点，其他9个市政回收点均投入使用。但五年内，湖州、丽水和宁波市政回收点每年转运的废弃光伏组件质量均小于2000t，且湖州市政回收点只服务于四个村镇用户，丽水和宁波市政回收点各只服务于两个村镇用户，在服务用户数量上远小于其他回收点。

如表2.6所示，在2041年，所有废弃组件将统一运送到位于杭州的回收处理厂P4进行处理，总计约12025t。随着组件废弃量增加，次年回收处理厂P4将达到处理容量上限20000t，需新增P1和P3两家回收处理厂，年处理废弃组件质量分别约为11944t和16156t。到2044年，P3和P4两家回收处理厂均达到处理能力上限，此时四家回收处理厂同时运转，其中P1在2045年也达到满负荷运转。从空间分布上看，2042年之后基本形成了杭嘉湖地区、金丽衢地区和沿海地区三大组团，组团内部的回收处理厂将负责回收组团内各市政回收点收集的废弃组件；在回收处理厂P2投入运转后，杭州市政回收点将较小一部分的废弃组件运往P2，P4仍然主要负责杭嘉湖地区的回收处理任务。

表2.6 情境一回收厂历年处理量（t）

年份	P1	P2	P3	P4	成本（万元）
2041	—	—	—	12025.38	2799.53
2042	11944.24	—	16155.85	20000	8325.227
2043	11944.24	—	16155.85	20000	8325.227
2044	16703.21	3422.1	20000	20000	11084.71
2045	20000	12150.37	20000	20000	11178.03

考虑引入EPR组织模式，在生产者责任组织的情境下，初始条件，计算从全省所有光伏企业销售网点中获得29个五年均被选中的备选回收点，在此基础上，同样以2000t为特许回收点的开办阈值，进一步按运输成本最小化的目标优化筛选。

各回收厂历年处理量如表2.7所示，在2041年，各用户末端废弃组件将经由位于杭州、衢州和绍兴的三家光伏设备拆装企业，统一运送到位于杭州的回收处理厂P2进行处理，对比同年市政回收情境的结果，可见当只建立一家规模化的回收处理厂时，杭州市是成本最优选址。随着组件废弃量增加，次年仍然需要建立三家回收处理厂，2044年后则需要四家回收处理厂同时运转。不同于情境一中处理厂P4将承担最大的回收处理量，PRO情境下各处理厂承担的回收量相对均衡。从空间分布上看，2042年，衢州、金华、丽水大部分区域以及温州西南部的废弃光伏组件将由位于衢州市的同一家光伏拆装企业进行拆除和中转储存，并统一运送至回收处理厂P3进行循环处理；温州大部分区域、台州、宁波和绍兴东南部的废弃组件将分别运至温州和台州的两家企业中转，再运至回收处理厂P1进行处理；绍兴的大部分区域、杭州、湖州和嘉兴的废弃组件将由位于四市的拆装企业中转，最后进入回收处理厂 P4 处理。2044 年后的空间分布状况在前两年的基础上，围绕杭州及其周边地区进行微调。

表 2.7　情境二回收厂历年处理量（t）

年份	P1	P2	P3	P4	成本（万元）
2041	—	12025.38	—	—	2803.454
2042	12807.61	—	15789.9	19502.58	8328.941
2043	12807.61	—	15789.9	19502.58	8328.941
2044	16009.36	11220.04	16631.78	16264.13	11066
2045	19211.4	13464.08	19957.93	19516.96	11134.24

结果表明，引入 EPR 制度，组建生产者责任组织，利用 PV CYCLE 企业的售后体系建设逆向物流基础设施，依然符合杭嘉湖地区、金丽衢地区和沿海地区三大组团的空间格局，但回收处理厂的处理分配量更为均衡。并且由于光伏拆装企业数量与家庭屋顶光伏组件安装量的空间分布较为一致，在光伏普及率较高、废弃量大的地区布局特许回收点，可以使后期综合逆向物流成本更低。

结合实地调研，目前国内规模较大的光伏企业已经开展了光伏回收的基础研发工作，但尚未形成标准化的回收机制。实地调研中发现企业大多认为未来光伏回收会形成一个较大规模的产业，但由于光伏板报废的时滞性，大部分光伏制造商、承销商或电站运营商并无实际处理废弃光伏组件的经验。针对部分未成功落地的光伏电站项目，弃置的"垃圾组件"部分由低端贸易商回购，再以较低价格出口给非洲、印度、中东等国家或地区。

许多光伏生产企业认为在光伏组件回收领域应用生产者责任延伸制度存在一定风险，因为光伏组件的服役时间甚至可能超过组件制造商的企业寿命。就欧洲的实践经验而言，无主组件的回收利用主要依赖于金融保险机制，生产者将购买大规模企业退场保险（last-man-standing-insurance），如果所有生产者从市场上消失，该保险金将填补废弃组件逆向物流和回收处理的费用。这种保险机制一般与现收现付（PAYG）的财务方案相结合。在德国，2015 年新修订的《废弃电气电子设备法令》（WEEE）要求生产者在 B2C 市场中首先按照 PAYG 模式，根据产品的市场份额分摊当年的所有光伏组件收集和回收处理费用，在此基础上支付企业退场保险，以保障未来回收工作的顺利进行。这种按照市场份额进行成本分摊的金融机制同时也支持了历史组件的回收任务。

面对可以预见的大规模报废潮的到来，国内需要提前布局光伏组件回收市场。主营生活垃圾焚烧发电的环保企业中国天楹已经和 PV CYCLE 达成战略合作协议，初步规划针对西南地区"金太阳"示范工程下的集中式电站，帮助光伏组件制造商进行废弃组件的末端处理。负责人表示：这一批光伏电站安装时间早、单体项目装机量大，因此最早退役且便于管理。其市场模型显示，如果将废弃光伏组件运到回收厂集中处置，处理规模要达到每年 10 万 t 才能产生利润；如果先就地拆解再用集装箱运输，则规模达到 9000 t 即可产生利润。部分光伏企业在给用户的合作条款中提出一项与末端废弃组件回收相关的内容：对于屋顶租赁业务，如果 25 年后业主不愿保留，企业将负责把退役组件拆除运回。企业期望政府建立类似车辆管理所的统一回收管理机构，实现废弃光伏产品规范化回收处置的目标。

2.2 生产者履责信息管理与核证平台

信用评价制度是我国推动生产者落实延伸责任的基础性管理制度，《生产者责任延伸制度推行方案》强调要建立电器电子、汽车、铅酸蓄电池和包装物 4 类产品骨干生产企业履行生产者责任延伸情况公示制度，引入第三方机构对企业履责情况进行评价核证，对严重失信企业实施跨部门联合惩戒。在生产者责任延伸信用评价体系建设过程中，信息的采集系统至关重要。但目前技术上还存在识别和追溯技术不完善、缺乏覆盖产品全生命周期的信息数据库和评价方法、生产者责任延伸制度执行效果无法评定等难题。

为解决上述问题，需在统一的数据标准下建立规范的产品全生命周期信息大数据平台和支撑生产者履责绩效评价的数据库，并建立对数据库的管理、维护和使用的长效管理机制，使数据库能够不断地扩展和完善，保证数据的一致性、鲜活性、准确性，为不断搜集、采集、更新并核证生产者责任延伸信用信息提供基础。因此着重开发包含生产者履责信息的数据库系统，该数据库系统作为产品全生命周期信息大数据平台的重要组成部分，需要能够储存、更新、共享信息及与多平台对接，并能有效供第三方核证机构使用。已开发的"生产者履责信息管理与核证平台"可作为生产者履责绩效评价信息数据库的重要依托，将使数据库能够不断地扩展和完善，保证数据的一致性、鲜活性、准确性，为不断搜集、采集、更新并核证生产者责任延伸信用信息提供基础。

2.2.1 生产者履责信息管理与核证平台设计总体思路

综合运用数据采集技术、数据存储技术、数据挖掘技术、数据分析技术、信息追溯技术等信息技术进行技术集成与应用；根据相关标准制定的数据采信规则，从数据来源、数据质量、数据规模等角度，形成多方交叉反馈验证方案；采用模块化指标体系构建、柔性评价、合格评定功能法、数理统计分析等方法，建设典型产品的生产者履责绩效评价信息数据库，主要供第三方信用核证机构使用；将生产企业履责绩效评价模型和评价方法梳理成标准规范的数据结构，在此基础上，形成共性的典型产品全生命周期溯源数据结构；建设大数据平台，将电器电子产品、汽车、铅酸蓄电池、典型包装物等四大类产品的全生命周期溯源数据及生产者履责情况评价结果纳入统一存储、统一管理、统一评价、统一应用。

2.2.2　生产者履责信息管理与核证平台系统功能

生产者履责信息管理与核证平台（见图 2.8 至图 2.11）主要包括两大方面功能：一是前端面对生产企业的履责信息及证明的录入功能；二是后端面对第三方核证机构对录入信息及证明的核证功能。同时，该平台预留多接口，将在未来与各相关系统进行对接。作为生产者履责绩效评价信息数据库的重要依托，该平台将电器电子产品、汽车、铅酸蓄电池、典型包装物等四大类产品涉及生态设计、使用再生原料、规范回收利用和加强信息公开方面的生产者履责情况评价结果纳入统一存储、统一管理、统一评价、统一应用并实现共享。可重点用于规范生产者履责情况相关信息和关键数据的收集，同时有利于有效收集利用关键数据计算回收率、规范处置率和资源化率等核证生产者履责程度的核心指标，从而供政府参考并进一步推动政府完善生产者责任延伸制度的监督管理体系，最终为加快生态文明建设和绿色循环低碳发展发挥积极作用。数据库和平台功能及应用特点见表 2.8。

图 2.8　生产者履责信息管理与核证平台-1（前端页面）

第 2 章　生产者履责绩效综合评价模型和评价方法

图 2.9　生产者履责信息管理与核证平台-2（前端页面）

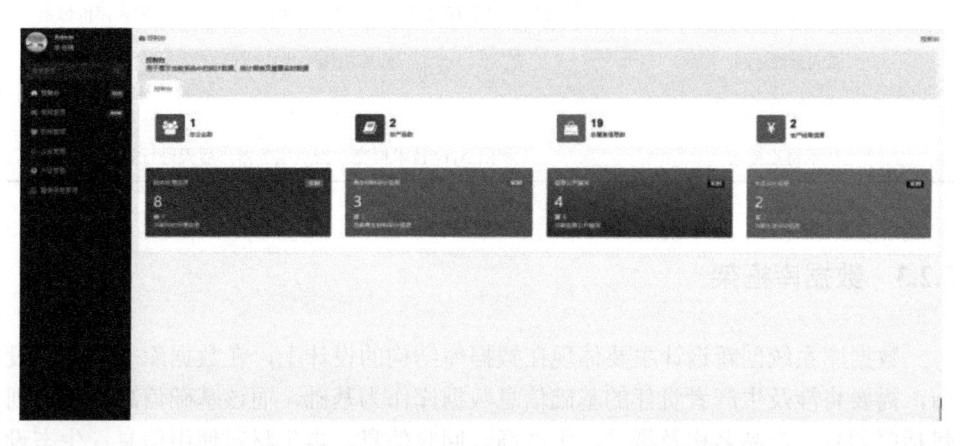

图 2.10　生产者履责信息管理与核证平台-1（后端页面）

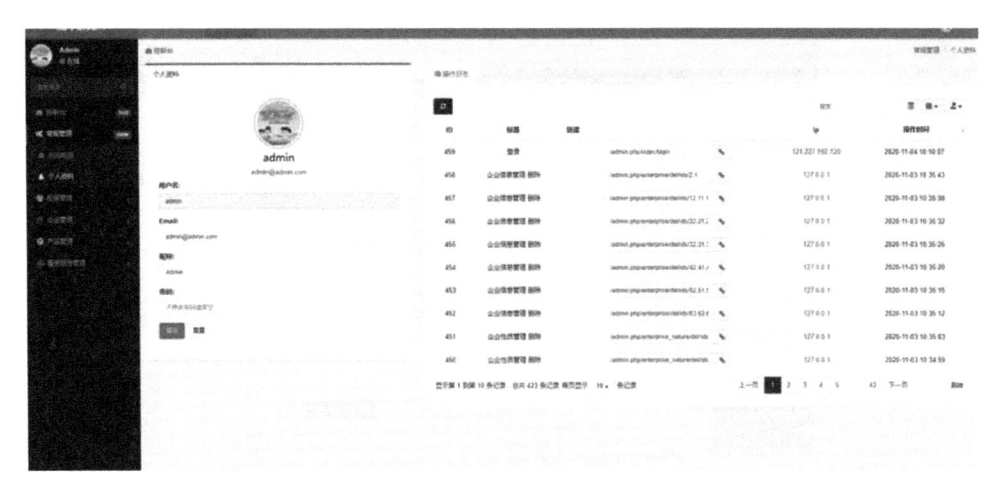

图 2.11　生产者履责信息管理与核证平台-2（后端页面）

表 2.8　数据库和平台功能及应用特点

开发硬件环境	阿里云
运行硬件环境	阿里云
开发该软件的操作系统	Linux
软件开发环境/开发工具	HBuilder
软件的运行平台/操作系统	Linux
软件的支撑环境/支持软件	Nginx
编程语言	Html、CSS、JS、PHP
源程序量	60 页
开发目的	构建生产者责任延伸信息管理平台以及生产者履责绩效评价体系
面向领域/行业	政府机构、生产企业
技术特点	Ajax 技术
技术特点描述	利用 Ajax 技术提交数据至服务器，后天进行处理

2.2.3　数据库框架

数据库系统创新设计主要体现在数据库结构的设计上，在数据库平台的建设中，需要将涉及生产者责任的基础信息数据库作为基础，而该基础信息数据库则包括序列号、产品名称及型号、生产商、回收信息、再生材料使用信息、生态设计信息、信息公开数据信息等。在该数据库内，通过唯一编码或二维码来对产品进行标识。数据库信息框架如下所述。

1. 电子产品企业

A. 生产经营信息（表2.9）。

表2.9　电子产品企业生产经营信息

履责信息	内容说明	填写内容	证明材料
生产量	当年产品生产量（进口商填写进口量）	数量（台数）	财务报表等
销售量	当年产品国内销售量	数量（台数）	如财务报表、出库单据、核销单据等
理论废弃量	（根据所填写的生产量销售量公式自动计算）	数量（台数）	

B. 回收处理信息（表2.10）。

表2.10　电子产品企业回收处理信息

履责信息	内容说明	填写内容	证明材料
规范回收总量	当年通过正规渠道回收该类产品的总量	数量（台数）	企业自主提供证明材料
自主回收情况（选填）	当年通过自建回收体系自主实现该类产品回收的总量	数量（台数）	企业自主提供证明材料
委托回收情况（选填）	当年委托规范的回收企业在消费末端实现该类产品回收的总量	数量（台数）	企业自主提供证明材料
废弃电器电子产品处理基金	当年按期缴纳的废弃电器电子产品处理基金金额	金额	税务部门出具证明
规范处理情况	当年该类回收产品通过委托正规拆解企业规范处理的数量	数量（台数）	企业自主提供证明材料
回收率			
规范处理率			

C. 生态设计信息（表2.11）。

表2.11　电子产品企业生态设计信息

履责信息	内容说明	填写内容	证明材料
产品生态设计	该类产品采取了哪些生态设计？	模块化、易拆解、轻量化、减量化等设计	提供所采用的标准、设计文件等
绿色产品销量	该类产品中绿色产品在国内销售量	数量（台数）	提供绿色产品认证等国内外相关证明材料

D. 再生材料利用信息（表 2.12）。

表 2.12 电子产品企业再生材料利用信息

履责信息	内容说明	填写内容	证明材料
再生材料利用情况	该类产品中使用再生原材料的比例	比例（使用再生材料的质量占产品总质量的比例）	提供使用再生原材料的材质、成分、比例，供应商信息，材料证明信息等

E. 信息公开情况（表 2.13）。

表 2.13 电子产品企业信息公开情况

履责信息	内容说明	填写内容	证明材料
自主披露情况	是否在企业社会责任报告或可持续发展报告等公开报告中自主披露生态设计、回收、处理等生产者责任延伸相关信息？	是/否	提供报告文件或链接
强制信息公开	是否在新产品上市同步通过各种渠道向公众公开新上市产品的质量、安全、能效、耐用性、有毒有害物质使用含量及分布等内容？	是/否	提供发布信息的文件、告知、手册等
定向信息公开（回收、拆卸、拆解等信息）	是否通过适当的途径和方式向有资质的报废回收拆解企业提供产品的"拆卸、拆解指导手册"等？	是/否	提供发布信息的文件、告知、手册等
定向信息公开（回收、拆卸、拆解等信息）	是否通过下发文件或其他适当途径和方式，要求授权经销商在产品销售时，应如实告知消费者诸如产品信息、返还义务、"以旧换新"等事项？	是/否	提供发布信息的文件、告知、手册等

2. 汽车企业

A. 生产经营信息（表 2.14）。

表 2.14 汽车企业生产经营信息

履责信息	内容说明	填写内容	证明材料
生产量	当年该类汽车产品生产量（进口商填写进口量）	数量（台数）	财务报表等
销售量	当年该类汽车产品国内销售量	数量（台数）	如财务报表、出库单据、核销单据等
理论废弃量	（根据所填写的生产量销售量公式自动计算）	数量（台数）	

B. 回收处理信息（表 2.15）。

表 2.15 汽车企业回收处理信息

履责信息	内容说明	填写内容	证明材料
规范回收总量	当年通过正规渠道回收该类汽车产品的总量	数量（台数）	企业自主提供证明材料
自主回收情况（选填）	当年通过自建回收体系自主实现该类汽车产品回收的总量	数量（台数）	企业自主提供证明材料
委托回收情况（选填）	当年委托规范的回收企业在消费末端实现该类汽车产品回收的总量	数量（台数）	企业自主提供证明材料
电动汽车动力电池自主回收情况	当年通过自建回收体系实现电动汽车动力蓄电池回收利用和安全处置的数量	质量（t）	企业自主提供证明材料
电动汽车动力电池联合委托回收情况	当年通过联合或委托共建电池回收网点数量实现电动汽车动力蓄电池回收利用和安全处置的数量	质量（t）	企业自主提供证明材料
规范处理情况	当年该类回收产品通过委托正规拆解企业规范处理的数量	数量（台数）	企业自主提供证明材料
回收率			
规范处理率			

C. 生态设计信息（表 2.16）。

表 2.16 汽车企业生态设计信息

履责信息	内容说明	填写内容	证明材料
产品生态设计	该类汽车产品采取了哪些生态设计？	模块化、易拆解、轻量化、减量化等设计	提供所采用的标准、设计文件等
绿色产品销量	当年该类产品中绿色产品在国内销售量	数量（台数）	提供绿色产品认证等国内外相关证明材料

D. 再生材料利用信息（表 2.17）。

表 2.17 汽车企业再生材料利用信息

履责信息	内容说明	填写内容	证明材料
再生材料利用情况	当年该类汽车产品中使用再生原材料的比例	比例（使用再生材料的质量占产品总质量的比例）	提供使用再生原材料的材质、成分、比例，供应商信息，材料证明信息等

E. 信息公开情况（表2.18）。

表 2.18　汽车企业信息公开情况

履责信息	内容说明	填写内容	证明材料
自主披露情况	是否在企业社会责任报告或可持续发展报告等公开报告中自主披露生态设计、回收、处理等生产者责任延伸相关信息？	是/否	提供报告文件或链接
强制信息公开	是否在新产品上市同步通过各种渠道向公众公开新上市产品的质量、安全、能效、耐用性、有毒有害物质使用含量及分布等内容？	是/否	提供发布信息的文件、告知、手册等
定向信息公开（回收、拆卸、拆解等信息）	是否通过适当的途径和方式向有资质的报废回收拆解企业提供产品的"拆卸、拆解指导手册"等？	是/否	提供发布信息的文件、告知、手册等
定向信息公开（回收、拆卸、拆解等信息）	是否通过下发文件或其他适当途径和方式，要求授权经销商在产品销售时，应如实告知消费者诸如产品信息、返还义务、"以旧换新"、废旧动力蓄电池回收要求与程序等事项？	是/否	提供发布信息的文件、告知、手册等
定向信息公开（回收、拆卸、拆解等信息）	除了下发文件是否通过积极措施鼓励和保障产品授权经销商和维修商按照文件要求开展相关活动？	是/否	提供发布信息的文件、告知、手册等

3. 铅酸蓄电池生产者

A. 生产经营信息（表2.19）。

表 2.19　铅酸蓄电池生产者生产经营信息

履责信息	内容说明	填写内容	证明材料
生产量	当年产品生产量（进口商填写进口量）	数量（台数）	财务报表等
销售量	当年产品国内销售量	数量（台数）	如财务报表、出库单据、核销单据等
理论废弃量	（根据所填写的生产量销售量公式自动计算）	数量（台数）	

B. 回收处理信息（表2.20）。

表 2.20　铅酸蓄电池生产者回收处理信息

履责信息	内容说明	填写内容	证明材料
规范回收总量	当年通过正规渠道回收该类产品的总量	质量（t）	企业自主提供证明材料
自主回收情况（选填）	当年从其销售渠道建立的逆向回收网点、临储、转运和仓储的铅酸蓄电池数量	质量（t）	企业自主提供证明材料

续表

履责信息	内容说明	填写内容	证明材料
委托回收情况（选填）	当年委托持有《危险废物经营许可证》的回收企业在消费末端建立的网络回收废电池和进行无害化处理的电池数量	质量（t）	企业自主提供证明材料
规范处理情况	当年该类回收产品通过委托正规拆解企业规范处理的数量	质量（t）	企业自主提供证明材料
回收率			
规范处理率			

C. 生态设计信息（表 2.21）。

表 2.21　铅酸蓄电池生产者生态设计信息

履责信息	内容说明	填写内容	证明材料
产品生态设计	产品采取了哪些生态设计？	模块化、易拆解、轻量化、减量化等设计	提供所采用的标准、设计文件等
绿色产品销量	当年产品中绿色产品在国内销售量	质量（t）	提供绿色产品认证等国内外相关证明材料

D. 再生材料利用信息（表 2.22）。

表 2.22　铅酸蓄电池生产者再生材料利用信息

履责信息	内容说明	填写内容	证明材料
再生材料利用情况	当年产品中使用再生原材料的比例	比例（使用再生材料的质量占产品总质量的比例）	提供使用再生原材料的材质、成分、比例、供应商信息、材料证明信息等

E. 信息公开情况（表 2.23）。

表 2.23　铅酸蓄电池生产者信息公开情况

履责信息	内容说明	填写内容	证明材料
自主披露情况	是否在企业社会责任报告或可持续发展报告等公开报告中自主披露生态设计、回收、处理等生产者责任延伸相关信息？	是/否	提供报告文件或链接
标识情况	是否对所生产的铅酸蓄电池产品进行统一的"信息标识"（废物标签、有毒有害标签）并确保信息标识与电池产品具有唯一对应性？	是/否	企业自主提供证明材料
强制信息公开	是否向公众公开产品的质量、安全、能效、耐用性、有毒有害物质使用含量及分布等内容？	是/否	提供发布信息的文件、告知、手册等
定向信息公开（回收、拆卸、拆解等信息）	是否通过适当的途径和方式向有资质的报废回收拆解企业提供产品的"拆卸、拆解指导手册"等？	是/否	提供发布信息的文件、告知、手册等

4. 典型包装物生产者

A. 生产经营信息（表2.24）。

表2.24 典型包装物生产者生产经营信息

履责信息	内容说明	填写内容	证明材料
生产量	当年产品生产量（进口商填写进口量）	质量（t）	财务报表
销售量	当年产品国内销售量	质量（t）	如财务报表、出库单据、核销单据
理论废弃量	（根据所填写的生产量销售量公式自动计算）	质量（t）	

B. 回收处理信息（表2.25）。

表2.25 典型包装物生产者回收处理信息

履责信息	内容说明	填写内容	证明材料
规范回收总量	当年通过正规渠道回收该类产品的总量	质量（t）	企业自主提供证明材料
自主回收情况（选填）	当年自主通过建立社区回收网点、互联网回收平台等方式实现的包装物回收的总量	质量（t）	企业自主提供证明材料
委托回收情况（选填）	当年委托有资质的回收企业进行回收的总量	质量（t）	企业自主提供证明材料
规范处理情况	当年该类回收产品通过委托正规拆解企业规范处理的数量	质量（t）	企业自主提供证明材料
回收率			
规范处理率			

C. 生态设计信息（表2.26）。

表2.26 典型包装物生产者生态设计信息

履责信息	内容说明	填写内容	证明材料
产品生态设计	该类产品采取了哪些生态设计？	轻量化、单一化、模块化、无（低）害化、易维护，以及延长寿命、绿色包装、循环利用等设计	提供所采用的标准，设计文件等
绿色产品销量	当年该类产品中绿色产品在国内销售量	质量（t）	提供绿色产品认证等国内外相关证明材料
替代产品推广	当年研发和推广可2次以上循环使用、可生物降解替代包装的数量	质量（t）	企业自主提供证明材料

D. 再生材料利用信息（表 2.27）。

表 2.27　典型包装物生产者再生材料利用信息

履责信息	内容说明	填写内容	证明材料
再生材料利用情况	该类产品中使用再生原材料的比例	比例（使用再生材料的质量占产品总质量的比例）	提供使用再生原材料的材质、成分、比例，供应商信息，材料证明信息等

E. 信息公开情况（表 2.28）。

表 2.28　典型包装物生产者信息公开情况

履责信息	内容说明	填写内容	证明材料
自主披露情况	是否在企业社会责任报告或可持续发展报告等公开报告中自主披露生态设计、回收、处理等生产者责任延伸相关信息？	是/否	提供报告文件或链接
强制信息公开	是否向公众公开新上市产品的质量、安全、耐用性等内容？	是/否	提供发布信息的文件、告知、手册等

第 3 章
产品全生命周期溯源技术

集成无线射频识别（radio frequency identification，RFID）技术、视频监控技术、通用分组无线服务（general packet radio service，GPRS）及地理信息系统（geographic information system，GIS）、传感技术与通信技术等，构建废弃电器电子产品、报废汽车等典型废弃物精准快速识别、车载计量与监控一体化系统及确证检测技术体系；建立退役动力电池"回收—运输—拆解—梯次利用—资源化利用"全生命周期信息化管理系统，一键对接国家溯源平台，实现全生命周期追溯与废旧动力电池来源可查、去向可追，并通过机器学习建立高精度预测模型，实现退役电池容量预测，形成一套完整的电池性能测试—容量预测—剩余寿命评估的系统解决方案，为建立应用性强、覆盖面广的产品全生命周期识别溯源技术体系和生产者履责绩效评价系统性解决方案提供基础技术支撑。

3.1 电子废物溯源管理系统

根据电子废物回收、转运、加工再利用全流程产生的数据，建立信息数据库，电子废弃物云平台见图 3.1。根据报废产品的复杂性、可追溯性、动态管理性等要求，构建一套集成 RFID 技术（RFID 系统模块及功能描述见表 3.1、RFID 系统组成图见图 3.2）、视频监控技术、GPRS 及 GIS 系统、传感技术与通信技术等的溯源解决方案，创造性实现报废产品在回收、运转、再利用等环节的各类信息可追溯、可管理、可优化。该系统主要包含 4 个节点信息：节点 1 为涉及产品生产商、制造商记录的新产品性能相关数据；节点 2 为记录应用端的运行和使用数据，以此初步判定产品老化情况；节点 3 为记录退役产品的测试数据，判断报废产品适合使用何种再利用手段；节点 4 则为记录来自回收制造商、材料供应商的加工处理数据。

以系统工程、信息工程、自动化控制等理论为指导，将国际最卓越的超窄边液晶显示技术、电视墙拼接技术、多屏图像处理技术、网络技术等融合为一体，使整套系统成为一个高亮度、高分辨率、高清晰度、高智能化控制、操作先进的大屏幕显示系统。该系统能够很好地与视频监控系统、网络信息系统等连接集成，形成一套功能完善、技术先进的交互式信息显示及管理平台。通过构建全程感知、全面覆盖、实时监控电子废弃物的时空分布信息平台，实现对电子废弃物及其拆解物的智能识别、精准计数、运输库存与全程的可追溯管理，数据实时与监管部门对接。数据云平台保证了回收处理过程的公开透明。

图 3.1　电子废弃物云平台展示

表 3.1　RFID 系统模块及功能描述

系统模块	功能描述
1. RFID 数据处理中心系统	主要完成各个应用环节数据交换、处理、下发、备份
2. 格林美产业链数据接口	将不同环节采集到的数据，开放给环保部门、财政部门、第三方企业
3. RFID 旧机出库管理	主要用于回收企业发货给格林美，进行旧机出库识别，明细数据实时回传格林美，及时掌握回收企业出库给出的情况
4. RFID 旧机载具绑定系统	回收企业确定出库旧机明细后，绑定载具与容器，作为单元化采集，方便后续成批处理
5. RFID 上门收购管理	格林美工作人员上门收购旧机，对每台旧机建立数据信息，并绑定载具容器，对无线通信数据管理
6. RFID 旧机入库管理	主要用于格林美出入库扫描采集旧机数据，进行旧机出入库识别，明细数据实时上传数据中心，用于追踪、追溯
7. RFID 旧机盘点管理	利用 RFID 手持机、门闸对库区内旧机进行盘点，并将数据反馈至仓管系统、财务系统做盘点盈亏处理
8. RFID 车辆监控管理	主要是应用于园区监控在途旧机/载具状态，可通过 RFID 扫描和视频同步监控。运输公司也可以利用此系统监控车辆状态
9. RFID 旧机验货管理	在检验旧机无误后，进入 RFID 扫描通道，进行验货完毕的扫描，采集旧机明细与确认
10. RFID 载具容器系统管理	仓库拥有自营载具与租赁循环载具，不同类别载具有不同的编码设定与用途，主要是对分类载具进行身份认证
11. RFID 成品仓管理	成品仓管理的对象是半成品与产成品，包括出入库、盘点、配货等方面管理控制

续表

系统模块	功能描述
12. RFID 工序监控管理	不同产品在生产线的工序不同,主要用于定义工序流程,监控采集节点设定,各工序处理在制品状态监控
13. RFID 生产统计管理	对不同环节与生产线人员、工时、作业量、效率进行监控,并进行统计分析
14. RFID 车辆实时监控管理	对自有运输车辆、商务用车、员工车辆、伙伴车辆、临时车辆进行身份认证管理,并可实时查询不同区域、不同厂门进出状态
15. RFID 人员/资产监控管理	对重要的人员与资产建立数据档案,并实时监控、查询位置信息
16. RFID 会议监控管理	参会人员、车辆等信息的认证管理,并在举行会议时,进行参会人员准入稽查、来宾欢迎词等管理
17. RFID 设施监控管理	主要用于对当前园区 RFID 系统实时采集到的人员、车辆等信息进行管理,以及对各子区域人流状态实时监控

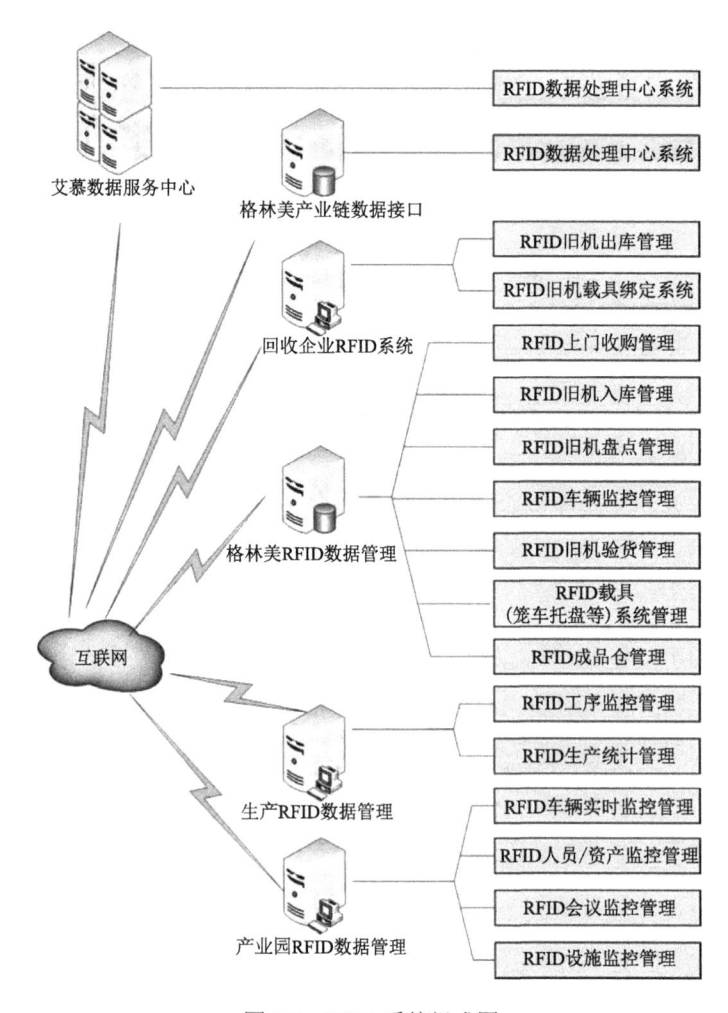

图 3.2 RFID 系统组成图

3.2 电子废物塑料分选技术

3.2.1 电子废物塑料高效分选工艺

针对电子废塑料分选难、分选效率低的行业现状，提出高效清洁物理分选技术方案（图3.3），以提高电子废塑料分选纯度，从而提高电子废塑料再生利用价值，解决废塑料的环境污染问题。①分拣目前我国家电回收处理过程中混杂状态的塑料，形成废旧家电塑料分选系统思路：确定研究对象，明确研究目标，选定研究手段，设计分选流程，分析技术难题并提出解决方案，建立废塑料高效分选模型；②针对确立的分选模型，进行分选流程设计；③针对不同材质的废塑料以及深色、浅色、透明色等不同颜色的塑料研究不同的分选工艺技术。并研制废旧家电塑料分选工艺和装备，根据建立的分选模型和分选技术的具体研究，形成完整的废塑料分选工艺，设计自动化的废旧家电塑料识别与分拣装备。

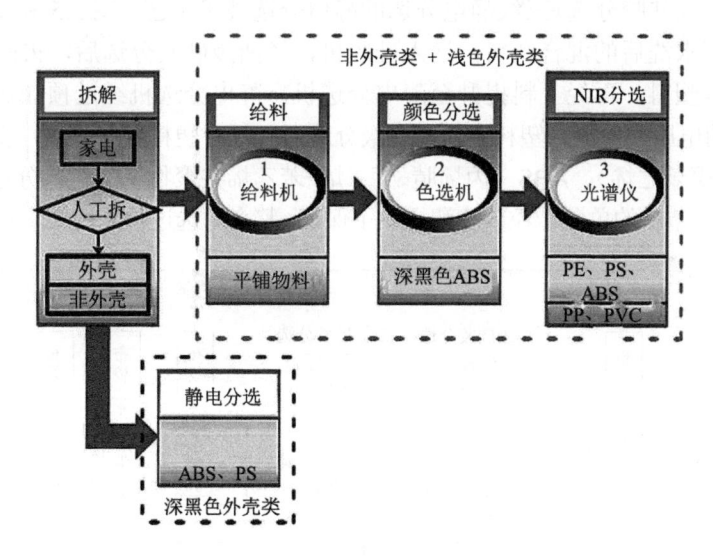

图3.3 废旧塑料分选流程

3.2.2 近红外光谱废塑料分选技术

突破行业技术瓶颈，研究废塑料的红外、静电分选技术，根据红外光谱技术原理和光谱对不同材质、颜色塑料的作用，研究红外光谱识别软件和硬件，开发经济可行、效益显著的红外识别和静电分选技术装备，解决我国在该领域的技术研究和应用问题。近红外技术鉴别塑料的操作流程见图 3.4。

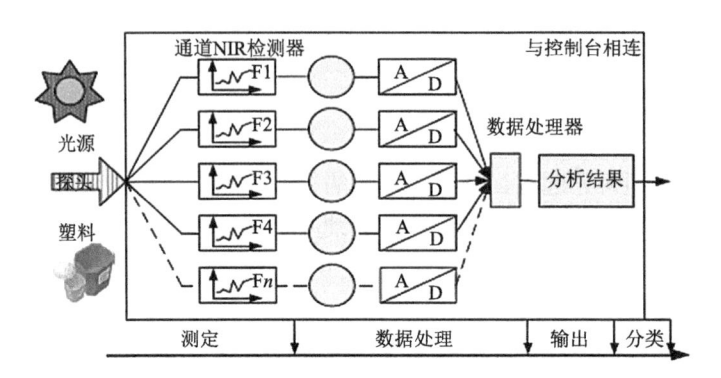

图 3.4 近红外技术鉴别塑料的操作流程示意图

3.2.3 静电分选技术

开发二级硅胶分选+三级静电分选的静电分选技术工艺（图 3.5 和图 3.6）。分拣冰箱拆解水洗后的混合塑料，送入硅胶机，经两级硅胶分选后，去除了泡棉等杂质的混合塑料，再经上料提升至静电分选机，静电分选机经过预加热除湿，设定好相应的电压、电流，塑料上料经三级分选后，混合塑料完全分离，得到了纯度高的 PS（聚苯乙烯）、ABS（丙烯腈-丁二烯-苯乙烯共聚物）塑料。分选效率达到 98%，为后续塑料的单独造粒或注塑提供了保证。整个分选过程无污染，无废水排放。

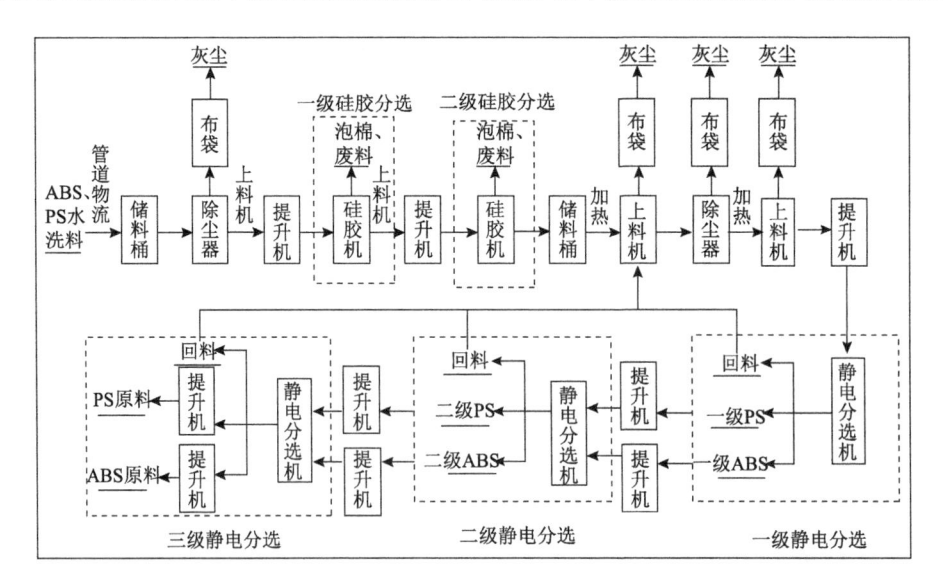

图 3.5 静电分选工艺流程图

图 3.6 静电分选系统

3.3 报废汽车快速识别及编码技术

采用 RFID 技术优化溯源管理系统，对回收产品进行编码；运用 RFID 电子标签读写器实时读取各个环节所产生的数据，并且及时上传到生产装配管理系统中进行统一管理，保障报废产品在再生、流通和使用环节的各类信息的实时跟踪和质量溯源。在此技术基础上，建立了"互联网+线下回收"全程可追溯运营模式。依托互联网技术、大数据分析，构建了报废汽车微信、网站、APP 等多元化回收渠道；形成了互联网线上运营与线下回收的新模式；建立了报废汽车远程注销系统，实现了报废汽车的移动化信息采集、数据分析、车辆注销的全程跟踪与可追溯。图 3.7 为报废汽车回收、核销拓扑图。

开发了报废汽车信息管理系统平台（图 3.8）。应用物联网及大数据技术，构建了基于云计算与 RFID 方法的报废汽车回收与处置监控体系，实现了对每辆报废汽车的精准计数、全程感知、全面覆盖、实时监控以及在处理企业内部运转的全流程监控；建立了安全、高效、快速的电子支付结算系统，具有残值一键支付、交易跟踪和到账提醒等功能，实现报废汽车交易快速结算及高效回收。

开发了报废汽车关键零部件再造完备生产系统（图 3.9）。基于报废汽车关键零部件不同损伤类型和材料修复原理，开发了多级精准检测、变形损伤平整修复、等离子体增材修复、磨损电镀修复等系列再制造方法。制定了报废汽车零部件分类发电机、发动机、启动机、分级变速器、转向器等再制造标准。为报废汽车关键零部件再制造技术及装备开发奠定基础。基于关键零部件再造新方法与标准、系列再造技术及装备，建成了整套报废汽车关键零部件再造生产系统，实现了废旧四门两盖、发电机、启动机、电器电子等零部件再造与循环利用，打通了"资源—产品—报废—再制造产品"的循环型产业链，实现了报废汽车资源最大化利用。

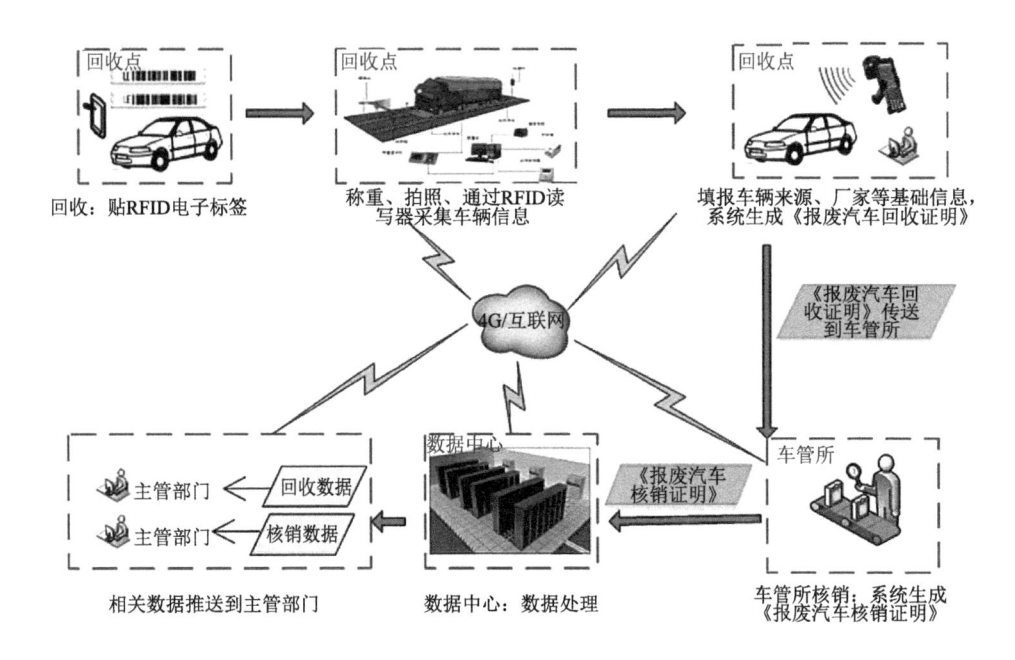

图 3.7　报废汽车回收、核销拓扑图

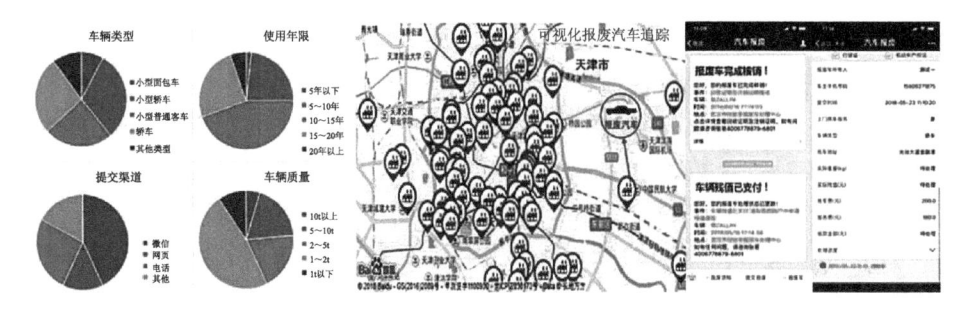

图 3.8　报废汽车信息管理系统平台

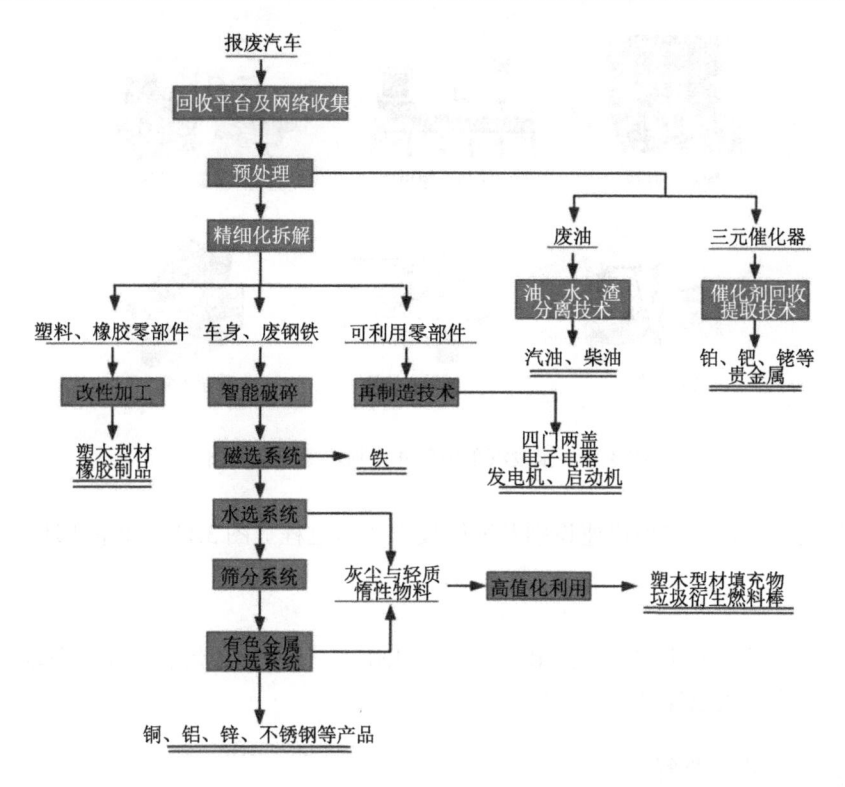

图 3.9 报废汽车互联网回收及整体资源化利用技术路线图

3.4 报废汽车绿色拆解及零部件再利用

针对报废汽车中关键零部件拆解量大、利用率低、停产部件难购买、新部件生产成本高等难题，建立了废旧零部件再造方法与标准，开发了关键零部件精细拆解、检测、修复等系列再制造技术，自主设计了成套装备，实现了废旧资源的高值化梯次利用，并且专门制定了报废汽车零部件分类发电机、发动机、启动机、分级变速器、转向器等再制造标准。

对发电机、启动马达、涡轮增压机、四门两盖、继电器、电流传感器、冷却循环泵等器件进行了系统的再制造修复研究，取得了丰硕的成果。通过对各类器件的拆解、清洗、检测、再制造修复、装配和测试等工序，完成了各器件的尺寸和功能的修复，使其能够重新被利用，在此过程中对再制造工艺、工序进行不断的改进和升级，建立了一套完整的再制造生产线（图 3.10）。再制造产品种类包括：车身配件类（座椅、保险杠、车门、车盖、翼子板等）；车用灯具类（大灯、尾灯）；电器仪表类（启动机、发电机、汽车仪表灯）；行走系配件（半轴、轮毂、前后桥、减震器等）；转向系统配件（转向机总成、转向节）和其他（高压直流继电器、霍尔电流传感器等）。

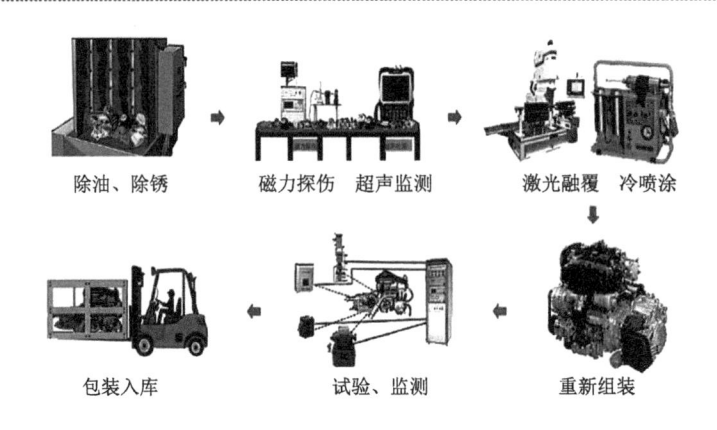

图 3.10　报废汽车零部件再制造工艺路线图

报废汽车拆解过程快速识别及编码技术实施过程（图 3.11）如下所述。

1. 领料出库

贴有标签的报废汽车经过 RFID 扫描门闸时，读取标签信息和识别车辆信息，并在标签上写入出库信息和去向。

2. 报废汽车拆解

扫描识别车辆 RFID 标签，在操作平台上录入拆解作业指导书，标记零部件是否可再利用。报废汽车拆解时，按工位进行流程拆解，报废汽车沿着流水线进入拆解工位时，带天线的 RFID 读卡器远距离识别车辆标签，写入工位信息和拆解人员信息。在每个工序的岗位上，拆卸完指定部件后，用手持式读写器先读取滚轮拖车上的整车标签，再录入该部件的编码信息和属性信息，然后把信息写入拆解产物标签，建立整车与各拆解物的关联关系，并把标签粘贴在拆解物上。

3. 零部件入库与出库

在库房门口设置标签读写器，自动读取入库的拆解物信息，并更新库存。每个库位设置一个标签，库管人员用手持式读写器分别读取拆解物和库位上的标签进行上架处理。出库时，库管人员根据出库单，用手持式读写器读取出库拆解物标签信息，进行出库操作。零部件销售出库时，采集出库信息并录入销售去向信息。库管人员可以持手持式读写器在库房内巡走进行自动盘点作业，每个工位上放置液晶显示屏，可显示该岗位的工作状态和相关数据。

报废汽车整个分解作业流程的分解物按形态来分，可分为固体物质、液体物质；按材质来分，可分为金属、塑料、玻璃等；按可利用度分，可分为完全可利用、局部可利用、完全作废弃物处理；按价值来分，可分为高价值物、较高价值物和低价值物；按是否有毒来分，可分为有毒物质、无毒物质。运用编码技术进行拆解物的跟踪追溯，寻找可完全利用的高价值物质，如发动机、挡风玻璃、车灯、车门、水箱等。

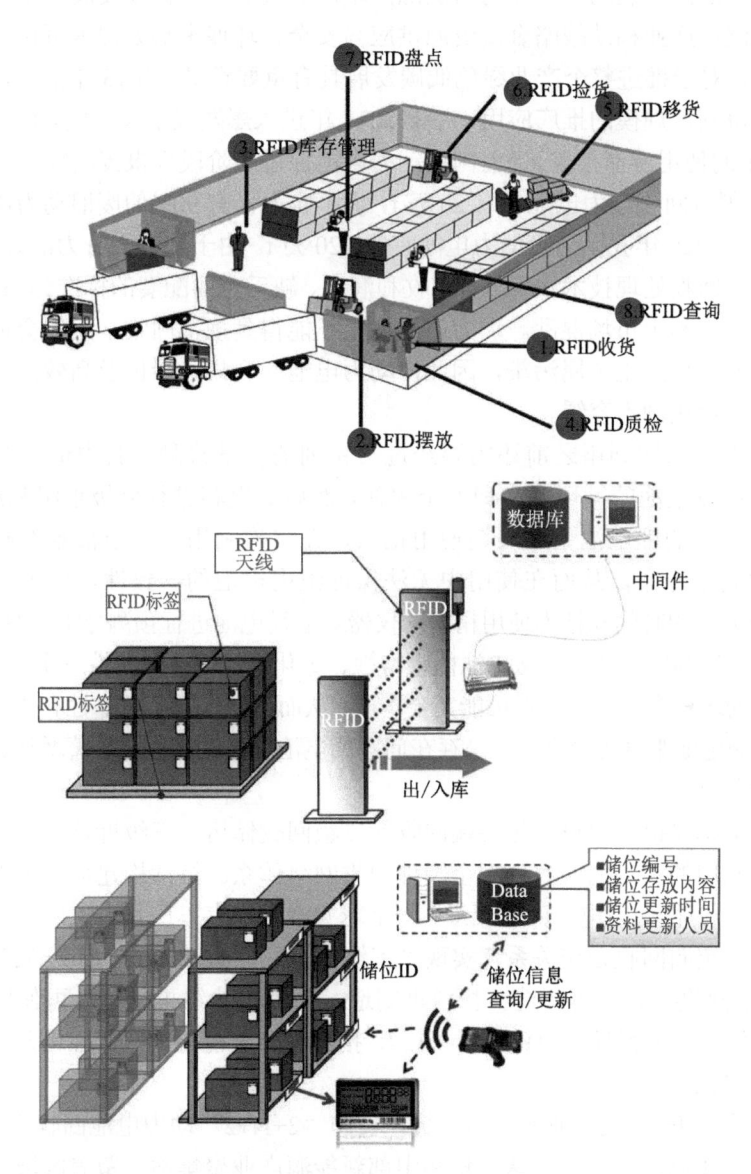

图 3.11 运用 RFID 跟踪汽车拆解产物示意图

3.5 动力电池全生命周期识别溯源体系建设

我国新能源汽车行业的快速发展带动了动力电池及相关材料产业的快速发展，动力电池回收利用产业作为新能源汽车产业链健康可持续发展的重要一环，是新能源汽车产业稀缺战略金属资源供应与安全、环保末端处理等可持续发展的重要保障，对于推进整个产业绿色低碳发展具有重要意义。2013年前后，我国新能源汽车得到大规模的推广应用，并于2014年进入爆发式增长阶段。按照动力电池5~8年的使用寿命推算，当前国内动力电池已进入阶段性报废高峰期。据统计，2020年我国待回收动力电池应有20万t，但事实上仍有90%的废旧动力电池下落不明，预计2025年我国退役动力电池有约120万t。由于缺乏强有力的政策约束、大部分企业回收处理技术水平低、回收利润低、缺乏全面配套的标准体系等问题，动力电池回收利用市场混乱。动力电池如果不能得到规范回收，不但会造成资源浪费，还容易导致重金属污染，因此，动力电池的合规、绿色及高效回收利用技术开发及产业化刻不容缓。

退役电池二次利用之前还需要经过一系列的质量检测，其中最主要的两个方面就是退役电池的循环寿命和安全评估，然后对电芯进行分级重组利用[25, 26]。如果没有完整的锂电池生命周期使用记录，在二次利用过程中很难准确预测退役电池的剩余寿命，从而在使用中无法保证组内电池的一致性，而唯一的办法就是花费大量的时间和精力使用精密的仪器对退役电池进行预测分析，这些都将无形地增加二次利用的费用。从电池内阻特性、电化学特性、热特性三个方面来说，不同电池的这三个方面的特性可能完全不同，从而无法保障其可靠性和再利用的一致性。检测电池难度也很高，若是存在问题的电池被再利用，会显著增加其运行的安全风险[25,27]。

格林美率先提出建设一级终端回收、二级回收储运、三级拆解与梯次利用、四级再生利用的"沟河江海"型全国性回收网络体系。持续构建从"毛细端"到"主干端"的退役动力电池回收渠道，与全球600余家汽车厂和电池厂签署协议建立废旧电池定向回收合作关系，实现"签约50%、回收30%"的市场战略，打造"动力电池回收—原料再制造—材料再制造—动力电池组再制造—再使用—梯次利用"全生命周期循环价值链（图3.12），推动世界新能源汽车产业链从"绿色制造到制造绿色"。

依托格林美16大产业园布局优势，实施"2+N+2"动力电池回收产业布局，重点布局京津冀、长三角、珠三角和中部新能源产业聚集地（覆盖区域的生产总值占全国65%以上，新能源汽车保有量占全国60%以上），动力电池回收网络布局一网天下。

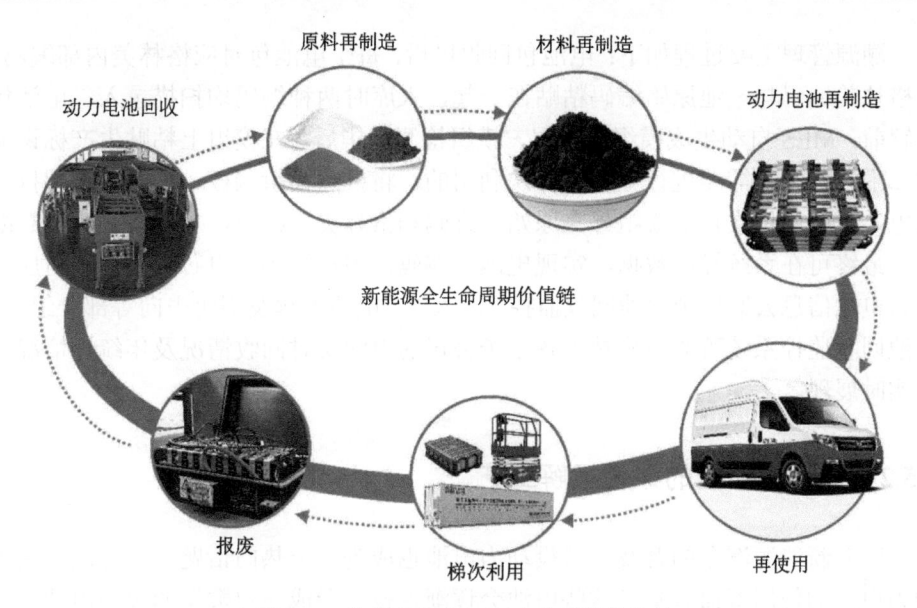

图 3.12　格林美新能源全生命周期价值链

基于物联网、大数据等现代化信息手段，搭建快速、高效的物流和信息流数字化管理体系，建立了废旧动力电池"回收—运输—拆解—梯次利用—资源化利用"全生命周期信息化管理系统，打造退役动力电池回收再利用领域特有的集回收 APP、运输管理系统（transportation management system，TMS）、仓库管理系统（warehouse management system，WMS）、拆解与梯次利用生产执行系统（manufacturing execution system，MES）、产品监控大数据平台、溯源管理系统等一体化的综合性管理平台，实现退役动力电池来源可溯、去向可追、节点可控。并通过机器学习建立高精度预测模型实现退役电池容量预测，形成一套完整的电池性能测试—容量预测—剩余寿命评估的系统解决方案。

3.5.1　废旧动力电池回收体系建设

根据工业和信息化部溯源管理要求，对所有回收的动力电池进行溯源管理，接受车企、电池厂等电池来源企业的现场监督与检查。对从回收、包装、运输、储存、拆解到综合利用整个过程进行信息化记录，实现来源可查、节点可控的全流程溯源管理，提高废旧动力蓄电池综合利用效率。加强对动力电池非法拼装、简易拼装的打击力度，对动力电池回收的安全、环保问题，明确高压线。健全动力电池回收网络，建立由车企、电池企业、回收企业、物流企业等协同联动的回收矩阵，提高电池回收率，强化生产者责任延伸制。

溯源管理主要过程如下：电池包回收以后，每个电池包对应格林美内部编码，将格林美编码与电池原始编码粘贴在一起，入库时两种编码均扫描录入。电池包拆解前，MES自动生成模组二维码，模组检测完毕后，在模组上粘贴生产标识卡和二维码标签。需要进行电芯级梯次利用的，将拆除模组端板、采样板和铝排，在电芯拆解前依次扫描模组外壳原始二维码和格林美二维码，并依次扫描电芯编码。最终可在系统导出数据，实现电池包编码、模组编码、电芯编码一一对应。动力电池信息云监控由电池回收监控、出入库、电池拆解及销售去向等部分组成。电池回收监控系统可监控格林美各个子公司的电池实时回收情况及年统计情况，并实时展现。

3.5.2 退役电池包的绿色拆解工艺

随着新能源汽车的普及，退役动力电池也成为一个热门话题。一方面，由于动力电池的使用寿命有限，这些电池会逐渐退役，形成一定数量的废旧电池；另一方面，由于电池中含有一定量的重金属和稀土元素等有害物质，这些废旧电池的环保处理问题也引起了广泛的关注。在这种情况下，绿色拆解技术的研究和应用显得尤为重要。本节将围绕退役动力电池的绿色拆解工艺进行介绍，以期增加公众对电池回收利用的认识。

退役动力电池的绿色拆解是指通过一系列环保的物理、化学、生物等手段，将电池中有害物质进行有效分离和回收利用，最大限度地降低对环境的影响，并实现对有用物质的回收利用。这种绿色拆解方式相对于传统的拆解方式，能够减少废弃物产生、节约资源、降低能源消耗和减少对环境的污染，因此得到了广泛的认可。

退役动力电池绿色拆解的技术路线主要有以下三个方面。

（1）物理分离技术

物理分离技术是指通过物理方法将电池中的有用物质和有害物质进行分离，主要包括机械分离、震动分离、离心分离、筛分等方法。这些方法具有设备简单、操作方便、效率高等特点。例如，通过机械分离可以将电池中的电解液和正负极材料进行分离；通过筛分可以将不同粒度的材料进行分离；通过离心分离可以将电池中的金属材料和非金属材料进行分离等。

（2）化学处理技术

化学处理技术是指通过化学方法将电池中的有害物质进行分解或转化成无害物质，主要包括酸碱法、浸渍法、还原法等方法。这些方法能够有效地将电池中的有害物质进行分解或转化，从而实现对有害物质的回收利用。例如，通过酸碱法可以将电池中的钴、镍等重金属进行回收；通过浸渍法可以将电池中的锂、钴等元素进行分离和回收；通过还原法可以将电池中的氧化物还原成金属等。

（3）生物处理技术

生物处理技术是指利用生物体或生物体系对电池中的有害物质进行分解或转化，从而实现对有害物质的回收利用。生物处理技术具有操作简便、回收率高、无污染等特点，已经成为电池绿色拆解中的一种重要技术。例如，利用微生物能够降解有害物质的特性，可以将电池中的有机物质进行降解；利用植物的吸附能力，可以将电池中的重金属离子进行吸附和去除。

退役动力电池绿色拆解主要有以下优势。

（1）减少废弃物产生

绿色拆解技术可以对电池进行高效、全面的回收利用，减少废弃物产生，从而有效地降低对环境的影响。

（2）节约资源

电池中的很多材料是可以回收利用的，如锂、钴、镍等，这些元素的资源十分有限，利用绿色拆解技术进行回收利用可以节约资源，降低对自然资源的消耗。

（3）降低能源消耗

传统的电池拆解方式往往需要消耗大量的能源，而绿色拆解技术可以通过物理、化学、生物等多种手段，实现对电池中有用物质和有害物质的高效分离，从而降低能源消耗。

（4）减少对环境的污染

传统的电池拆解方式往往会产生大量的有害废弃物，如重金属、有机溶剂等，这些废弃物对环境和人体健康都会产生危害。而绿色拆解技术可以通过环保的方式进行废弃物的处理和回收利用，从而减少对环境的污染。

3.5.3 废旧动力电池无损检测、寿命评估技术

建立以外部表征参数为主，结合先进材料表征手段的动力电池单体无损检测技术，实现对退役电池的快速检测和精准评价。首先，在常温环境下，对退役动力电池开展性能标定试验，获取其初始状态的性能参数，建立寿命基准；其次，在多温度环境下开展动力电池循环寿命试验，以温度因子作为老化加速方式，快速建立不同健康状态的动力电池标准；再次，以相同的方法获取不同健康状态的性能参数，建立多维度的健康状态表征体系；最后，根据参数变化规律和参数权重，构建残余寿命表征技术，并验证样品的残余寿命。

针对报废动力电池重复使用后的性能退化问题，探索一种简单高效的动力电池梯次/再生利用判别手段。通过项目实施，简化了报废动力电池性能参数和健康状态评估的工艺流程，准确地评估了电池的健康状态，对探索安全、合理且高效的梯次利用模式，实现锂电池大规模回收利用具有重要意义。

废旧动力电池包高效拆解后得到电池模组以及其他零部件，得到的电池模组继续拆解成电池单体，然后对电池单体进行性能诊断测试，根据电池容量、内阻、自放电率等指标进行分选，把容量达标，型号、性能一致的电池单体经成组再装配、二次集成后作为梯次利用产品的储能电源，对于外观、容量等不满足二次利用的电池单体直接淘汰进入资源循环工序。

1. 基于电化学机理的电池快速分选测试方法与特征参数获取

主要以三元/磷酸铁锂的方形铝壳电池为研究对象，从交流阻抗和脉冲两种不同的测试手段出发，其中交流阻抗主要通过等效电路模型、Nyquist 曲线以及 Bode 图等方面对获取的参数进行处理。脉冲主要通过脉冲充放电以及短时间充放电等手段获取反映电池健康状态的极化内阻、欧姆内阻等参数，从多角度开展获取反映电池电化学机理和内部结构的特征参数研究。

2. 通过机器学习建立高精度预测模型，实现退役电池容量预测

利用机器学习的方式得到特征参数与放电容量的映射关系，建立容量预测模型，实现对退役电池实际容量的快速预测。同时为了提高模型的普适性，需要对多体系、多来源的电池进行参数收集，建立海量退役电池数据库。此外，为了开发出高精度的容量预测模型与算法，需要通过探索不同的机器学习方法对模型进行改进与优化，从而建立高精度的退役电池容量预测模型，实现对电池容量快速准确预测。

图 3.13 和图 3.14 分别为 70 组 12.5Ah 磷酸铁锂电池和 36 组 5Ah 三元锂离子电池的测试数据，容量预测的结果如图所示，最大相对误差分别为 1.52%和 1.57%，预测精度均较高。目前已累计收集近 720 组电池测试数据，24 种以上电池样本。

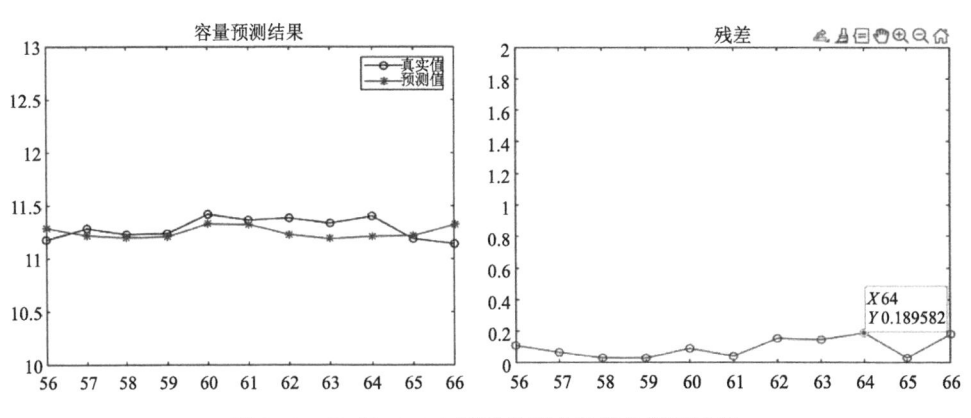

图 3.13 70 组 12.5Ah 磷酸铁锂电池容量预测结果

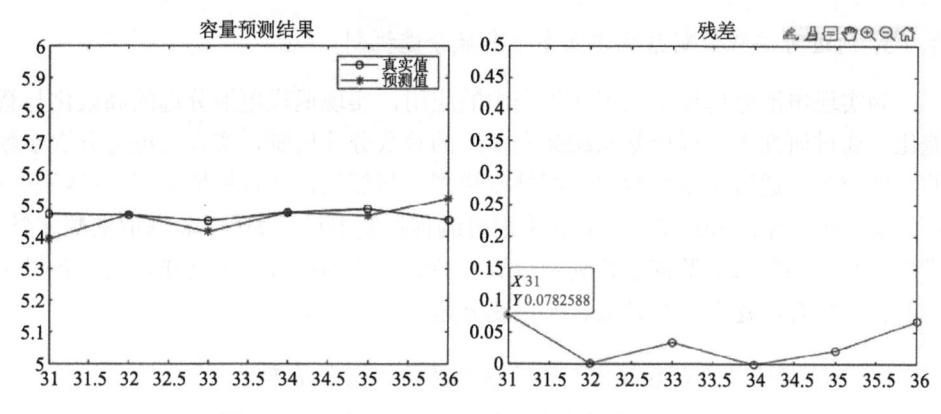

图 3.14　36 组 5Ah 三元锂离子电池容量预测结果

通过分析不同类型的电芯关键特征参数，基于机器学习和深度学习的建模思路，针对不同种类或型号的电芯搭建机器学习和深度学习模型，开展了退役动力电池容量预测模型的优化研究。

基于组合模型的预测结果评估与验证：在前期对磷酸铁锂电池电芯样本数据收集的基础上，对动力电池特征参数等数据进行多模态预处理，对动力电池特征数据进行特征工程处理，筛选最优特征组合，根据不同类型动力电池特征参数构建预测模型，并对预测模型进行神经网络训练、验证和预测计算（图 3.15）。

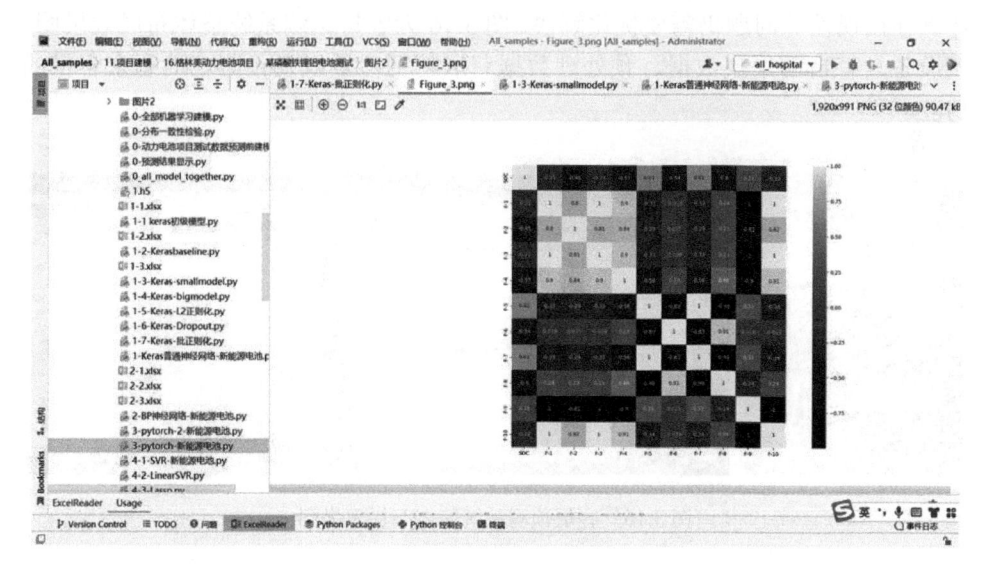

图 3.15　模型算法训练

3. 通过可编程控制系统建立多维参数分选机制

为实现电池分选模型在工业生产中的应用，实现退役电池分选的高效化与智能化，通过研究可编程控制系统建立多维的参数分选机制，实现对电池分选参数的智能控制。通过多维参数建立高精度模型预测算法，通过机器学习、神经网络算法实现电池精准和高效分档，并采用可编程控制器进行编程，将获取的数字量、模拟量及分档信息等数据进行处理运算并控制相应的执行机构动作，实现各机构间的相互配合，建立一种参数智能快速分选自动化系统。

4. 高兼容性动力电池梯次利用快速分选技术与装备开发

在参数获取、模型机搭建、海量数据库建立及分选机制的基础上，为实现动力电池自动化快速分选，需要将以上技术整合，形成一整套退役电池快速分选系统与装备。为此，拟开发一套电芯自动上料、智能检测、根据建立的数学模型拟定参数进行准确快速分选配组，获得高一致性的电池智能分选自动化系统设备。最后开展示范性应用并在全行业进行推广，引领退役动力电池梯次利用行业向高效率、智能化方向发展。

基于退役新能源汽车动力电池包方形电芯研究开发的电池快速分选方法，开发了一套兼容24种以上的多种类、高兼容、高精度的容量预测系统设备。目前容量预测系统样机初试已完成，但目前充放电设备与采集设备存在压差、特征参数计算存在误差等问题仍需要优化解决。图3.16为容量预测系统整体布局效果图，该设备具有自动采集数据、预处理数据获取特征参数以及预测电池剩余容量的功能。

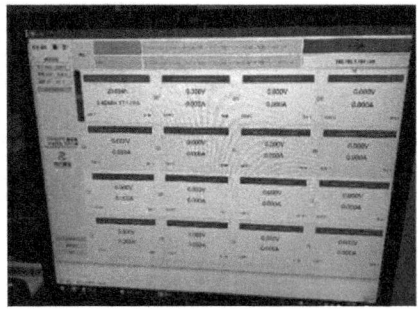

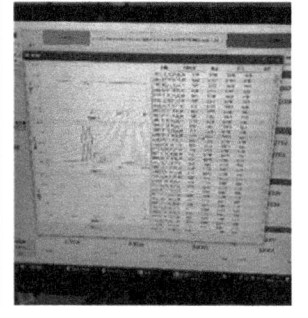

图 3.16　容量预测系统整体布局效果图

基于退役动力电池方形电芯研究开发电池快速分选设备。该分选设备主要针对退役方形电池，兼容电芯尺寸类型≥24 种，分选效率≥180 个/h。电池智能分选自动化系统设备控制系统由上位机系统、电芯参数检测系统、设备控制系统等部分组成。通过在上位机系统中的参数交互，实现对设备兼容性的调整、电芯参数的收集整理、电芯分档功能。整机方案及工艺说明如图 3.17 所示。

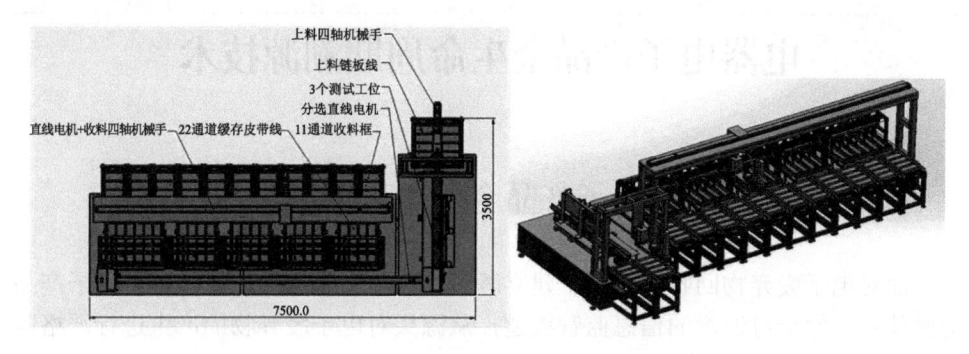

图 3.17　整机方案及工艺说明示图

第 4 章
电器电子产品全生命周期溯源技术

4.1 典型电器电子产品全生命周期追溯体系设计

面对电子废弃物回收的困境，建立基于产品全生命周期的典型电器电子产品追溯体系，健全可追溯的信息监管渠道，从源头对电子废弃物的产生进行严格监管具有十分重要的意义[28]。目前电子废弃物这种不能追溯、回收信息不完整、不通畅的现状，已经不能满足电子废弃物管理的要求。而产品全生命周期的追溯体系更具有无边界性、连续性、完整性的特点，更符合当前电子废弃物回收管理的要求和趋势。

采用物联网、电子标签、大数据技术等建立一套电子废弃物全生命周期追溯体系，赋予电器电子产品"身份证"，可以对电器电子产品实行全方位跟踪、监管，确保电器电子产品从生产制造到回收再利用都有迹可循，从而提升回收环节的专业化、信息化水平，这是响应习近平总书记提出的"加大力度推进生态文明建设、解决生态环境问题，坚决打好污染防治攻坚战，推动我国生态文明建设迈上新台阶"的必然要求。

为了对电器电子产品进行追踪和追溯，满足行业监管和企业回收需求，通过分析电器电子产品的全生命周期过程和业务流程，明确电器电子产品全生命周期追溯需求，建立典型电器电子产品全生命周期追溯体系，确定追溯体系的关键业务环节、主要追溯采集点以及追溯所需数据，根据电器电子产品特性设计统一编码标准，并基于正向方法和逆向方法解决产品的追踪和追溯问题。为了对生产和流通过程的追溯数据进行采集，将各环节信息整合成完整的追溯信息链，以达到追溯目的。

4.1.1 典型电器电子产品全生命周期管理模式

1. 电器电子产品全生命周期环节

要想合理回收废弃电器电子产品，有必要理清楚电器电子产品全生命周期环节。电器电子产品从设计研发到生产制造、从销售到消费、从废弃到回收再利用，完成了它的一次生命周期，因此可以通过构建电器电子产品全生命周期环节图，了解电器电子产品从生成到废弃的整个过程[29-32]。电器电子产品全生命周期环节图包括电器电子产品的设计、生产、销售、消费、废弃、回收再利用的各个环节（图4.1）[33]。设计环节是电子产品的创新设计阶段，也是体现电器电子产品设计理念的阶段；生产环节是电器电子产品生产成成品的阶段；在销售环节，电器电子产品进入市场；而后到达用户终端，进入到消费环节；而回收再利用阶段是电器电子产品废弃后，通过回收渠道被当成垃圾处理或进入到提取加工等再循环利用的环节。从最初设计到最终再利用的整个过程形成电器电子产品全生命周期。

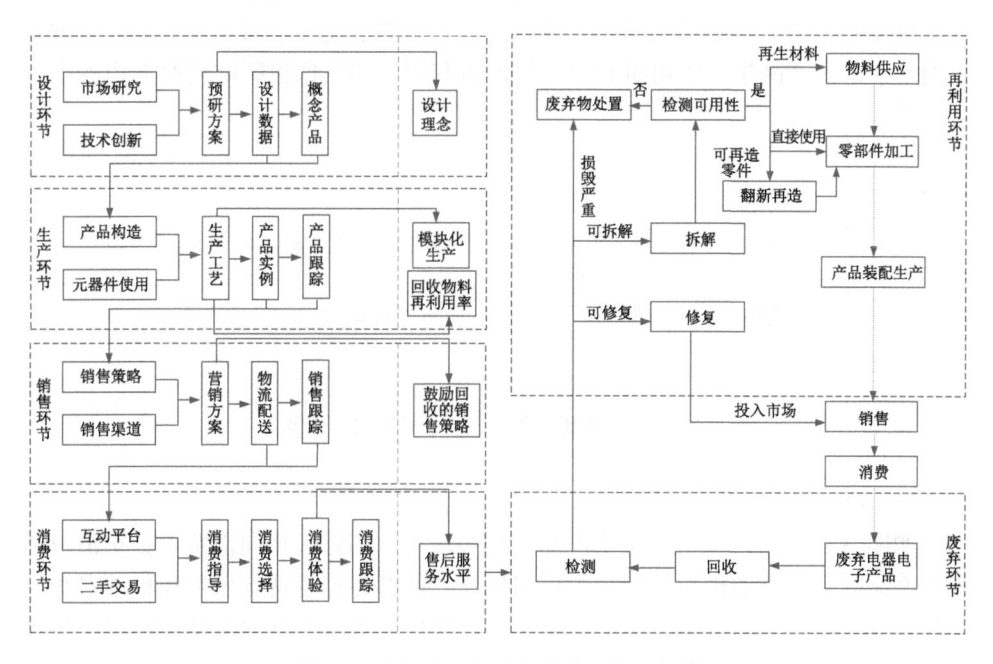

图 4.1 电器电子产品全生命周期环节图

（1）设计环节

如图 4.2 所示，在电器电子产品全生命周期环节中，废弃电器电子产品的拆解环节是它得以进入再制造再循环的必要前提，回收产品的材质类型、质量状况、各零件部件联结情况都会影响废弃电器电子产品的拆卸。在电器电子产品设计环节，研发人员采用循环再利用的设计理念，设计使用可回收再利用的产品材料，在设计新电器电子产品时考虑新旧产品的兼容性，都极大地减少了拆解环节的工作量，降低了废弃电器电子产品的拆解成本，促进了电器电子产品的回收。

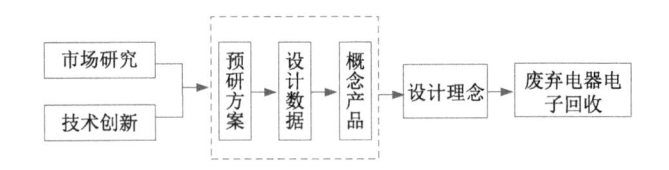

图 4.2　电器电子产品全生命周期设计环节

（2）生产环节

如图 4.3 所示，在电器电子产品生产环节，电器电子产品的生产方式影响废弃电器电子产品的回收。例如，产品的模块化生产使电器电子产品的生产效率提高，也使回收的废弃电器电子产品便于拆解，提高了废弃电器电子产品在拆解环节的效率；而产品生产中可再利用物料的再利用率的高低也影响着废弃电器电子产品的回收。

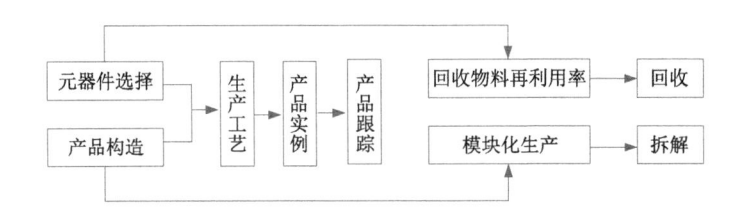

图 4.3　电器电子产品全生命周期生产环节

（3）销售及消费环节

如图 4.4 所示，在电器电子产品的销售环节，销售人员向消费者销售消费类电子产品时，适当的销售策略（如以旧换新）能够促进消费者更加积极地参与到回收过程中；在电器电子产品的消费阶段，售后服务水平同样对整个回收产生积极影响。销售人员向消费者积极宣传电器电子产品生命周期结束后的有关处理政策和途径，方便消费者认识到在废弃电器电子产品处理过程中自身的责任和义务，如我国《废旧家电及电子产品回收处理管理条例（征求意见稿）》中规定消费者应将废旧家电交售给家电经销商、或售后服务机构、或回收企业，不得擅自丢弃；从事拆解活动任何单位和个人不得将报废家电以捐赠方式处理。

图 4.4　电器电子产品全生命周期销售及消费环节

（4）回收再利用环节

如图 4.5 所示，该环节一般由消费者、回收商、拆解商和制造商四个主体依次活动完成回收，回收环节包括回收、检测、拆解/修复、再处理/再加工、废弃物处理五个阶段。整个回收环节的回收再利用能力直接影响废弃电器电子产品的回收水平。首先由消费者提供废弃电器电子产品，选择合适的回收渠道经由回收商回收，被回收的废弃电器电子产品被送至拆解厂进行拆解处理，得到塑料、废铜、废铝、废旧元器件零部件等拆解产物，这些拆解产物再经过深加工，制造成相应的铜产品、铝产品和塑料产品，再经过多个加工环节，被加工成家电用原材料，进而用于家电的生产和制造。对于无法再利用的拆解产物进行废弃物处置。

图 4.5　电器电子产品全生命周期回收环节

2. 电器电子产品全生命周期流程

电器电子产品追溯体系的目的是帮助企业全面掌握产品的来源和流通状况，当电器电子产品达到使用年限或者废弃后可以实现精准召回。基于典型电器电子产品生命周期追溯环节分析，对全生命周期中涉及的各类流程分析如下。

（1）物流流程

物流流程指从原材料获取阶段到处理处置阶段的物质流过程，直观的体现是一个个具体的原材料、零部件、产品、废弃产品等物体，因此也被称为"产品流"。物流流程构成了电器电子产品生命周期追溯的载体；任何一个环节中的"产品"，就是某一追溯过程的起点。电器电子产品物质流过程涉及供应商、生产厂商、经销商、分销商、消费者、回收商等多个主体。目前电器电子产品实际物质流过程中废弃的电器电子产品往往难以被追踪到，为解决该问题，引入射频识别技术对电器电子产品进行标识和数据采集[34]，在各环节关键采集点设置 RFID 阅读器，记录货物的出库、入库情况，将电器电子产品的活动、位置信息及时上传到追溯系统[35,36]。

（2）追溯流程

与物流流程方向相反，追溯流程包含两部分内容：一是各环节中被追溯的电器电子产品流通信息，二是将各环节串联起来的编码信息。目前大部分电子产品如手机、计算机的主板等关键部件上都有进行追溯信息标识。在每个产品出厂前，在其包装上印上追溯标码，这些追溯标码有产品出厂时的所有信息。目前，下游拆解信息编码与上游生产企业编码不是同一编码体系，各成一体。

（3）信息采集流程

信息采集流程指从各追溯环节上采集相关要素信息并汇总到电器电子产品生命周期追溯系统数据库中的流程。电器电子产品全生命追溯流程对各环节信息管理程度较高。在电器电子产品追溯流程中，废弃电器电子产品流动需要经历多个参与主体，各个主体都需要了解废弃电器电子产品的真实信息，方能保证整个追溯流程快速高效运转。信息采集流程不仅涉及各个主体内部的信息管理，也涉及各个主体之间的信息交流和信息分享。各个主体之间的信息交流和信息分享直接影响着各个主体需要采取的业务活动[37,38]。因此，信息采集流程的好坏直接决定着追溯流程的通畅程度。

3. 电器电子产品全生命周期追溯数据

（1）基础数据

基础数据是电器电子产品全生命周期追溯的基础[39,40]。追溯开始之前，需掌握基础数据，方便后续的追溯。具体基础数据如下。①主体基础信息：追溯体系涉及与多个主体的交互，因此需要对客户基础信息进行维护。客户类型主要有生产企业、供应商、经销商、运输企业、消费者、回收商。与追溯相关的主体信息主要包括主体编码、主体名称、类型、联系人、联系电话、地址等。②物料基础信息：生产厂商根据生产需求制定采购计划，向供应商采购所需物料。为记录物料相关活动信息，需对物料基础信息进行维护。物料基础信息包括名称、规格、材质、单位等。③产品基础信息：为记录电器电子产品的生产状态和流通状态，需维护产品类型、产品基本属性以及产品与物料之间的关系。电器电子产品物料组成关系是事先定义好的，但产品与物料具体批次的关联关系无法确定，需要在数据采集过程中进行绑定。④生产车间基础信息：电器电子产品的生产和加工过程在生产车间进行，为准确对产品进行追踪，需要维护生产车间基础信息，包括车间编码和车间名称等。⑤销售基础信息：电器电子产品销售要经过运输企业、经销商、分销商，为方便追溯，要对运输企业车辆号牌、经销商和分销商仓库名称、位置进行维护。⑥拆解基础信息：为记录电器电子废弃物拆解信息，要对拆解企业的地理位置、拆解车间名称和编码进行维护。

（2）动态数据

动态数据主要包含从其他信息系统获取到的动态信息，是电器电子产品全生命周期追溯的主线，主要包括以下方面。①物料采购动态信息：物料到货时，需对物料进行验货并生成采购单，记录物料来源信息，绑定采购批号和物料编码。②收货入库动态信息：当产品到货时，需记录客户来源和产品入库信息。③产品销售动态信息：在销售时需扫描产品编码生成产品销售单，记录销售信息。④废弃产品接收、交付动态信息：废弃电器电子产品接收的时间、品牌、型号、来源、类别、质量和数量、回收价格；交接双方的名称和联系方式；储存的时间和地点；拆解处理的时间、类别、质量和数量。⑤拆解产物动态信息：对废弃电器电子产品拆解出的产物进行分类记录，将名称、储存容器、包装物及计量单位进行编码，与之前的采购批号、物料编码、产品编码进行绑定。⑥拆解产物销售动态信息：在销售拆解产物时，扫描编码，记录拆解产物的类别、质量或者数量以及去向等。

4.1.2 典型电器电子产品全生命周期追溯体系构建

1. 典型电器电子产品的可追溯性

典型电器电子产品全生命周期追溯体系是物联网和大数据在电子废弃物回收及溯源方向的延伸发展，其本质是在电器电子产品生产行业信息系统的基础上叠加物联网、大数据、标识解析等新兴技术，构建更精准、实时、高效的数据采集体系，构建覆盖典型电器电子产品生产、流通、消费、回收、处置利用等环节的生命周期追溯信息数据库，设计建立面向典型电器电子产品生产企业、经销商和售后服务商、消费者、废弃电器电子产品回收企业、拆解企业和资源化利用企业的数据采集标准，对覆盖全生命周期的生产者延伸责任履责信息进行采集，促进生产企业开展生态设计、优先应用再生原料的激励约束机制，为电器电子产品的生产企业提供创新应用，最终形成多方参与、互惠互利、协同演进的典型电器电子产品全生命追溯链条。

（1）追溯原则

典型电器电子产品追溯体系建设的主要原则包括：产品全生命周期追溯与生产企业内部追溯相结合；向前追溯与向后追溯相结合；横向追溯与纵向追溯相结合。

产品全生命周期追溯对应企业内部追溯可以称为外部追溯，有生产企业、经销商、消费者和回收再处理企业等涉及电器电子产品全生命周期的参与主体。产品全生命周期追溯就是通过电器电子产品唯一的标识明确电器电子产品的生产工艺、物料来源、销售去向、回收渠道等。生产企业的内部追溯是指在企业内部所有关于产品信息的追溯管理，主要为设计开发的信息追溯和生产制造过程的信息追溯。全生命周期追溯强化生产企业的回收责任，而内部追溯则为废弃产品的回收再利用提供了可靠的数据依据。

向前追溯即预测结果的追溯，是沿着加工制造过程的方向，追踪每一个过程中的关键点，预测可能出现的隐患，确定产品的准确位置。对电器电子产品生产企业，为了避免在其进入下一道工序或流入市场时造成不应该的损失，可以通过向前追溯找到问题存在点的位置。

向后追溯又称作诊断原因追溯，是逆着生产过程的方向追踪每一个过程中的关键点，常常用于寻找问题产生的源头，也可以称作反向追溯。电器电子产品企业在使用与之后的回收过程中，如果出现问题，可以利用记录标识，沿着其设计、生产、销售的各个环节向着相反的方向追踪，根据产品找出相应的责任主体，这就是向后追溯。此种追溯通常以发现的问题为出发点，有利于报废的电器电子产品重新回收利用。

横向追溯又被称为关联追溯，关联追溯即把相互有关联的点追踪起来，如产品的各个过程到原材料的追溯，这种关联追踪同样也有向前的追溯与向后的追溯。通过将关键点关联起来，将参与工作的各个过程部分也联系起来，高效率锁定目标问题，然后迅速找到解决问题的方法。

纵向追溯又可称为明细追溯，明细追溯即对某一问题追查到点上时再展开的明细内容分析。通过对这些统计信息的追溯、分析与应用，促进电子废弃物回收再利用水平的提高。

（2）追溯目标

建立统一的数据技术标准体系：典型电器电子产品全生命周期追溯体系要求追溯编码、追溯数据、数据交换标准统一。这是确保追溯信息互联互通，实现产品全生命周期追溯的关键。采用一致的编码体系，充分利用现有的基础，利用已经在全球范围内各行各业广泛应用的编码体系，只有这样才能确保典型电器电子产品全生命周期追溯信息的互联互通和追溯工作的有效性，进而实现全国追溯。典型电器电子产品全生命周期追溯环节中的各方参与者应当建立统一的标识记录体系和数据交换体系。为实现典型电器电子产品全生命周期追溯的互联互通与通查通识，制定追溯数据采集指标、编码规则、传输格式、接口规范等关键共性基础标准。按照国家及省级相关技术标准要求进行技术选型，优先选择符合先进性、成熟性、实用性、开放性和标准化要求的技术。

建立各方积极参与的追溯体系：强化企业主体责任，典型电器电子产品全生命周期追溯的各环节参与者首先应建立自己的内部可追溯体系，建立健全追溯管理制度，并按照相关的法律法规向电器电子产品全生命周期追溯系统提供自己应当提供的相关信息。发挥政府督促引导作用，有关部门要加强对典型电器电子产品全生命周期各环节企业的监督检查，督促企业严格遵守追溯管理制度，建立健全追溯体系。支持协会积极参与，发展追溯服务产业，坚持政府推动与市场引导相结合，明确政府、生产经营主体、社会化服务机构的职责定位，调动各参与方积极性；建立追溯管理与市场准入衔接机制，加强与有关部门的协作，保障电器电子产品全生命周期追溯体系全程可控、运转高效。

加强追溯体系第三方监督机制：支持第三方认证机构探索建立追溯管理体系专门认证制度，形成市场化追溯认证服务体系。相关部门可在管理工作中积极采信第三方认证结果，引导典型电器电子产品全生命周期各环节参与主体积极履行追溯责任。加强政府与公众的沟通交流，建立违法行为信息披露制度和有奖举报机制，发挥舆论监督作用，推动形成全社会关心追溯、使用追溯、支持追溯的良好氛围。

（3）追溯对象

对电器电子产品来说，实行全生命周期追溯，是促进电子废弃物回收、提升企业承担生产者责任延伸制度能力和扩大企业品牌影响力的有效方式。对电器电子产品追溯的范围主要包括研发设计的可追溯性、原材料的可追溯性、制造过程的可追溯性、销售及售后的可追溯性以及回收与拆解的可追溯性等几个方面（图 4.6）。

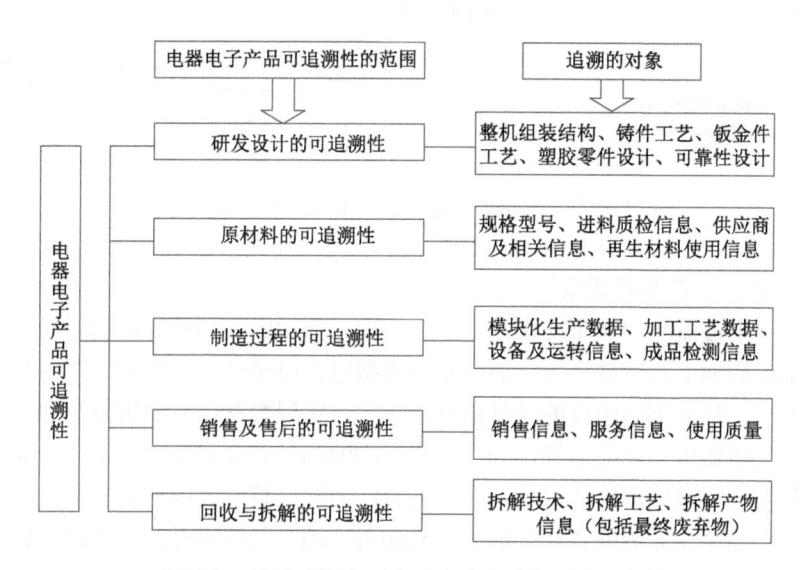

图 4.6 典型电器电子产品全生命周期追溯对象

2. 全生命周期追溯体系构成

典型电器电子产品追溯体系建设的主要内容（图 4.7）包括：①构建典型电器电子产品全生命周期追溯体系，建立电器电子产品从设计、生产、销售、消费直到回收、再利用环节的整个产业链全程数字化管理以及产品的全生命周期管理系统。②建立典型电器电子产品全生命周期追溯信息数据中心，进一步完善追溯管理信息系统，优化追溯流程、统一标准规范，实现与新建追溯体系平台的无缝对接和数据共享。③追溯体系企业端子系统支持典型电器电子产品生产企业试点，构建从设计、生产、流通、回收及再利用的全生命周期的追溯体系，构建政府监管、第三方审核和公众服务系统，与"信用中国"平台对接，建立低成本、高稳定的第三方评估和信用评价制度。

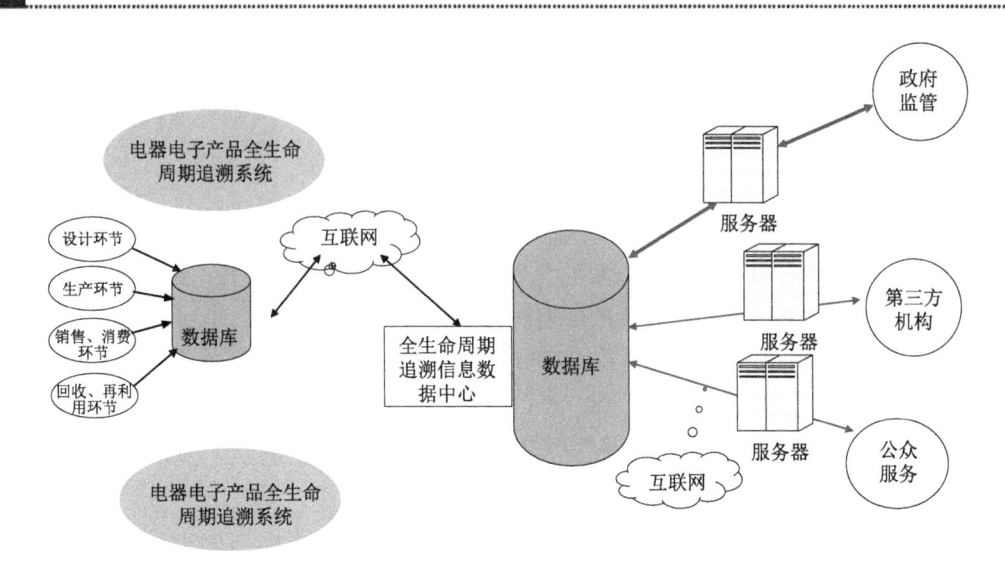

图 4.7　典型电器电子产品全生命周期追溯体系

（1）全生命周期追溯系统

建立一个覆盖从产品研发设计、生产制造、售后服务到回收再利用的电器电子产品全生命周期追溯管理系统，能够实现典型电器电子产品全生命周期的数据信息采集与集成，建立不同阶段的产品信息资料包，实现数据信息的规范管理，并且能够实现典型电器电子产品追溯，为电子废弃物的高效安全回收提供依据。典型电器电子产品全生命周期追溯系统的主要任务有：能够完整、准确地记录并且存储典型电器电子产品全生命周期各环节的数据与相关文档；能够实时监控动态的设计、生产、销售、消费与回收过程，进行数据采集；能够实现典型电器电子产品的全生命周期的追溯，产品任何一个环节的信息通过输入批号和编码可以呈现出来。

典型电器电子产品全生命周期追溯系统基于核心平台层，连接了企业端子系统、追溯管理平台以及第三方系统的全生命周期追溯应用，整个体系遵循统一的追溯数据交换标准与技术标准，并建立追溯信息安全保障与运行维护体系。从下至上可以分为四个层次，分别为接入层、平台层、应用层和用户层，架构如图 4.8 所示。

（2）追溯信息数据中心

建立典型电器电子产品全生命周期追溯信息数据中心，是建立电器电子产品全生命周期追溯体系的核心。根据前面的需求分析和系统的功能结构设计，电器电子产品全生命周期追溯信息数据中心为集中式，是将所有数据保存在一个地方；分布式数据库在数据整理与备份方面比较便捷。追溯信息数据中心包括四个部分的内容，即研发设计、生产制造、销售及售后和回收再利用四个环节的信息，典型电器电子产品全生命周期追溯信息数据中心的结构如图 4.9 所示。

第 4 章 电器电子产品全生命周期溯源技术

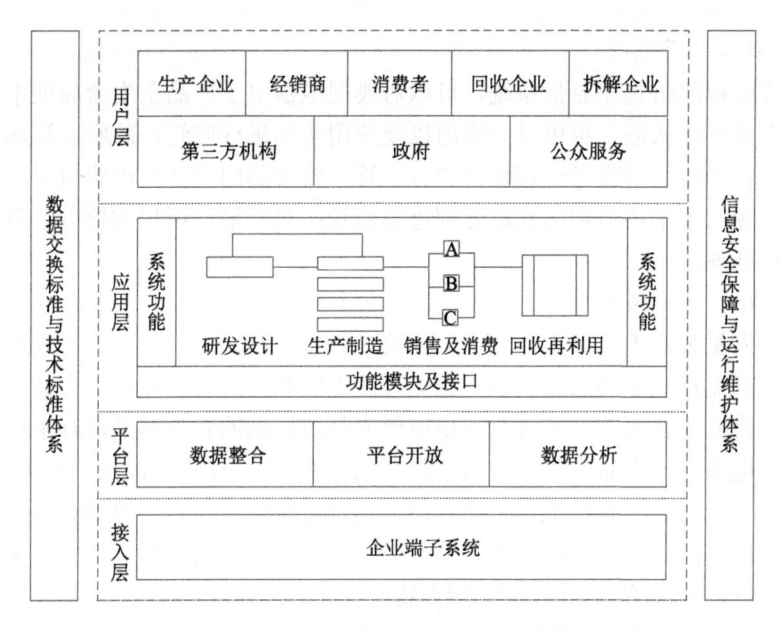

图 4.8 典型电器电子产品全生命周期追溯系统架构

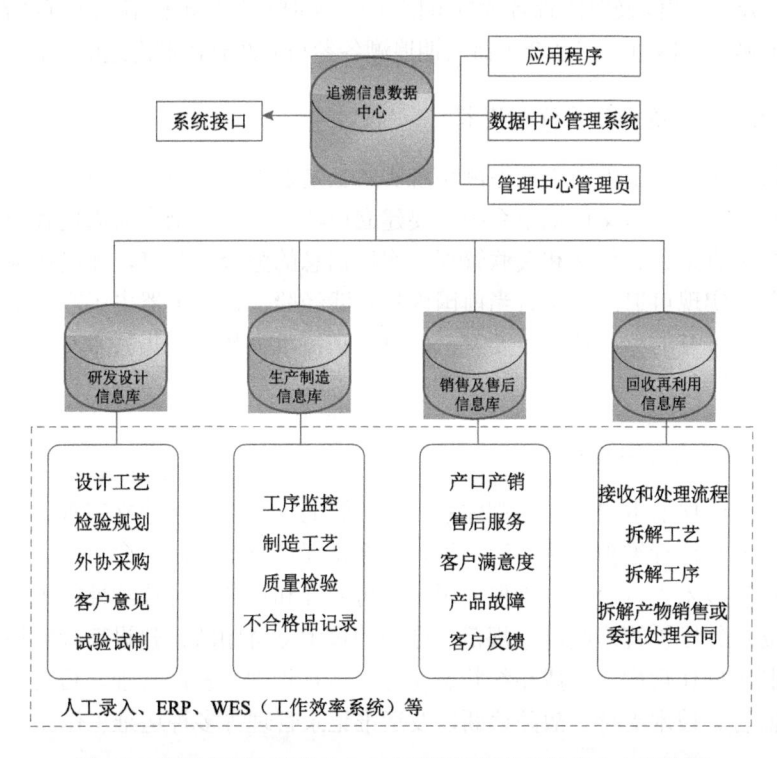

图 4.9 典型电器电子产品全生命周期追溯信息数据中心结构图

(3）政府监管系统

政府监管部门建立监督系统，可以对典型电器电子产品全生命周期中各参与机构或企业进行认证，也可以对应用以及应用实例进行监管；政府监管部门对应用的生产、销售、回收等过程都能进行监管；监管部门对典型电器电子产品全生命周期追溯的每个环节和信息单元都进行监管；对于最终用户的投诉信息还可进行查询和处理。

（4）第三方审核系统

第三方是独立于第一方（企业）和第二方（政府）之外的一方，它与第一方和第二方既无行政上的隶属关系，也无经济上的利害关系。由第三方具有一定资格并经一定程序认可的审核机构派出审核人员对组织的管理体系进行审核。通过构建典型电器电子产品全生命周期追溯第三方审核系统,将事前预审与事中管控、实时提醒与全面防控有机地结合在一起，通过对接全生命周期追溯系统，对企业提交的数据信息进行审查，发现不合理的行为与不合理的数据，把问题前置，实时提示监督企业，有效地降低电子废弃物回收的潜在风险。搭建生命周期追溯第三方审核系统，提高典型电器电子产品全生命周期追溯审计透明度，突出第三方机构的公正性及诚信度，及时跟踪各项目审核进度，实时对项目审核情况进行动态管理，搭建利于典型电器电子产品全生命周期追溯各参与方及时协调沟通的路径。

3. 生命周期追溯体系核心技术

电器电子产品全生命周期追溯系统实质上是追溯体系中电器电子产品自身构成信息和流向信息与文件记录系统。要建立电器电子产品全生命周期各个环节上信息的标识、采集、传递和关联管理，实现信息的整合、共享，才能在整个生命周期链条上实现可追溯。综合当前国内外实践经验，建立电器电子产品全生命周期追溯体系涉及的核心技术主要有：信息标识技术、数据采集技术、信息交换技术、物流追踪技术。

4. 信息安全与运行维护

为了全面保证重要产品追溯体系信息资源的安全，必须建立完善、高效、可靠的信息安全运行维护体系。运行维护体系是保持整个溯源平台日常运转，为平台运行提供技术支持服务，确保应用平台可用性和业务进行连续性的重要保障。通过建立运行维护管理制度、规范及专门的技术支持团队，建设运行维护平台、工具，制定操作规程，完成系统状态监控、运行管理、资产管理、日常维护、数据录入监管、技术支持、故障诊断以及运维记录管理等多种运维工作。

4.2 典型废弃电器电子产品全生命周期信息大数据平台

典型废弃电器电子产品全生命周期信息大数据平台可实现电器电子产品生产、销售、回收、拆解企业数据录入、查询功能，这些功能是目前管理系统无法完全实现的。通过此平台的实际运行，可获得较可靠的全国废弃电器电子产品的报废量、最终流向的统计等基础数据，提高政策执行和管理效率。

4.2.1 总体架构设计

本着高效率、高可靠性、高安全性、经济实用的原则进行系统设计，建成一个统一、完整、先进、高可靠体系。在技术上采用成熟的 Java 技术，建成一个系统先进、可靠性高、扩展方便、系统运行操作简便的软件系统。为此，在系统设计中突出了系统的稳定可靠性、可替代性和易维护性。

整个系统在组织架构上采用三层模式进行设计：系统控制层、系统应用层、系统支撑层。系统构架如图4.10所示。

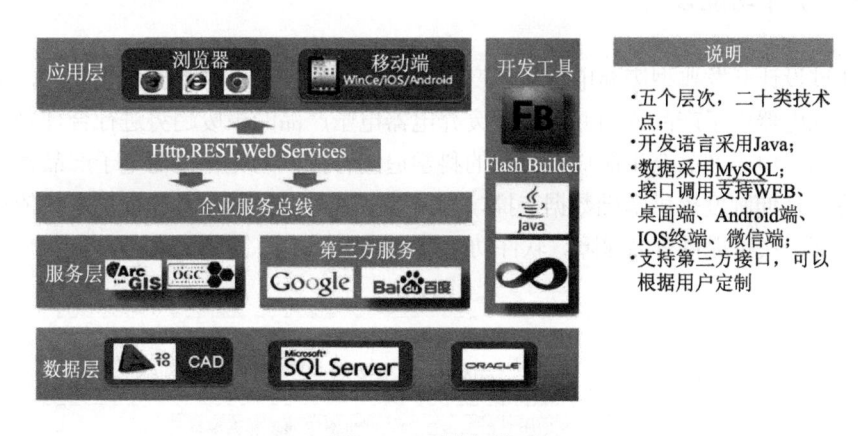

图 4.10 系统架构图

4.2.2 网络设计

系统网络结构设计，内部网络提供机构中心、下属单位办公内部的单一网络连接体系，不同物理位置间通过光纤建立直接内网连接，提供高安全级别及高可靠性的互联支持能力，业务执行、工作流程协调运行于该网络上。

无线网络提供人员通过无线网上报信息等联网支持能力，移动端运行在该网络上。

互联网接入网络通过防火墙建立于互联网开发链路，为相关企业访问该系统及其他互联网访问提供互联网支持，但考虑到外部业务网络来源的可信性及互联网接入网络的开放性，可采取更高的安全控制级别。网络架构设计如图 4.11 所示。

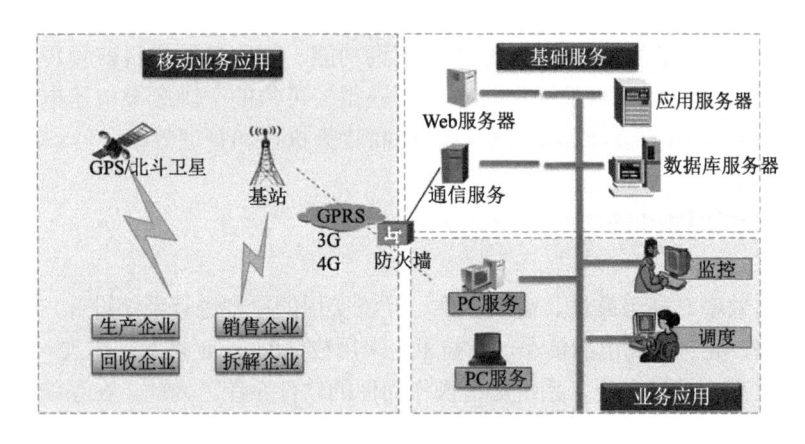

图 4.11　网络架构图

4.2.3　软件功能设计

通过设计开发典型废弃电器电子产品的全生命周期信息大数据平台软件，可以科学跟踪电器电子产品流向并对典型废弃电器电子产品的报废趋势进行合理判断，有利于电器电子产品全生命周期流动的科学追溯管控，为完善电器电子产品领域生产者责任延伸制度提供基础数据支撑，为监督生产者履行延伸责任提供考核依据，为政府部门决策提供有力保障。软件功能设计图如图 4.12 所示。

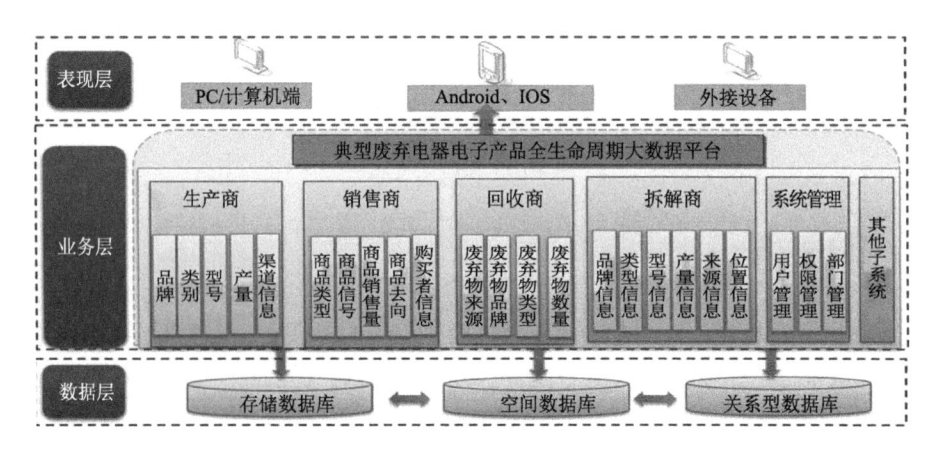

图 4.12　软件功能设计图

根据上述框架设计，完成典型废弃电器电子产品全生命周期大数据平台的初步建设，平台登录界面见图4.13。

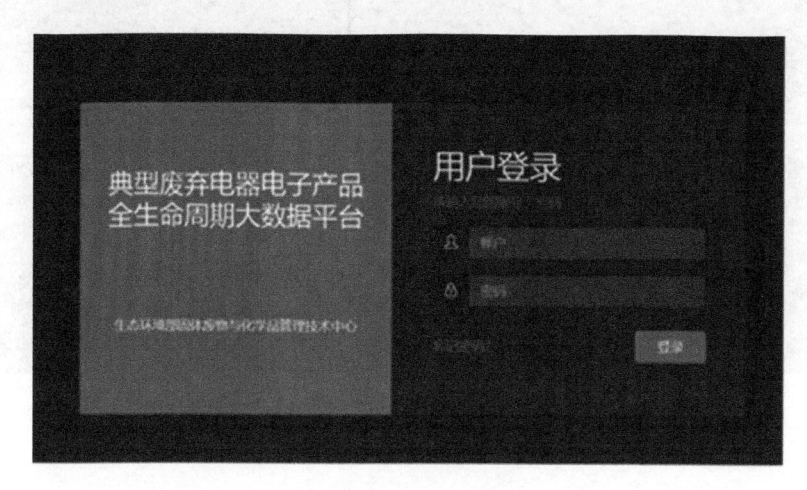

图4.13 登录界面

平台可实现电器电子产品生产、销售、回收、拆解企业数据录入、查询功能（图4.14）。

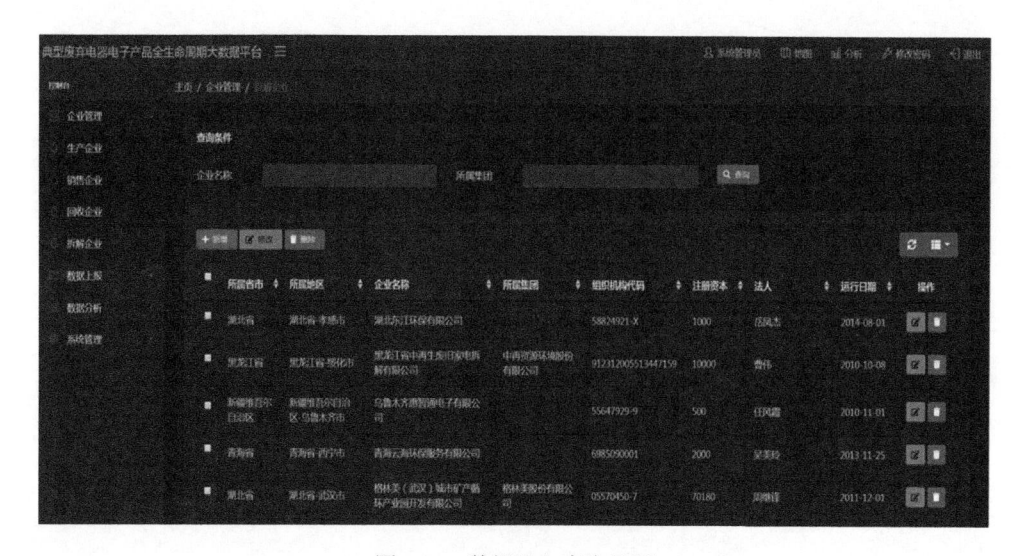

图4.14 数据录入查询界面

平台可实现电器电子产品生产量、销售量、回收量等数据的统计分析（图4.15）。

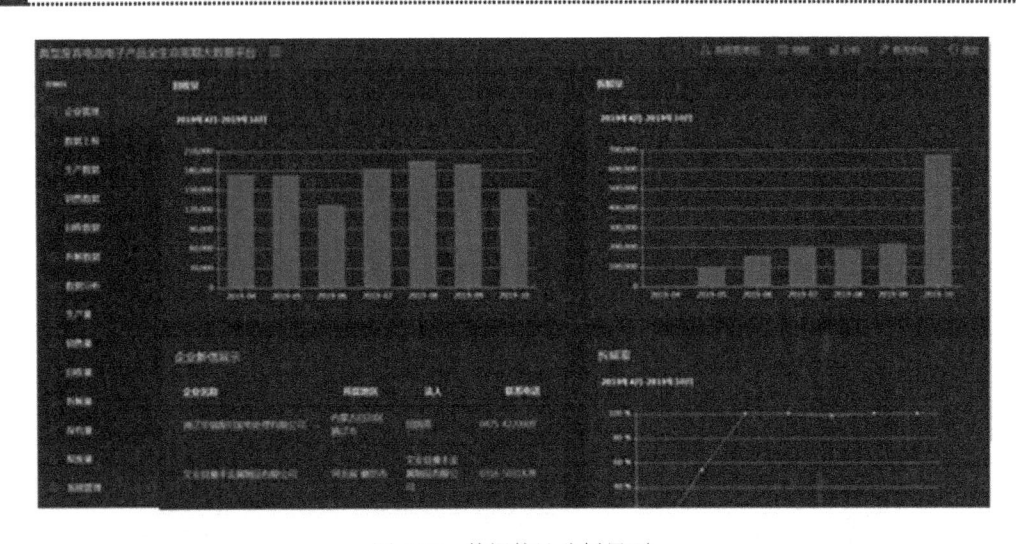

图 4.15 数据统计分析界面

第 5 章

汽车产品全生命周期溯源技术

5.1 汽车产品及典型部件（动力电池）回收利用社会行为研究

5.1.1 汽车产品回收利用社会行为研究

项目组开展了汽车产品回收利用社会行为研究，研究框架见图 5.1。该成果深入调查分析生产商、经销商、售后服务商、消费者、回收拆解企业、再利用企业以及政府主管部门等各相关主体在全生命周期各环节中回收利用社会行为的发展历程、现状和趋势。综合分析各相关主体社会行为在回收利用体系构建中的作用和关系。找出汽车行业生产者责任延伸制度难以有效落实的障碍所在和根本原因，研究提出促进落实生产者责任延伸制度的措施和方案。

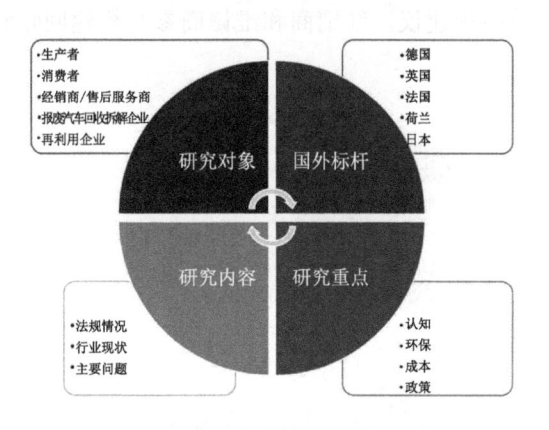

图 5.1 研究框架

生产者责任延伸制度的主要目的是提高资源再利用率以及降低废弃物对环境的污染。它的一个最基本的特征是强调生产者的主导作用。因为在产品生命链中生产者是最具控制能力的角色。只有生产者才能决定产品设计的改进；生产者最有能力挖掘出废弃产品的最大利用价值；生产者是再生材料最直接的用户。以生产者作为切入点引入外部激励，可以保证激励信号更为顺畅地在产品链上下游传播，更好地起到减少废弃物、鼓励资源再生利用的作用。"生产者责任延伸制度"另一个基本特征是它强调的不单是生产者的责任，它同时强调了整个产品生命链中不同角色的责任分担问题。生产者责任延伸制度考虑了产品生命链涉及的不同角色，包括消费者、销售者、回收者、废弃物处理者和中央及地方政府等，通过一个有效的机制设计来使其共同分担废弃产品回收的责任。国外的实践经验表明，生产者责任延伸制度的成功实施都是不同利益群体共同履行责任、协同工作的结果。

不同于其他产品，汽车产品的社会属性更加突出，而生产者责任延伸制度涉及产品生命链的各个主体，每一个主体的社会行为都将影响生产者责任延伸制度的落实。因此，在开展社会行为分析时，不能仅将生产者或消费者作为研究重点，需要从全生命链的整体视角出发，对多个参与主体开展研究，从政策引导、社会认知、技术升级以及环境保护这几个方面分析其社会行为。同时基于社会的发展阶段，研究社会的资源再利用价值观，深入分析不同社会行为的根源。

在汽车产品的重点研发过程中，研究选取了对产品回收利用行为影响较大的几个重点环节，它们与生产者责任落实密切相关。这些环节涵盖了汽车从生产到死亡，到再次进入回收循环的过程，是整车回收利用活动的重点部分。这些环节行为主体的社会行为分析将直接影响到产品回收利用的社会性，同时对于生产者责任延伸制度落实也密切相关。对其不同维度的社会行为属性进行研究，发现各个主体的社会行为特点，从而有针对性地提出促进产品回收利用以及落实生产者责任延伸制度的政策措施建议，经销商和维修商参与构建回收利用体系的作用如图5.2所示。

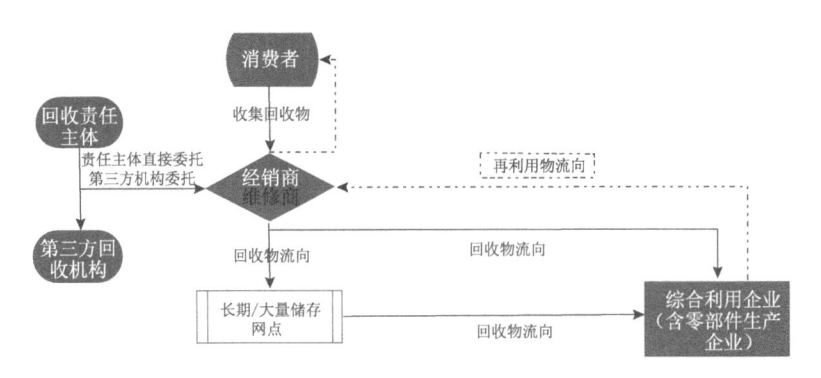

图 5.2　经销商和维修商参与构建回收利用体系的作用

通过对汽车生产企业、经销商/维修商、消费者、报废汽车回收拆解企业以及再利用企业在政策引导、社会认知、技术升级、环境保护及资源再利用价值观方面的社会行为影响因素综合分析（图 5.3），得出如下结论：①政策引导对于各主体都是重要的影响因素；②资源再利用价值观两极分化明显；③社会认知在各主体中逐渐提升；④环境保护还未成为主导驱动；⑤技术升级蓄势待发。

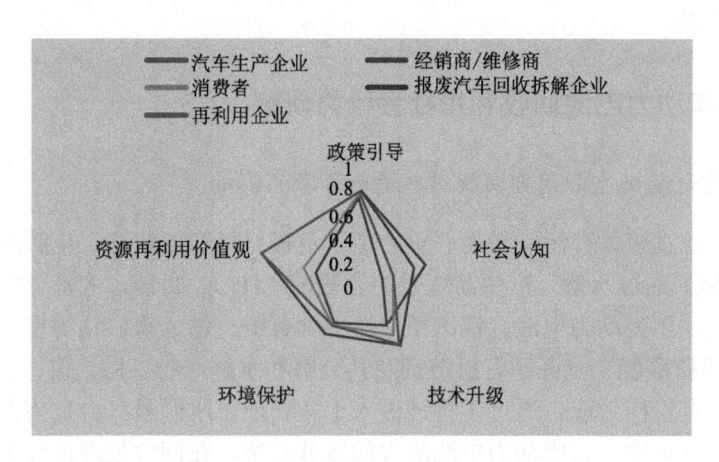

图 5.3 社会行为影响因素分布图

在此基础上，研究提出了政策建议措施。

1）完善法律法规体系。明确汽车产品生产者责任延伸制度上位法依据；制定汽车产品生产者责任延伸制度覆责绩效体系；加快完善相关标准规范。

2）完善现有报废汽车回收拆解体系。加快回收网络建设，方便用户交车；提高现有回收拆解企业技术水平。

3）明确汽车产品生产者责任延伸制度内涵。在特定情况下承担回收处理费；进行可回收设计并提供拆解手册；推进汽车生产企业支持经销商和维修商提升回收服务能力。

4）提高车主交售报废汽车的积极性。加大违法用车处罚力度；提高旧车使用成本，加快旧车更新；加大宣传力度。

5）完善管理手段，加大执法力度。加大执法力度，依法查处违法经营行为；建立车辆信息网络平台；完善车辆档案管理制度。

6）积极提升我国资源再利用价值观。

汽车产品是一种比较特殊的产品，它的产业链长，涉及面广，在回收利用方面同样是有多个类型企业参与，包括整车企业、保险企业、二手件流通企业、报废汽车回收拆解企业、钢铁企业、材料再利用企业、废弃物处理企业、破碎企业等，因此需要各个参与者共同努力，才能构建有效的回收利用体系。同时，回收体系的建立还与社会资源化意识息息相关，需要在日常的行为意识影响下，逐步提升社会的整体意识。

在整个回收体系中，生产企业和回收拆解企业是非常重要的两个主体，在我国现有情况下，亟需尽快落实生产者责任延伸制度，建立生产者主导的回收体系。

同时，在回收端要通过加快拆解、再利用技术升级，提升资源再利用率，减少安全、环保隐患。

5.1.2 汽车动力电池回收利用社会行为研究

1. 动力电池全生命周期回收对环境和资源的影响

废弃电池直接丢弃污染最为严重的是正负极材料和电解液，电解液中六氟磷酸锂（$LiPF_6$）通过水解，产生易挥发的氢氟酸（HF）。目前，大部分电动汽车采用锂离子电池作为动力电池，锂离子电池中含有铜、钴、镍、锰等重金属元素及$LiPF_6$、有机碳酸酯、难降解有机溶剂及其分解和水解产物。钴、镍、铜等重金属在环境中具有累积效应，通过生物链进入土壤和地下水源最终会危害人类健康，具有极大的危害性。报废动力电池所含的成分复杂，在回收处理过程中会产生大量二次污染问题，而且具有一定的危险性。$LiPF_6$稳定性较差，加热至60℃时即开始分解，产物为PF_5，且$LiPF_6$易与水发生水解反应生成HF，HF和PF_5均为剧毒气体。随意丢弃可造成严重的环境污染，废旧动力电池需要运输到有处理资质的单位进行回收处置。三元锂电池中锂平均含量为1.9%，镍12.1%，钴2.3%，铜13.3%，铝12.7%。

"回收-梯次利用"环节，梯次电池主要作为铅酸电池和部分新电池替换产品，相关梯次利用企业主要有通信基站应用企业、储能电站应用企业、轻型动力应用企业、备用电源企业等。整个过程中，根据朗能电池数据，10万kWh年产能的梯次利用工厂的年水耗和电耗分别为1万t和103.68万kWh，折算到标称值如表5.1所示。

表 5.1 梯次利用工厂单位能耗计算表

序号	能耗名称	数量	折标系数	年耗电量（t标煤）	备注
1	电耗	103.68万kWh	0.1229kgce/kWh	127.42	当量值
2	水耗	1万t	0.0857kgce/t	0.86	
	合计（t标煤）			128.28	
	单位能耗（t标煤/kWh）			1.2828×10^{-3}	

目前动力电池生命周期后端各个环节的回收处理率如图5.4所示。

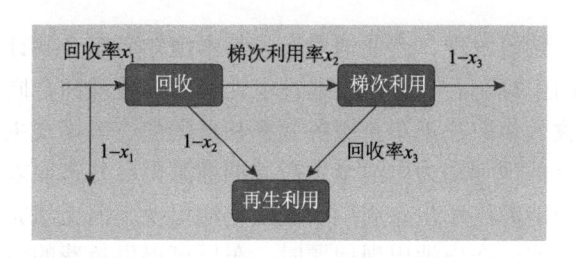

图 5.4　动力电池生命周期后端各个环节的回收处理率

结合图 5.5，得出动力电池后半段生命周期过程产生的环境污染和资源消耗的计算公式为

$$P = (1-x_1)p_1 + x_1p_1 + x_1x_2(1-x_3)p_1 + x_1(1-x_2)p_3 + x_1x_2x_3p_3 \quad (5.1)$$

$$R = x_1x_2r_1 + x_1(1-x_2)r_2 + x_1x_2x_3r_2 \quad (5.2)$$

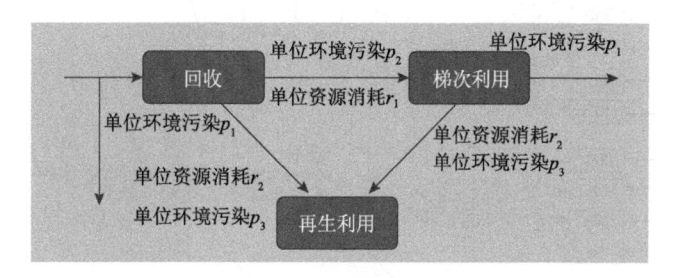

图 5.5　各环节单位环境污染和单位资源消耗

2. 个人消费者社会影响机制

保护环境和节约资源显著影响个人消费者的绩效期望；购车时 4S 店相关人员对后续动力电池回收的流程说明、简明易懂和便捷可行的流程设计显著影响个人消费者的努力期望；回收网点的奖励和上门回收服务显著影响个人消费者的配合。

根据问卷调查，大部分新能源车主对于电池回收认知较为薄弱。通过 Amos 软件进行数据分析与模型验证。验证发现，绩效期望、努力期望、社群影响均对行为意图产生正向影响，配合条件对使用行为产生正向影响，经济价值与行为意图相关性较小，行为意图对使用行为产生负向影响，结果如图 5.6 所示。经济价值与行为意图相关性不大，可能是目前的经济补偿较小导致无法影响用户意图。行为意图不能导致使用行为，但配合条件对使用行为有正向影响，说明进行电池回收主要需要从配合条件方面采取措施。

3. 电池回收综合利用相关企业社会影响机制

对企业消费者，重点对深圳市最大的新能源汽车运营企业——深圳巴士集团进行了现场调研。调研发现，企业消费者多与本地知名车企签订电动车整体采购合同，合同约定由中标车企负责前序退役电池的回收处理和合同期内所有电池更换服务，电池回收效率取决于车企服务效率和自觉性。该模式主要有两个问题：一是工业和信息化部现行动力电池全生命周期溯源平台并未要求企业消费者上传数据，仅能确定新能源汽车生命周期中发生电池更换，但无法完全确定电池更换次数。二是企业消费者在电池出现问题时，车厂可提供免费的电池更换服务，但企业消费者表示难以确定更换电池的来源和安全性。

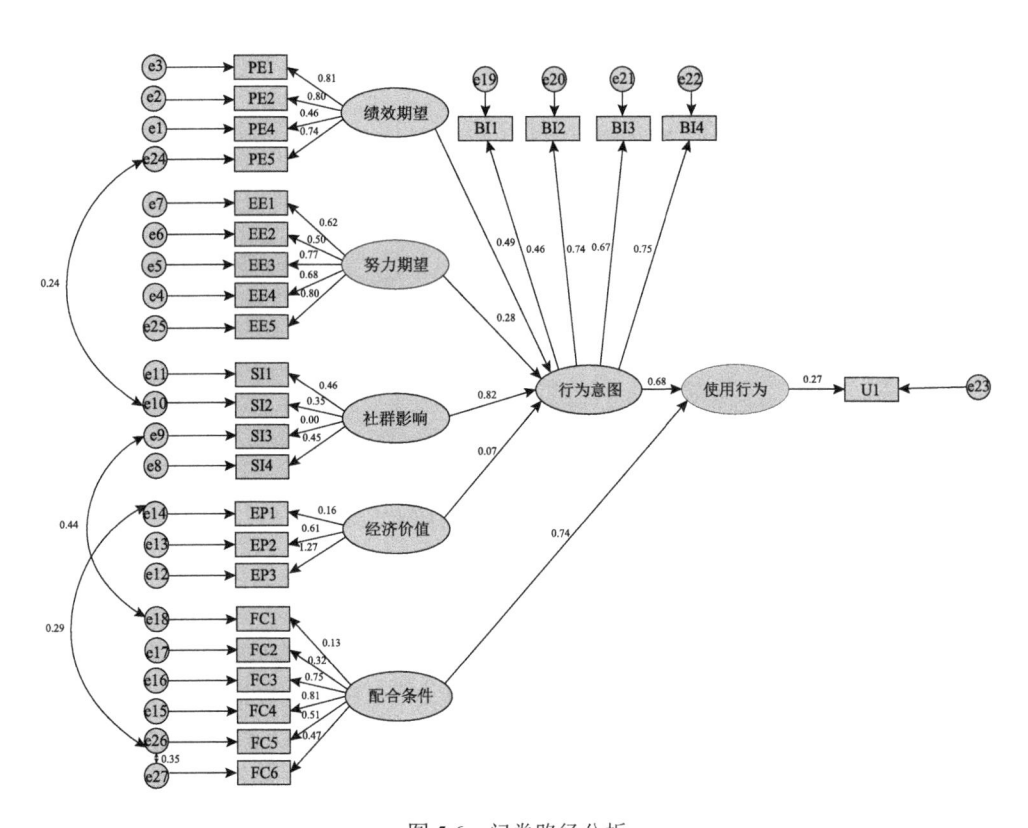

图 5.6　问卷路径分析

对回收企业，根据问卷反馈情况，目前最受回收企业关注的因素主要为回收渠道、回收模式和回收价格。回收企业最倾向渠道来源为整车企业（**87.5%**受访企业认可），独立的第三方电池回收网点（**62.5%**受访企业认可）也受到欢迎；同时，大巴车退役电池亦最受回收企业欢迎。受访企业表示整车企业所提供的电池整体一致性优于其他平台回收电池，大巴车退役电池的整体一致性亦优于其他车型退役电池，适合用作梯次利用产品，相较而言，实验室测试用电池和生产线淘汰次品梯次利用效果较差。回收企业最倾向的回收模式主要为包干合同制，受访企业表示在该模式下可获得更高利润。回收价格主要受电池类型和电池完好程度影响。目前三元电池的回收价格显著高于磷酸铁锂电池。

对梯次利用企业，梯次利用率和梯次利用应用场景是影响梯次利用企业决策的主要因素，目前梯次电池应用范围对梯次利用企业影响较小。梯次利用率主要受电池来源、电池应用形式、电池外部因素、电池内部因素影响。受访企业表示目前最为主要的应用方式为模块应用，87.5%受访企业模块应用比例均超过50%。对于电池内外部因素而言，电池规格（形状、大小等）影响最大（100%受访企业认可）、电池厂家（50%受访企业认可）和电池种类影响较大（磷酸铁锂>三元）（87.5%受访企业认可）；批次影响相对较小。对于梯次电池的应用场景来说，目前大多数企业表示不同应用场景对于退役电池要求较少。太阳能路灯等小型储能电站应用盈利空间最大。

对再生利用企业，所在地环评政策、电池价值量（含电池种类）、电池再生处理工艺、原材料市场需求、回收处理总量是影响再生利用端企业决策的主要因素。100%企业表示所在地环评政策直接影响企业进行电池的再生利用。目前深圳市范围内暂无再生企业环评通过，多在本市进行简单物理拆解后运往外地处理。电池价值量主要受电池种类影响，三元电池明显优于磷酸铁锂电池。具体来看，目前NCM523 和 NCM622 电池再生利用盈利能力最好（毛利率 10%～15%）；磷酸铁锂电池再生利用普遍亏损（-400 元/t）。

该研究主要创新如下。

1）深入分析动力电池回收利用全生命周期的流通过程，通过建立具有普适性的资源消耗和环境污染评估模型及主要流通环节利益相关主体的决策影响因子分析模型，设计一套评估方案，并以深圳市为例做验证。

2）资源消耗和环境污染评估模型。建立动力电池回收利用生命周期评价清单，分析废旧动力电池直接丢弃对环境造成的影响，与动力电池回收利用进行对比，研究动力电池回收利用带来的社会经济效益和环境效益。

3）主要流通环节利益相关主体的决策影响因子分析模型。对动力电池生产—消费—回收全过程的相关利益主体进行调查，建立动力电池回收利用社会行为影响因素回归分析模型，探索影响动力电池梯次利用和再生利用的主要因素。

5.2 汽车产品及典型部件（动力电池）生产者履责绩效评价

对汽车生产企业、经销商、售后服务商、消费者、报废汽车回收拆解企业以及再利用企业等主体社会行为属性进行了详细分析，虽然生产者责任延伸制度强调的不单是生产者的责任，同时强调了整个产品生命链中不同角色的责任承担，但不可否认在产品生命链中生产者是最具控制能力的角色。

从推动汽车生产企业本身和汽车生产企业牵头主动推动各相关主体履行汽车产品回收利用责任和义务的角度，在借鉴国外相关法规及典型企业的主动行为和措施经验的基础上，基于我国主要汽车生产企业的生产者履责现状和实际，构建起明确可行、切合我国实际的汽车产品及典型部件（动力电池）生产者履责绩效评价体系。明确我国汽车生产企业生产者责任延伸制度的具体内涵，履责绩效评价体系的评价主体、产品范围、评价指标体系和方法、评价方式以及相应奖惩措施等内容，为政府主管部门制定相关政策提供技术支撑。

汽车生产企业的回收利用社会行为可以分为以下几大类：一是生态设计，具体又包括汽车产品的禁用物质、可回收利用率、材料再利用率设计，汽车产品的轻量化、单一化、模块化、无（低）害化、易维护设计以及延长寿命、绿色包装、节能降耗、循环利用等设计，再生材料选用等方面。二是汽车回收拆解拆卸维修等信息公开。三是回收体系建设，即汽车生产企业可通过自主回收、联合回收或委托回收等模式，构建报废汽车回收的体系。四是促进汽车零部件再制造使用等。

截至当前，我国汽车生产企业的回收利用社会行为主要呈现以下几个特征。

一是回收利用行为主要集中在产品生态设计方面，且在汽车产品禁用物质、可回收利用率和材料再利用率方面，已整体处于相对较好的水平。截至2018年底，我国汽车产品在生产车的可回收利用率已超过96%，材料可再利用率已超过92%。随着汽车环保材料的研发与应用，镉、汞、六价铬和溴阻燃剂仅在极少零部件中含有，当前我国汽车产品中含有的有害物质主要为铅，且呈现逐年下降趋势，部分纯电动车型已采用锂电池取代传统铅酸蓄电池作为启动电池，这也极大地拉低了新能源汽车整车的铅含量。

二是在可回收利用设计、拆解拆卸维修等信息公开方面以及回收体系建设方面仅有少数企业在开展相关工作。

三是车型方面主要集中在 M1 类产品，在其他车型方面还基本没有开展回收利用相关社会行为。

目前，我国汽车生产企业在开展生态设计等落实汽车产品生产者责任延伸相关探索时，主要是以乘用车和轻型货车为主，因此，建议评价的汽车产品范围先从 M1 和 N1 类产品开始，然后适时扩大范围至所有的汽车整车产品。

考虑汽车产品的整个生命周期，从产品生态设计、流通使用、回收利用等阶段，深入分析汽车产品在各阶段的资源消耗、生态环境等影响因素，选取不同阶段的、可评价并且容易核证的相关指标（并赋予各指标相应的分值）构成汽车产品生产者责任延伸评价指标体系和方法，见表 5.2。

第5章 汽车产品全生命周期溯源技术

表5.2 评价指标体系和评价方法

环节	一级指标	分值	内容	二级指标	分值	类型	方法
生态设计(30分)	产品设计	11	汽车产品设计应按照降低产品全生命周期碳排放、减少资源消耗和废物产生、降低环境污染,利于回收利用的原则,重点包括易回收设计和轻量化设计等	易回收设计	4	定性	汽车产品的易回收设计包括利于拆卸拆解设计、利于循环利用设计、延长寿命设计等,新能源汽车产品应包含动力蓄电池回收的易回收设计。开展易回收拆解设计中任意一项,得1分;开展利于拆卸拆解设计和利于循环利用设计,得3分;开展全部三项易回收设计,得4分
				轻量化设计	4	定性	汽车产品的轻量化设计包括轻量化材料应用和轻量化结构设计等。积极应用高强度钢、铝合金、镁合金、工程塑料和碳纤维等轻量化材料,得2分;同时,积极采用轻量化结构设计,得2分;同时,当年汽车产品平均质量较2年前降低5%以上,得4分
				生态设计企业	3	定性	企业申报工业产品生态(绿色)设计试点企业的,得1分;获批工业产品生态(绿色)设计试点企业的,得2分;试点企业验收通过的,得3分
	材料选取	9	汽车产品材料选择应遵循无毒、无害,可回收又可再生利用的原则,在保障产品使用安全、不降低产品质量和性能的前提下,应优先使用再生材料,逐步加大再生材料使用比例,并尽量减少产品使用材料种类	有毒有害物质含量	4	定性	汽车产品有害物质含量符合国家标准《汽车禁用物质要求》(GB/T 30512),得2分;同时,车内空气中的有害物质含量满足国家标准《乘用车内空气质量评价指南》(2016年修订为强制性标准、已发征求意见稿),得4分
				再生原料使用	3	定性	在满足产品使用功能和质量前提下,汽车生产企业使用再生原料并逐步提高使用材料中再生原料比例的,得1分;同时,实行绿色供应链管理,加强对上游原料企业引导的,得3分
				减少材料使用种类	2	定性	汽车产品使用材料种类逐步减少的,得2分

续表

环节	一级指标	一级分值	内容	二级指标	分值	类型	方法
生态设计（30分）	零部件标识与编码	6	汽车生产企业（含进口商）应通过供应链体系要求零部件对供应商按照国家编码或标准（包括但不限于传统汽车动力五大总成和新能源汽车动力电池），并保证编码标识与整车产品的唯一对应性	材料标识	2	定性	通过供应链体系要求供应商按照国家相关标准[如《汽车塑料件、橡胶件和热塑性弹性体件的材料标识和标记》（QC/T 797）]对汽车材料件进行标识的，得2分
				动力电池编码	4	定性	新能源汽车生产企业（含进口商）与电池生产企业协同，按照国家统一编码标准要求对动力电池进行编码，并保证编码与整车产品的唯一对应性，并按照相关要求上传新能源汽车国家监测与动力蓄电池回收利用溯源综合管理平台的得4分
	回收利用率	4	汽车生产企业（含进口商）应按照《道路车辆 可再利用率和可回收利用率 计算方法》（GB/T 19515）标准中的要求，计算汽车产品的可再利用率和可回收利用率，并在产品上市后6个月内向相关主管部门上报	可再利用率	2	定量	汽车产品的可再利用率≥85%，得2分
				可回收利用率	2	定量	汽车产品的可回收利用率≥95%，得2分
流通使用（40分）	信息公开	18		强制信息公开	10	定性	汽车生产企业（含进口商）在新车上市同步，通过各种渠道向公众公开新上市产品的质量、安全、能效、耐use性、有毒有害物质使用含量及分布等内容。（各个大项公布的内容及格式及需统一考虑利he制定。）其中任意一项内容为2分，全部公布的得10分
				定向信息公开	8	定性	汽车生产企业（含进口商）在新产品获得《车辆生产企业及产品公告》6个月内，通过适当的途径和方式向有资质的报废汽车拆解企业（包括再制造企业）开放用于维修保养拆解指导手册等，得4分；同时，对具有新能源汽车报废拆解业务的报废汽车拆解企业提供电池拆卸指导的，得6分；同时，在产品上市后X年内向独立维修商（包括再制造企业）开放用于维修保养的技术信息、诊断设备等的，得8分

续表

环节	一级指标 分值	内容	二级指标	分值	类型	方法
流通使用（40分）	销售和维修 22		绿色包装运输	4	定性	汽车生产企业（含进口商）具有本企业的零部件包装标准，且标准中体现减量化和易回收原则的，得2分； 同时，零部件中属于危险品的，应按照国家对危险品运输标准运输的，得4分 汽车生产企业（含进口商）通过下发文件或其他适当途径和方式，告知授权经销商和维修商包括但不限于如下信息： 要求授权经销商和维修商在产品销售时，应告知消费者销售区域内（至少地级）所有资质报废汽车回收拆解企业名称、地址、联系方式等内容的，得2分；
			信息告知	8	定性	要求授权经销商在产品销售时，应安排告知消费者诸如产品信息、返还义务、"以旧换新"、废旧动力电池回收要求与程序等事项的，得2分； 分类存储：汽车售保养、维修过程中产生的废旧电池（包括启动照明用电池、动力电池）、催化转化器、废油液、汽车空调制冷剂等应按国家有关规定分类回收、储存和运输，并对给有资质的废弃物处理企业进行处置，得2分
			责任承担	4	定性	从汽车上拆卸下的零部件，经检测仍具有使用功能的，在符合法规要求的前提下鼓励其作为汽车维修更换件，得2分 汽车生产企业（含进口商）除向授权经销商和维修商下发相应通知之外，还通过积极措施鼓励授权经销商和维修商按照文件要求开展相关活动的，得4分
			推广再制造产品	6	定性	汽车生产企业（含进口商）支持符合国家相关法规和要求的汽车零部件再制造产品进入自身售后维修服务体系的，得3分； 并且用于汽车质量担保期内进行维修、更换的（必须明确告知消费者为再制造产品），得6分

续表

环节	一级指标	分值	内容	二级指标	分值	类型	方法
回收利用（30分）	报废汽车	12	汽车生产企业（含进口商）应积极采取自主回收、联合回收或委托回收等模式进行废旧汽车产品回收体系建设，促进废旧汽车产品的回收，减少流失率并取得积极成效	回收体系建设	6	定量	得分=汽车生产企业（含进口商）通过自主回收、联合回收或委托回收等模式建设的报废汽车回收服务网点数量（地级区域）/销售汽车的行政区域总数（地级区域）×100%×6
				回收率	6	定量	回收率=年回收报废汽车数量/当年新车销售量×100%。回收率≥5%[①]，得6分；回收率<5%，得分=回收率/5%×6
	废旧动力电池	12	汽车生产企业（含进口商）应负责其生产使用的动力电池的回收利用	回收体系建设	6	定量	得分=汽车生产企业（含进口商）通过自建、共建、授权等方式建立回收服务网点数量（地级区域）/销售新能源汽车的行政区域总数（地级区域）×100%×6
				回收率	6	定量	废旧动力电池回收率=回收的废旧动力电池数量/废旧动力电池退役总数（包括质保期内维修更换数量+报废新能源汽车上动力电池数量）×100%。废旧动力电池回收率≥80%，得6分；废旧动力电池回收率<80%，得分=废旧动力电池回收率/80%×6
	技术研究	2	汽车生产企业应积极参与汽车产品回收利用相关技术研究	技术研究	2	定性	汽车生产企业独自开展，或与报废汽车回收拆解企业、汽车零部件再制造企业、动力电池梯次利用企业以及动力电池资源化利用企业等建立合作机制，积极开展汽车回收利用相关技术研究的，包括但不限于汽车零部件再制造、动力电池综合利用等的，得2分
	无价值废弃物处理	4		无价值废弃物处理	4	定性	汽车生产企业（含进口商）通过依法缴纳相关基金或者通过对专业企业补贴的方式来实现无价值废弃物回收处理责任的，得4分

[①] 统计2011~2016年历年报废汽车回收数量占当年汽车销售比例的平均数为4.76%。

5.3 汽车产品及典型部件（动力电池）全生命周期信息大数据平台

5.3.1 全生命周期信息大数据平台

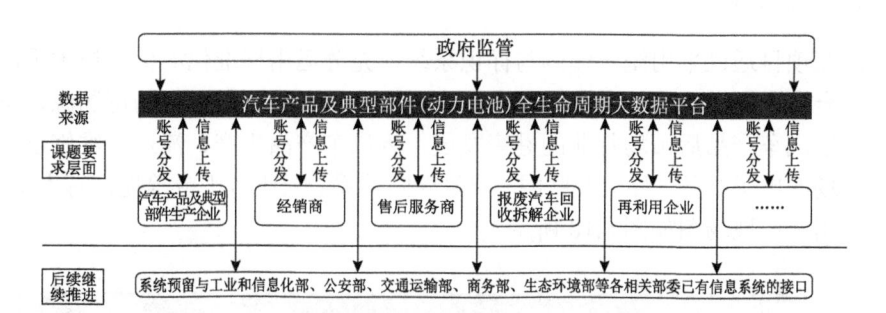

开发了全生命周期信息大数据平台（全生命周期信息大数据平台框架见图 5.7，平台页面见图 5.8），全国首次通过系统实现汽车从生产、流通到报废的全过程追溯，并获得软件著作权，见图 5.9。该平台为我国全面落实汽车生产者责任制度提供了技术基础，未来也可实现商业化，在全国推广。系统域名：http://smzq.cndcxt.cn/login.html。

按设计目标，以汽车动力电池从装配、经销、维修、保险，直到报废回收、再利用的流程化管理为导向，按照各流程管理的特点，采集每个环节与汽车动力电池相关的信息，最终形成完整的数据链，以反映动力电池完整的流转信息，为废旧动力电池的回收和再利用提供完整的数据支撑。

图 5.7 全生命周期信息大数据平台框架

图 5.8 全生命周期信息大数据平台页面

图 5.9 软件著作权

5.3.2 报废汽车快速识别编码技术的研发及示范应用

1. 示范概述

示范项目通过采用统一编码与标识系统，充分运用标准化的信息技术手段，在汽车全生命周期行业的发展进程中，实现报废汽车来源与归宿的可溯源、可追踪，促进汽车产品后市场行业的健康发展，为汽车产品生产、流通、维修以及汽车后市场的电子商务、移动互联网、质量保障体系、云服务平台等提供有力支撑。示范应用工厂现场图如图 5.10 所示。

图 5.10 工厂现场图

2. 示范流程和工序示范主要内容

一是开发编码及识别技术，通过相应的数据标签、识别装置来识别整车及零件信息，识别系统如图 5.11 所示；

二是依据报废汽车拆解工艺（图 5.12），进行零部件标签标注，并进行全过程追溯。

图 5.11　识别系统

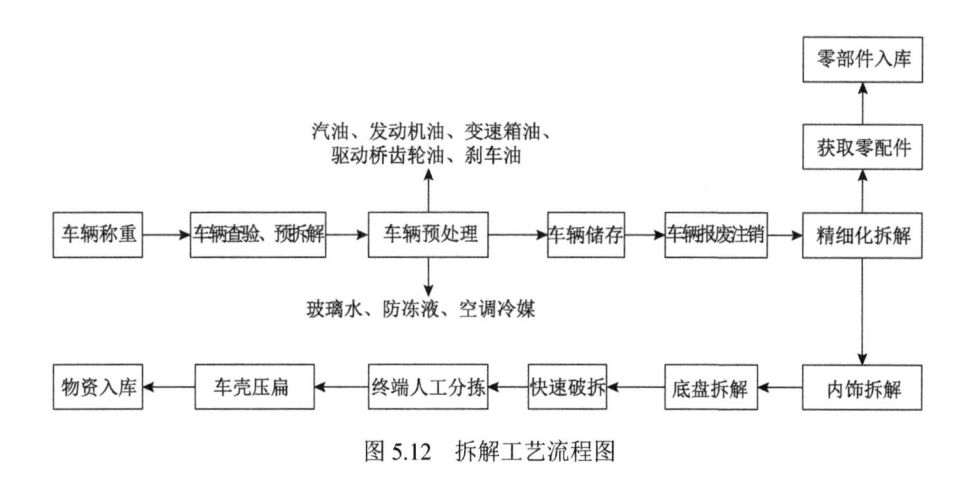

图 5.12　拆解工艺流程图

3. 示范效果

一是实现产品全溯源。在示范周期内（2020 年 7 月～2022 年 6 月），共拆解报废汽车 55887 辆，全部采用溯源技术全程追溯，产品溯源率达到 100%。

二是提升了工作效率。据企业估算，采用溯源技术后，报废汽车拆解、信息统计等工作效率提升了约 15%，且精确率大大高于之前。

三是产品追溯便利了回用件销售。通过回用件的追溯信息，可以快速、精准获取产品信息，有效缩短了回用件的销售周期。据统计，示范周期内，产生二手件约 8 万件，均进行了产品溯源标识。

四是提升了企业信息化水平。在溯源技术的基础上，企业整体信息化水平大幅提升，通过企业内部系统与溯源技术的结合，基本完全实现信息化管理。

第 6 章

铅酸蓄电池全生命周期溯源技术

6.1 铅酸蓄电池全生命周期追溯与生产者履责绩效评价研究及应用

针对目前我国废铅酸蓄电池回收再利用市场上存在双元体制的现象——少量正规回收再利用企业成本高、生存状况堪忧,相反,大量非法作坊能够以低廉成本来处理废铅酸蓄电池获利,创新铅酸蓄电池生产者履责绩效评价体系构建方法,细化剖析铅酸蓄电池全生命周期各个环节,助力铅酸蓄电池领域推进生产者责任延伸制度[41, 42]。

6.1.1 评价体系结构

在生命周期管理理论和利益相关者理论的基础上,构建影响铅酸蓄电池企业履行 EPR 的综合理论模型,如图 6.1 所示。铅酸蓄电池企业在政府的干预下,需

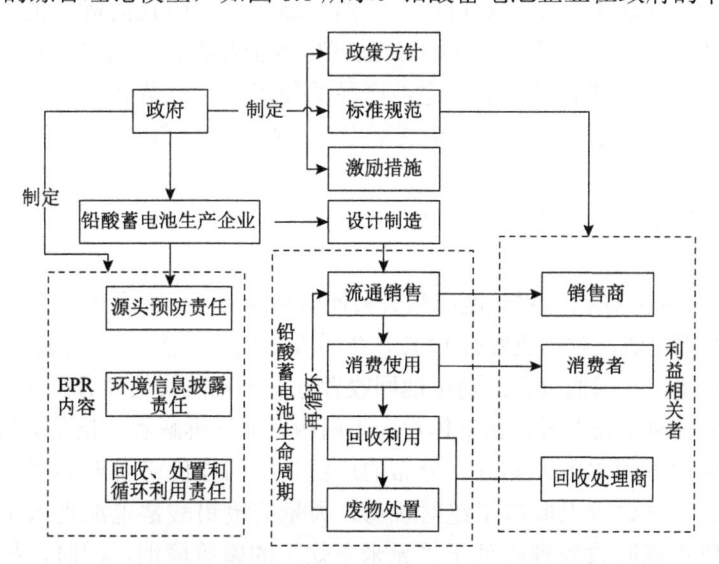

图 6.1 影响铅酸蓄电池生产企业履行 EPR 的综合理论模型

要将其承担的环境责任，从生产环节延伸至产品的设计制造、流通销售、消费使用、回收利用和废物处置等产品全生命周期，在这个过程中铅酸蓄电池企业的主要责任包括源头预防责任、环境信息披露责任及废弃物的回收、处置和循环利用责任。在铅酸蓄电池企业履行 EPR 责任的过程中，销售商、消费者和回收处理商的参与与配合必不可少，政府也可以通过制定相应的政策方针、标准规范和激励措施来促进利益相关者配合铅酸蓄电池企业的工作。

6.1.2　评价模型中的相关主体关系

在综合理论模型中，铅酸蓄电池再利用过程涉及了企业与各利益相关者，他们的行为将直接影响到企业 EPR 的履责过程，他们的关系如下。

销售商：销售商是连接铅酸蓄电池产品生产商和消费者的重要纽带。首先，销售商可以采取相应的营销策略销售绿色铅酸蓄电池产品，如京东、苏宁等的"以旧换新"销售手段，消费者在购买时直接使用旧产品来抵销一部分购买金额，在实现销量增加的同时促进废弃物回收。其次，销售商可以充分凭借其店铺多、网络广、零售物流体系强大以及与消费者接触的特有优势回收废旧电器，还能减少物流回程空载，节约运输成本。最后，销售商也是获取和传播信息的重要渠道，生产商既能借助销售商获取市场信息，又可以借助销售商宣传绿色铅酸蓄电池产品和废铅酸蓄电池回收等相关信息。

消费者：消费者对环境的积极关注，促进了政府制定相应的法律法规来规范企业行为，推动生产企业对自己生产的产品负责，而且消费者也是生产商履行 EPR 过程中的重要参与者。对于铅酸蓄电池企业而言，消费者对其影响无疑最大。一方面，消费者是铅酸蓄电池产品的使用者，消费者是否拥有环境责任感，直接决定了其是否会为绿色铅酸蓄电池产品"买单"，这对生产商决定是否采取绿色铅酸蓄电池产品的生产和回收方式具有重要影响；另一方面，消费者是废铅酸蓄电池产生的源头，其回收行为或主返还行为直接决定了废铅酸蓄电池的去向。

回收处理商：在铅酸蓄电池产品失去使用功能后（使用完毕），通过何种渠道回收对铅酸蓄电池，对企业履行 EPR 产生重要影响。目前，依照回收处理商是否具有法律资质，我国的废铅酸蓄电池回收者分为正规回收处理者和非正规回收处理者。非正规回收处理者包括个体户、小商贩、非法拆解者、拾荒者等，由于非正规回收处理者回收的便利性、分布的广泛性、回收价格普遍高于正规处理商等原因，在回收数量上取得了绝对优势，大量的废铅酸蓄电池进入了非法回收渠道，导致正规回收处理商处于"无米下炊"的尴尬境地。同时，如果废铅酸蓄电池不进入正规回收渠道，即消费者并没有主动参与到回收行为当中，废铅酸蓄电池的处理阶段将很难实现无害化、资源化，这也与铅酸蓄电池企业履行 EPR 的初衷相违背。

政府：废铅酸蓄电池回收再利用问题的凸显，导致政府开始制定施行相关法律法规，EPR 也由此诞生。一方面，政府是法律法规的制定者，通过参照发达国家的经验教训，完善 EPR 的相关立法，制定政策方针，完善标准规范，促进行业体系的发展；另一方面，政府也是监督者，监督铅酸蓄电池企业、销售者、处理者以及回收者等铅酸蓄电池生命周期各个利益相关者的相关行为。此外，政府更是激励者，可以通过税收、低息贷款、优惠补贴等激励措施，促进铅酸蓄电池企业履行 EPR，也可以通过相应的政策促进绿色铅酸蓄电池产品生产、销售以及促进废铅酸蓄电池正规回收处理体系的成长，对推动铅酸蓄电池行业转型升级、EPR 制度执行、废铅酸蓄电池回收处理行业发展发挥着至关重要的作用。

6.1.3 基于 DEMATEL 的生产者履责绩效评价指标体系

在上述分析的基础上，进一步基于决策实验室分析（decision-making trial and evaluation laboratory，DEMATEL）构建生产者履责绩效评价指标体系，如表 6.1 所示。

表 6.1 铅酸蓄电池履责绩效指标体系

一级指标	二级指标	三级指标	单位	指标性质
1. 开展生态设计	1.1 轻量化设计	1.1.1 单位产品铅消耗量-启动型	%	负向
		1.1.2 单位产品铅消耗量-动力型	%	负向
		1.1.3 单位产品铅消耗量-工业型	%	负向
	1.2 有毒有害物质减量替代	1.2.1 重金属含量-砷	%	负向
		1.2.2 重金属含量-镉	%	负向
		1.2.3 重金属含量-汞	%	负向
		1.2.4 发泡剂	%	负向
		1.2.5 包装和包装材料中重金属铅、镉、汞和六价铬的总量	g	负向
	1.3 可回收性设计	1.3.1 产品可回收率-塑料	%	正向
		1.3.2 产品可回收率-铅	%	正向
		1.3.3 产品可回收率-硫酸	%	正向
	1.4 免维护设计	1.4.1 采用阀控式产品结构	—	正向

续表

一级指标	二级指标	三级指标	单位	指标性质
2. 再生原料使用	2.1 再生原料使用比例	2.1.1 再生铅使用率	%	正向
		2.1.2 再生塑料使用率	%	正向
	2.2 绿色供应链管理	2.2.1 实施绿色供应商管理	—	正向
		2.2.2 原料均来源于规范资源化利用企业	—	正向
	2.3 再生利用技术研发推广	2.3.1 开展再生利用技术研发	—	正向
3. 规范回收利用	3.1 建立回收网络体系	3.1.1 自主回收占比	%	正向
		3.1.2 联合回收占比	%	正向
		3.1.3 委托回收占比	%	正向
	3.2 回收目标完成率	3.2.1 完成回收目标比率	%	正向
	3.3 信息化管理系统	3.3.1 建设铅酸蓄电池全生命周期信息管理系统	—	正向
	3.4 废铅酸蓄电池再利用率	3.4.1 废铅酸蓄电池再生利用率	%	正向
4. 环境信息公开	4.1 产品信息公开	4.1.1 产品质量、安全、能效信息公开	—	正向
		4.1.2 产品有毒有害物质含量信息公开	—	正向
	4.2 产品拆解利用信息定向公开	4.2.1 定向公开产品拆解利用指南	—	正向
	4.3 发布企业 EPR 年度报告	4.3.1 发布企业 EPR 执行情况年度报告	—	正向

首先，在开展生态设计方面，所选指标主要为生产企业要统筹考虑原辅材料选用、生产、包装、销售、使用、回收、处理等环节的资源环境影响，深入开展产品生态设计。具体包括轻量化、无（低）害化、免维护设计等设计。

其次，在再生原料使用方面，所选指标主要为在保障产品质量性能和使用安全的前提下，鼓励生产企业加大再生原料的使用比例，实行绿色供应链管理，加强对上游原料企业的引导，研发推广再生原料检测和利用技术。

再次，在规范回收利用方面，所选指标主要集中在生产企业通过自主回收、联合回收或委托回收等模式，规范回收废弃产品和包装，直接处置或由专业企业处置利用。产品回收处理责任也可以通过生产企业依法缴纳相关基金、对专业企业补贴的方式实现。

最后，在信息公开方面，所选指标主要集中在强化生产企业的信息公开责任，将产品质量、安全、能效、有毒有害物质含量等内容作为强制公开信息，面向公众公开；将零部件产品结构、拆解、废弃物回收、原材料组成等内容作为定向公开信息，面向废弃物回收、资源化利用主体公开。

本书权重的确定涉及主观专家打分和客观优劣解距离法（TOPSIS）赋权两方面，首先在主观专家打分方面，按照专家意见，在绩效评估方案运行初期，应采用专家打分法进行权重赋值，并明确相应指标的参考值，以保证数据评价的一致性与稳定性；在绩效评估得到实际数据后，在数据质量可控的前提下，可进一步考虑运用组合赋权法来进一步完善。

共邀请 5 位相关领域权威专家进行专家打分，得到最终的权重结果见表 6.2。

表 6.2 专家打分权重结果

一级指标	二级指标	三级指标	单位	指标性质	权重
1. 开展生态设计	1.1 轻量化设计	1.1.1 单位产品铅消耗量-启动型/动力型/工业型	%	负向	0.02
	1.2 无（低）害化设计	1.2.1 重金属含量-砷	%	负向	0.02
		1.2.2 重金属含量-镉	%	负向	0.02
		1.2.3 包装和包装材料中重金属含量	%	负向	0.02
	1.3 低能耗设计	1.3.1 单位产品耗电量-启动型/动力型/工业型	%	正向	0.02
	1.4 免维护设计	1.4.1 采用阀控式产品结构	—	正向	0.06
2. 再生原料使用	2.1 再生原料供应	2.1.1 实施绿色供应商管理	—	正向	0.04
		2.1.2 原料均来源于规范资源化利用企业	—	正向	0.03
	2.2 再生原料使用	2.2.1 再生铅使用率	%	正向	0.04
		2.2.2 再生塑料使用率	%	正向	0.04
3. 规范回收利用	3.1 回收网络体系建设	3.1.1 建立回收网络体系	—	正向	0.21
		3.1.2 企业自主回收占比	%	正向	0.10
		3.1.3 第三方回收占比	%	负向	0.10
	3.2 回收率执行情况	3.2.1 废铅酸蓄电池回收率	%	正向	0.06
	3.3 规范再生利用	3.3.1 再生利用率	%	正向	0.13
4. 环境信息公开	4.1 信息系统建设	4.1.1 建设产品全生命周期信息管理系统	—	正向	0.03
	4.2 产品信息公开	4.2.1 公开产品质量、安全、能效信息	—	正向	0.01
		4.2.2 公开产品中砷、镉等重金属含量信息	—	正向	0.01
	4.3 拆解利用信息定向公开	4.3.1 制定并公开发布产品拆解利用指南	—	正向	0.02
	4.4 企业履责情况报告发布	4.4.1 定期发布企业履行生产者延伸责任的报告	—	正向	0.02

在客观赋权方面，通过数理的运算来获得指标的信息权重，避免了人为因

素和主观因素的影响，但赋权结果没有考虑到指标在实际中的重要程度，有时会出现赋权结果与客观实际存在一定差距的情况。采用组合赋权法（主观专家打分法+客观赋权法）能够对主客观因素进行综合考虑，避免赋权方法所造成的偏倚。

通过 TOPSIS 逼近理想值排序的方式，可以得到组合的赋权法。采用合成的方法将主观赋权法、客观赋权法的结果组合归并，得到一个组合赋权法的权数值。采取等权加法合成法进行综合赋权，计算方法如下所示。

$$W_j = \frac{1}{m}\sum_{i=1}^{m} x_{ij} \quad (i=1,2,\cdots,m; j=1,2,\cdots,n) \qquad (6.1)$$

式中，x_{ij} 为第 i 种赋权法给第 j 个指标所赋的归一化权数；W_j 为组合赋权法对第 j 个指标所赋的权数；m 为赋权法的个数。

由于铅酸蓄电池生产企业绩效评价指标体系中的各个指标从不同维度反映了对铅酸蓄电池生产者绩效的要求，因而在单位上存在着巨大的差异。为排除极端值和量纲的影响，对各个指标进行了无量纲化处理。按照指标性质，这些指标分为正向指标和负向指标两大类，分别采取下述公式进行无量纲化处理。

正向：
$$X_{jk} = \frac{X_{\max} - X'_{jk}}{X_{\max} - X_{\min}} \times 40 + 60 \qquad (6.2)$$

负向：
$$X_{jk} = \frac{X'_{jk} - X_{\min}}{X_{\max} - X_{\min}} \times 40 + 60 \qquad (6.3)$$

式中，X'_{jk} 为第 j 个指标的第 k 个样本值的无量纲化数值；X_{jk} 为第 j 个指标的第 k 个样本值的原始值；$X_{\min}$ 和 $X_{\max}$ 分别为 j 指标样本值中的最小值和最大值。

采用改进的层次分析法对铅酸蓄电池生产者履责绩效进行评价，并根据下式计算绩效评价指数 Z_k。铅酸蓄电池的生产企业的绩效指数的值越大，代表该生产者的履责能力越强。

$$Z_k = \sum_{j=1}^{n}\left(W_j \times X_{jk}\right) \quad (j=1,2,\cdots,n) \qquad (6.4)$$

履责绩效评价指数的评分等级如表 6.3 所示。

表 6.3　铅酸蓄电池生产企业履责绩效评价指数

分值范围	绩效突出	绩效较好	绩效一般	绩效较差
评分等级	90～100	75～89	60～74	59 以下

绩效评价指标的选取，应遵循合理性、可操作性的原则，设定好后应在一定时期内保持稳定。随着 EPR 制度的管理与绩效考核系统的不断发展，企业 EPR

履责也逐步走上自主化、制度化、规范化、经常化、长期化的良性轨道。首先，要对EPR绩效考核信息进行分类，系统模式化地匹配了相应的采集方式，如基础类：企业自主填报；凭证类：直接上传合同、协议（如与铅酸蓄电池相关的生产合作形式有关的正面文件）；定量类：自主填报相关统计数据（完成回收数量、新工艺提高效率、有毒有害物质减量替代率）；定性类：自主填报有关报告或声明（元部件材料说明、生产研发计划）；资质证明类：上传证书并联网核查（电子信息产品污染控制认证证书）；共享类：通过联网系统从行政机关直接获取（黑名单信息等）。指标的分类及采集方式见表6.4。

表6.4 企业绩效考核指标采集方式

指标项目	指标性质	指标	采集方式
企业基本素质	基础类	企业所在地	自主填报
	基础类	企业创立时间	自主填报
	基础类	企业目前的员工数	自主填报
EPR制度履行情况	定量类	回收工作进展	自主填报
	定量类	回收直接支出	自主填报
	定量类	EPR科研投入支出	自主填报
	定量类	原料减量化	自主填报
	定量类	原料低毒（无毒）化	自主填报
	定量类	可再生利用率	自主填报
	定性类	再生材料的使用	自主填报
	定性类	节能降耗设计	自主填报
	定性类	循环利用设计	自主填报
	定性类	管理体系基本要求	自主填报
	定性类	环境管理体系	自主填报
	定性类	能源管理体系	自主填报
	定性类	环境排放	自主填报
	定性类	清洁生产	自主填报
	定性类	回收体系建设	自主填报
	定量类	回收量年增长率	自主填报
	定性类	产品再使用/再制造	自主填报
	定性类	废弃电器电子产品去向控制	自主填报
	定性类	再生材料产生	自主填报
	定性类	制造和流通环节的信息管理系统	自主填报
	定性类	回收和处理环节的信息管理系统	自主填报

续表

指标项目	指标性质	指标	采集方式
资质许可	资质证明类	资源循环利用企业安全环保信息	自主填报
	资质证明类	再生产品和再制造产品质量信息	自主填报

为保证信用评价的准确性，在企业绩效信息的核验方面，完成信息采集后需要对其进行核证。主要采取社会监督举报和专家组抽查两种模式。

社会监督举报：通过互联网完成信息的采集后，即可发布和公开企业的相关绩效信息，接受社会监督。作为一种方便快捷的社会监督机制，该模式不仅能节约核证成本，也可以预防和遏制腐败现象发生，促进建立一个更加公平公开的市场。企业绩效公开透明度高，履责信息一目了然，向社会公开。信息的接收和反馈组成循环的系统，信息传递接收和反馈更加快捷。信息公开后，可设立举报机制，如对铅酸蓄电池企业有毒有害物质替代情况进行检举，举报信息管理系统将记录警示信息，最终由专家组对其进行深入考察。

专家组抽查：为保证信用评价的准确性，由第三方征信机构、协会、业内专家联合建立专家组，对企业上报信息进行抽查核验，并最终对企业进行等级评定。

核证分两个步骤。一是材料真伪性的调查。对于凭证类信息，可采取实地考察、分析上下游等方法，进行采样抽检验证；对于定量类信息，可采取横向对比相关联数据进行核证；对于定性类信息，可查看相关标识文件或报告、声明文件；对于资质证明类信息，可通过颁发证书的有权单位联网核查来验证资质有效性。二是 EPR 制度责任履行效果的评定。核证方式有实地考察、数据横向比对、上报资料审核等，最终对每个企业形成信用报告。

铅酸蓄电池生产者履责绩效评价方法为企业申报资料审核、行业专家评审和企业现场审核相结合，并依据赋值定量评价企业得分，分为 A、B、C、D 四个等级（表 6.5），A 为最优。A 级：满足生产者（企业）责任体系与履责绩效评价全部要求，原材料减量、有毒物质减量替代、再生原材料使用、可回收设计、免维护设计等方面均绩效突出，五部分评价合计得分达到或超过 90 分。B 级：满足生产者（企业）责任体系与履责绩效评价全部要求，原材料减量、有毒物质减量替代、再生原材料使用、可回收设计、免维护设计等方面绩效较好，五部分评价合计得分达到或超过 75 分。C 级：满足生产者（企业）责任体系与履责绩效评价全部要求，原材料减量、有毒物质减量替代、再生原材料使用、可回收设计、免维护设计等方面绩效一般，还有提升的空间，五部分评价合计得分达到或超过 60 分。D 级：满足生产者（企业）责任体系与履责绩效评价全部要求，原材料减量、有毒物质减量替代、再生原材料使用、可回收设计、免维护设计等方面做了一些工作，五部分评价合计得分达到或超过 30 分。

表 6.5　生产者履责绩效考核

评价结果	Z_k	等级	说明
A	≥90	优秀	满足生产者（企业）责任体系与履责绩效评价全部要求，履责绩效十分突出
B	≥75	良好	满足生产者（企业）责任体系与履责绩效评价全部要求，履责绩效相对突出
C	≥60	一般	满足生产者（企业）责任体系与履责绩效评价全部要求，落实履责绩效
D	30	合格	满足生产者（企业）责任体系与履责绩效评价全部要求，履责绩效仅达标

6.2　中国废铅酸蓄电池生产者责任延伸制度研究

6.2.1　中国废铅酸蓄电池产生及利用处置现状研究

从生态环境保护和资源循环利用视角出发，对废铅酸蓄电池和再生铅产业现状进行分析，丰富我国废铅酸蓄电池产生及利用处置现状分析方面的研究；基于我国保有量测算出废铅酸蓄电池产生量及区域分布情况，讨论我国再生铅产能规模与分布，并基于落实生产者责任延伸制度提出铅酸蓄电池行业绿色可持续发展建议。

对铅酸蓄电池产销量、市场分布、细分领域等进行全面分析，根据多维数据测算出废铅酸蓄电池产生量，进一步测算出废铅酸蓄电池的区域分布和回收率，同时从企业产能及分布、产量等方面分析再生铅产业现状，综上指出产业的未来绿色发展趋势，即铅酸蓄电池行业并非被限制和被淘汰的行业，推行清洁生产工艺技术势在必行，推行生产者责任延伸制度以构建废铅酸蓄电池规范收集体系。

6.2.2　铅酸蓄电池落实生产者责任延伸制度成效研究

充分总结废铅酸蓄电池生产者责任延伸制度的试点情况，全面梳理落实该制度方面所取得的成效；从实际出发，针对目前面临的法规和体制机制、财税制度方面的实际问题探讨了相应的解决方向，为《中华人民共和国固体废物污染环境防治法》修订实施后完善我国社会源危险废物管理相关法规政策制度提供参考。

总结全国范围内省市区申请加入试点、试点实际运行、试点企业参与等废铅酸蓄电池正规收集体系的建设情况及运行成效，以山东省试点为例，详细介绍了该体系的运行成效，同时指出当前存在着部分生产企业参与积极性不高、废铅酸蓄电池跨省转移周期长、合法收集企业税负成本偏高、部门和区域联防联控机制不够完善等问题，针对问题分别给出对应解决方案。

6.2.3　生产者责任延伸制下我国铅酸蓄电池最优回收路径分析

废铅酸蓄电池的污染控制问题日益突出，而生产者责任延伸制是被广泛验证的成功经验之一。基于中国铅酸蓄电池生产企业延伸责任制的运行机制，利用博弈论模型，对生产者回收模式、由工会回收模式和第三方回收模式三种回收模式进行综合比较。结果证实生产者回收模式（包括自建回收渠道和委托回收）效益最大，为我国推行生产者责任延伸制度增加了理论基础[43]。

生产者责任延伸制度，即生产商承担铅电池整个生命周期的责任，能够有效减少废铅电池不合规处置造成的环境污染，同时实现铅资源的可持续发展。研究结果表明：①在 EPR 制度下，生产企业的选择受到回收率和利润率的影响；②比较不同的回收渠道模型发现，生产者自主回收的回收率最大，而委托联盟进行回收的企业利润率最高，生产者可根据不同的利润率和回收率委托联盟或自主回收废铅酸蓄电池；③从供应链角度来看，生产企业自主回收或委托工会回收可能是最好的，而生产者回收渠道的选择取决于独立回收与委托联盟的回收成本和再利用成本。

6.2.4　铅酸蓄电池生产者履责绩效评价技术规范

《铅蓄电池生产者履责绩效评价技术规范》针对铅酸蓄电池的产品设计、生产、流通、消费、回收利用和最终处置的每个阶段，规定生产者应承担的延伸责任，并从生产者产品生态设计、再生原料使用、规范回收利用和信息公开四个方面的履责情况进行全面系统的评价，有助于落实生产者责任延伸制度、建立闭环管理体系和提升回收利用水平。

规定了铅酸蓄电池生产企业履行生产者责任延伸制度绩效评价的术语和定义、评价原则、评价要求、计算和评价方法、信息交流与评价报告以及持续改进等；运用层次分析法、德尔菲法和逼近于理想值的排序法，遴选生产者履责绩效评价指标；分析评价指标权重，设置绝对值和相对值评价标准；科学选择运用影响矩阵、灰色关联分析、数据包络分析、模拟预测等方法，进行评价指数确定及结果量化分级研究。

6.2.5　铅酸蓄电池生态设计标准

从原材料减量、有毒有害物质减量替代、再生原材料使用、可回收性设计等方面制定测算标准，完成铅酸蓄电池的生态设计指标体系的构建，有利于铅酸蓄电池生产企业开展生态设计活动中对原材料的控制。

规定了铅酸蓄电池生态设计标准的术语和定义、指标要求和测算方法,主要以国家及地方政府对铅酸蓄电池企业污染物排放所制定的限制性要求为基准,结合质量、环保、职业健康等体系要求,结合企业产品绿色设计推进工作、产业结构调整指导目录符合性、绿色供应链实施管理、产品质量符合性、产品说明书规范性要求及对组织的基本要求等方面进行限制性说明适用于铅酸蓄电池生产企业开展生态设计活动中对原材料的控制。

6.3 铅酸蓄电池回收利用研究

从铅酸蓄电池全生命周期视角出发,分析生产者、经销商/维修商、消费者、回收商和再生企业五类参与主体的行为,并基于整合型科技接受模式(unified theory of acceptance and use of technology,UTAUT)理论对废旧铅酸蓄电池的社会回收行为影响因素进行分析,铅酸蓄电池回收利用研究线路图如图 6.2 所示。然后在全国范围内开展问卷调查,运用决策试验和评价实验室(DEMATEL)模型对相关利益主体回收行为的影响因素进一步识别,基于大规模随机数据识别出各类主体的关键影响因素,据此总结出 EPR 制度下的最优模式选择[44-46]。

本节主要研究内容:①梳理国内外废铅酸蓄电池回收利用的行业现状,总结出当前的两类典型模式,即生产者逆向回收利用模式和第三方社会化回收利用模式;②基于 UTAUT 理论,研究铅酸蓄电池回收利用相关主体的认知情况、回收行为的影响机制和影响因素,对废铅酸蓄电池的社会回收行为影响因素进行理论分析;③在理论分析和模型构建的基础上,开展问卷调查,并利用 DEMATEL 模型对相关利益主体回收行为进行量化,识别和分析其影响因素;④在上述理论和量化研究的基础上,归纳出在现行条件下的最优回收利用模式,即以 EPR 制度为核心、生产企业与回收利用企业组成联合体的模式。

基于已有研究,将研究视角扩展到多方参与主体行为模式方面,专注于主体行为形成的原因及影响因素分析方面,基于 UTAUT 理论,构建废铅酸蓄电池回收利用主体行为分析模型,分析影响废铅酸蓄电池回收利用的主要因素,然后基于动态演化博弈模型,分析适合我国废铅酸蓄电池回收利用的主要模式,研究废铅酸蓄电池主体行为表征的内在机理,将分析的重点放在废铅酸蓄电池政策、主体行为的内在动机以及个体回收行为的单独驱动因素的影响上。同时,也调查了当公众回收行为面临困境时,废铅酸蓄电池保障性政策发挥有效性的必要条件,即当公众存在返还废铅酸蓄电池给合规回收商的困境时,如何通过有效的政策加以激励,推动废铅酸蓄电池回收利用率提升,结合中国实际情况全面推广 EPR 系统,丰富参与主体的互动机制的相关研究。

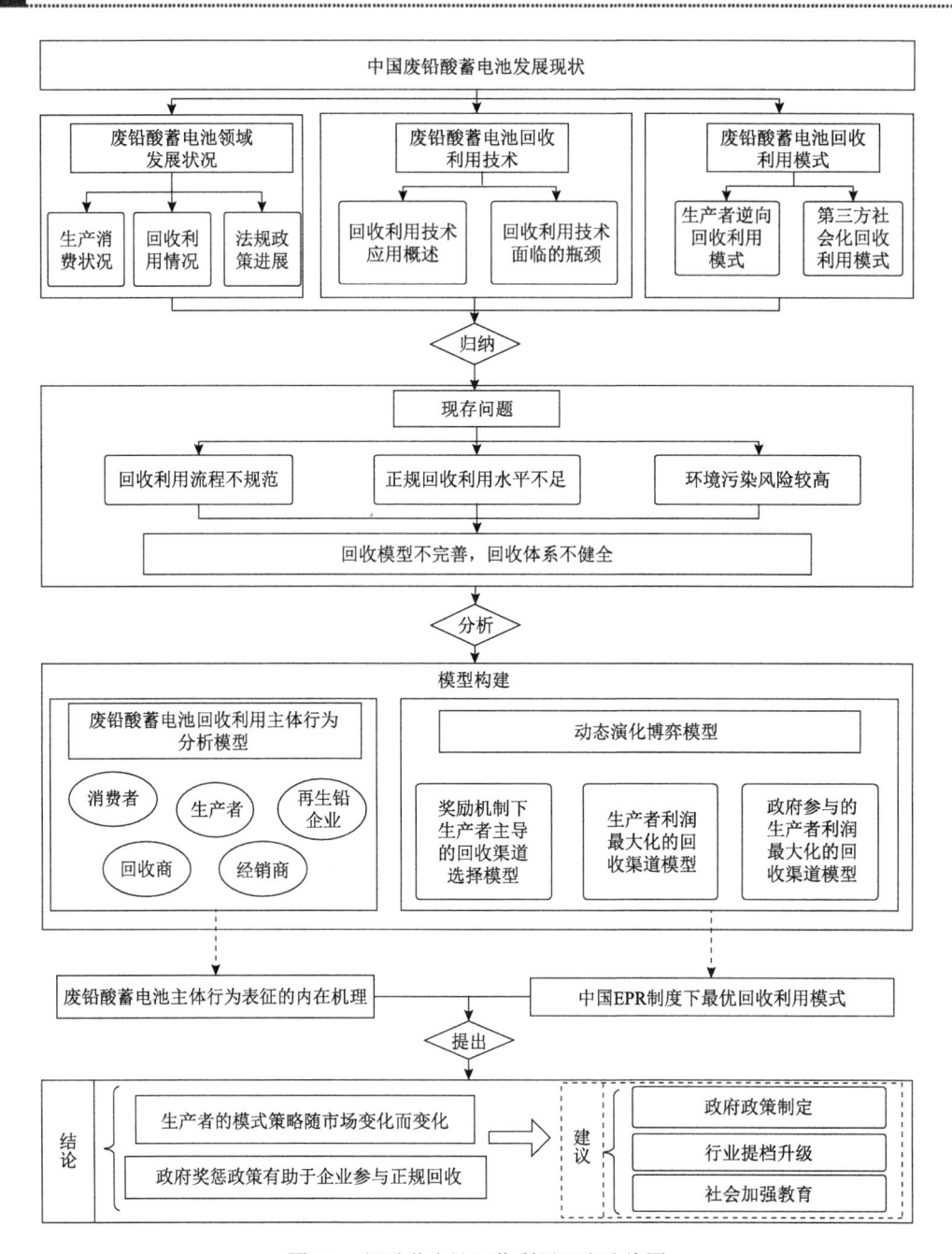

图 6.2　铅酸蓄电池回收利用研究路线图

6.3.1 废铅酸蓄电池特性研究

生活中的大多数产品在生命周期结束、进入废弃阶段后,都会兼具经济价值和环境危害的特性,即资源性和环境性的二元特征。如图 6.3 所示,不同产品在废弃阶段的经济价值和环境危害存在着较大的差距。

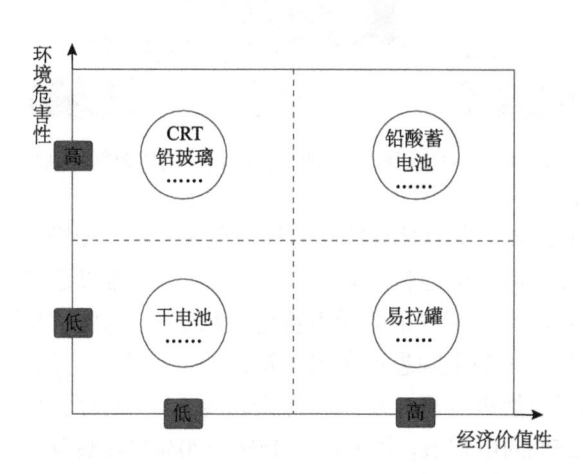

图 6.3 典型产品废弃物的经济与环境特性分类

图 6.3 中横轴表示废弃物的经济价值,从左至右依次增加,纵轴表示废弃物的环境危害,从下往上依次增加。左上角为高危害低价值产品,CRT 铅玻璃为典型代表;左下角为低危害低价值产品,以干电池为代表;右下角为低危害高价值产品,以铝易拉罐为代表。最后,图片的右上角为高危害高价值产品,这类产品由于价值较高,市场主体会有主动开展回收的意愿,但由于此类产品的环境危害性较大,回收再利用过程中必须注意对环境的影响,以免造成进一步污染,而现实生活中由于缺乏相关管制政策,此类产品的回收再利用流程往往不甚规范,对环境具有较大的潜在危害。

本研究的对象——废铅酸蓄电池,就属于第四类高危害高价值产品。

一方面,废铅酸蓄电池具有较高的资源价值。典型的铅酸蓄电池主要由电池槽、电池盖、正负极板、稀硫酸电解液、隔板及附件构成,其中铅及铅制品占铅酸蓄电池生产成本的 60%~70%。市场上 60V 20Ah 的铅酸蓄电池质量一般在 35kg 左右,铅酸蓄电池的含铅量一般在 65% 左右,也就是有 22.75kg 的铅,即铅酸蓄电池每释放 1kWh 电将损耗 18.96kg 铅。如图 6.4 所示,国内专业的再生铅企业能够达到 85% 的废铅酸蓄电池回收利用率(可回收材料占废电池总质量之比),极板、铅膏、塑料槽等主要材料基本上能得到有效的再生利用。通过废铅酸蓄电池的拆解处理和再生利用,用铅企业不必再经过采矿、选矿等原生铅生产程序,生产成本一般比原生铅生产成本低近38%，经济价值较为显著。

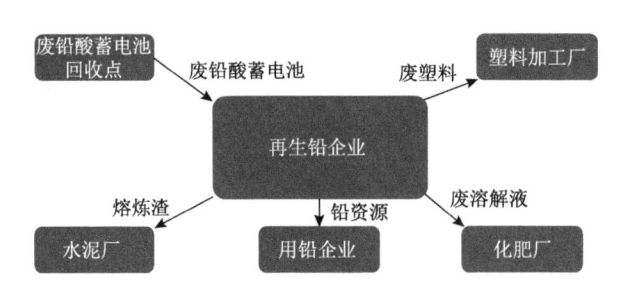

图 6.4　专业废铅酸蓄电池处理过程中的资源循环利用

另一方面，废铅酸蓄电池具有较高的环境危害。随着废铅酸蓄电池大量退役，未经妥善处理的废铅酸蓄电池将威胁公众安全，并造成难以逆转的环境污染问题。从短期安全角度看，新能源汽车的动力蓄电池额定电压高，在缺乏保护措施的情况下进行处理，易产生触电隐患；在出现短路的情况下，电池正负极会产生大电流导致高热，易引发燃爆隐患。从长期污染角度看，一般而言，一整只废铅酸蓄电池含有20%~25%的电解液，其中包含15%~20%的硫酸及悬浮性含铅化合物，经静置澄清的废电解液含铅浓度高达7~10g/L，随意抛置的废铅酸蓄电池将会对人类健康造成慢性威胁。研究显示，铅中毒会造成神经代谢、生殖、精神等方面的疾病，严重时可导致死亡。2007~2018年，河南、陕西、湖南、四川、湖北、安徽和浙江等省份发生的"血铅超标事件"的后果不容忽视。

正是由于废铅酸蓄电池的二元属性，目前在国内市场中正规回收企业难以与非正规回收企业竞争，不仅严重影响了资源的利用效率，而且也埋下了很深的安全隐患。

6.3.2　废铅酸蓄电池回收利用国外实践研究

发达国家在废铅酸蓄电池的回收利用方面开展实践较早。一些国家建立了相对健全的法律法规体系，形成了电池生产企业、用户、回收商、再生工厂共同组成的"闭路"循环，各方责任明确、奖罚分明，采用多种经济手段约束（或激励）循环体系内各相关方，尤其在回收环节做出明确限制，以促进废铅酸蓄电池的回收利用[47]。

1. 日本：生产者承担回收利用主体责任

在亚洲，日本是最早推行生产者责任延伸制度的国家[48]。随着日本经济的快速发展，其环境也在不断恶化。20世纪50~60年代，日本生态环境污染十分严重，世界八大公害事件中有四件都发生在日本，这引起了人们的反思与社会的重点关注。1995年，在废弃物过量的压力下，日本政府借鉴其他国家实施EPR制度的经验，颁布了《促进容器和包装分类收集和循环利用法》（以下简称《包装循环利用法》），这是日本第一个有关于废铅酸蓄电池回收利用的法律。该法要求居民分类投放废弃铅酸蓄电池，由市町政府负责回收，再由生产企业负责对分类收集后的废弃铅酸蓄电池进行循环利用，生产企业也有义务在产品包装上印上制造材料和循环利用的标识。

日本《包装循环利用法》的颁布和实施，从客观上促进了《特定废物循环利用法》的出台，这是日本第二部以EPR为指导原则的法律。废铅酸蓄电池问题是和经济发展水平密切相关的，经济发展水平越高的国家或地区，电子设备数量越大，种类越多，电子设备更新换代的速度越快，消费者淘汰的频率也越高，相应的废铅酸蓄电池产生的数量也越多[48]。20世纪末，很多发达国家都认识到了废铅酸蓄电池处置问题的严重性，日本也一样，尽管废铅酸蓄电池数量猛增，但产生的废铅酸蓄电池并没有得到适当的循环利用与处置[49, 50]。在此背景下，日本国际贸易和产业部（Ministry of International Trade and Industry，MITI）下设的产业结构委员会（Industrial Structure Council）建议颁布一部以EPR原则为指导的法律来应对废铅酸蓄电池问题。经过一年的讨论，日本于1998年6月出台了《特定废物循环利用法》。2001年4月该法正式实施，规定了消费者要将废铅酸蓄电池送还给零售商或者政府指定的回收机构，并向回收机构支付处理费用，回收机构负责将收集的废铅酸蓄电池运送给生产者进行处置。同时法律还禁止对废铅酸蓄电池拆解材料进行填埋或出口，主要通过对废铅酸蓄电池的科学处理与高效回收利用，来实现废铅酸蓄电池减少和资源有效利用[51]。

日本铅酸蓄电池回收利用模式见图6.5。在废铅酸蓄电池回收利用实际运转中，回收处理费主要由生产者承担，由铅酸蓄电池回收再利用促进中心统一对生产者进行征收，并对回收的废铅酸蓄电池进行统一保管。针对缴纳过回收处理费的生产者，铅酸蓄电池回收再利用促进中心会采取预付款和凭证式方式，发放铅酸蓄电池回收处理券，作为已缴纳回收处理费的证明。回收处理券随铅酸蓄电池有偿转让，有效防止费用拖欠。在废铅酸蓄电池完成回收处理程序后，铅酸蓄电池的生产商向铅酸蓄电池回收再利用促进中心提取消费者交回的废铅酸蓄电池，经再生利用企业拆解利用后，会向铅酸蓄电池回收再利用促进中心报告相关情况，凭已处理证明，从铅酸蓄电池回收再利用促进中心处领取处理费用。

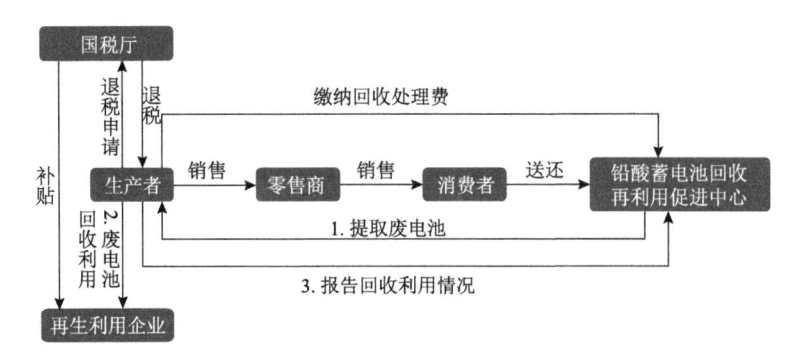

图 6.5　日本铅酸蓄电池回收利用模式

在整个废铅酸蓄电池的回收拆解过程中，通过统一管理的方式，各废铅酸蓄电池处理单位向日本铅酸蓄电池回收利用促进中心发送接收、转移的信息报告。中心核实铅酸蓄电池处理完成后，生产者可以到国税厅提出退税申请，并且政府会对再生利用企业进行补贴。日本采用的这种管理方式，使铅酸蓄电池从销售到处理的各参与者均有责任分担，使整个过程更透明、合理，使处理费及时到位，有利于行业的规范发展。

实施效果：日本回收处理废铅酸蓄电池的实践一直走在世界前列，在《包装循环利用法》《特定废物循环利用法》的推动下，有很多自发成立的民间组织积极参与到废铅酸蓄电池回收处理的各个环节。自 1994 年开始，新神户、古川电池和松下等公司采取逆向物流的方式回收废铅酸蓄电池，取得了良好效果。近年来，丰田汽车等汽车公司也通过自主回收模式回收汽车用铅酸蓄电池，日本汽车用铅酸蓄电池根据日本电池生产企业的要求，销售及更换车用电池的汽车专营店、经销店、加油站等应直接从用户手中回收废铅酸蓄电池，回收企业和电池批发商将废铅酸蓄电池运送到废电池拆解商处进行分类拆解。丰田公司为鼓励消费者将新能源汽车废电池交还给经销商，设立了相应的资金奖励措施。消费者将电池返还给经销商时，可获得 100 美元的现金返还或是 500 美元的新电池购买抵扣。在丰田公司等日本生产企业的不断努力下，日本已经基本实现废铅酸蓄电池收集处理产业化。通过国家建立的公益性废电池回收企业，零售环节废铅酸蓄电池收集率接近 100%，在 EPR 原则的指导下对于废铅酸蓄电池处理进行了有效的回收与循环利用，取得了良好的资源与环境效益。

2. 美国：建立废旧电池押金返还制度

美国政府规定了电池生产企业承担电池回收的主要责任，利用联邦法规、州法规、管理计划等对铅酸蓄电池制造与回收进行规范，促使消费者主动上交废旧电池产品，建立起较为完善的废旧电池押金返还制度（图 6.6）。其中，涉及电池回收管理的联邦法规主要有：《普通废物垃圾管理办法》《资源保护回收法案》、《清洁空气法》、《清洁水法》、《超级基金法》、《劳动健康安全法》等。美国联邦政府于 1996 年颁布的《含汞和可充电电池管理法案》对电池的有害物质含量要求、标识要求和回收再利用要求等做出了详细规定，其中规定禁止销售和使用含汞的碱锰电池（碱锰纽扣电池含汞不超过 0.025%）和碳锌电池，转而生产易于回收处置的镍镉和铅酸蓄电池等，且需对该类电池进行高效回收、处置和再生利用。

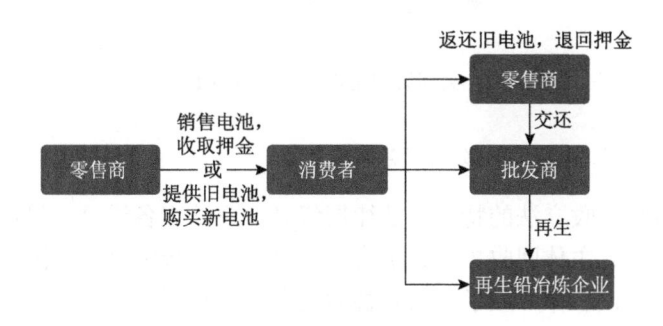

图 6.6 美国废旧电池押金返还制度

实施效果：1994 年成立的美国可充电电池回收公司（Rechargeable Battery Recycling Corporation，RBRC）发起的 Call2Recyle 项目，致力于在全国回收废旧电池，该项目通过零售商回收、社区回收以及公司企业和公共部门回收等方式收集、运输及重新利用废旧电池，其中也包含废铅酸蓄电池。该项目与众多企业和市政当局开展合作，加入其中的生产企业需执行管理者计划，并提供一定资金来履行产品回收处理等生产者责任。项目对加盟的电池零售商和其他回收点免费提供电池回收箱和回收桶，并为其支付废电池运送和回收的费用，以便把收集的废电池运输到废电池处理中心。

截至 2017 年底，Call2Recyle 项目累计回收 14400 万磅（约 6500 万千克）废电池，超过 86%的美国和加拿大居民在居住区 10 英里（约 15 千米）以内的地方可以找到 Call2Recycle 的废电池回收点。截至 2018 年底，Call2Recycle 在美国各州共建立了超过 16000 个废电池集中回收中心，共回收电池约 720 万磅，其中密封铅酸电池回收量超过 125 万磅，回收情况如图 6.7 所示。而且 Call2Recycle 通过网站信息服务来帮消费者提供免费的废弃电池回收服务。与此同时，为提高全民对废旧电池回收知识的了解，普及环保知识，增强环境安全意识，Call2Recycle 还在 2018 年举办了 6 次综合性宣传活动，为促进废电池的回收利用起到了很好的普及和引导作用。

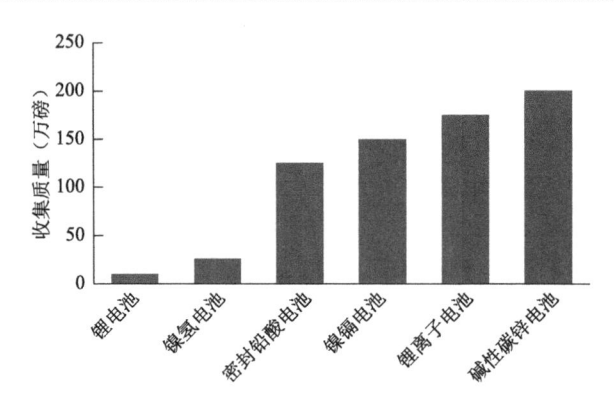

图 6.7　美国废旧电池回收量（2018 年）

3. 德国：建立完善的回收利用法律制度

德国废电池回收立法的特点是法律层级高、立法完备详尽、尽可能回收利用废电池、采取多元主体回收模式、努力调动义务人积极配合。德国废铅酸蓄电池的回收利用依托该法律形成了较为完善的废电池回收利用体系。

早在 1998 年，德国联邦政府就开始强制性执行废电池回收处理法规，同年 4 月，德国根据欧盟指令颁布了《废电池法规命令》，要求所有的电池生产厂家必须对他们的产品承担全部回收责任。因此需要一个新建的回收体系，而这个体系要在与废物的回收利用原则保持一致的情况下，使用新的废电池投放方法。即出售电池的柜台必须提供废电池投放设施，且应建立公共废物回收服务网络，以免费的方式收集废电池。各类设施上的电池也应当被零售商和公共废物回收服务网点免费收集。消费者必须将所有类型的电池（无论型号、生产厂家和出售商）全部交给回收部门。新的电池法令对所有的设施电池、汽车电池提供了一个共同的回收系统，相关的制造者对他们的产品承担责任。

2009 年，德国联邦议会又提高了立法层级，制定了《关于电池与蓄电池流通、回收与兼容环境地清除的法律》（以下简称《电池法》）。欧洲指令 2006/66/EC，进一步要求生产者投放市场、收回电池和蓄电池的无害化处理，其目的是提高电池回收率，要求电池制造商、分销商或进口商为电池处置费用做出贡献（产品责任或收回及处置电池的责任），在具体方式上可以采取"联合回收"的模式（图 6.8）。《电池法》明确规定铅酸蓄电池生产者必须提前登记并通过履行回收义务确保旧电池能够回收，方可将电池投入流通。即生产者有义务在将电池投入市场流通前，通过互联网向联邦环保部门以电子方式登记生产者的名称、地址、联系方式、商业登记情况、拟投入流通的电池等。并有义务无偿接收消费者交回的废电池。为履行上述义务，家用电池的生产者设置共同的、非营利、无遗漏运转的家用电池回收系统，任何加入的生产者有义务向联合回收系统告知自己前一年度投入流通的各种电池数量,自己所接收、利用、清除的各种废电池数量,以及利用和清除在质和量上的结果。销售者有义务在其营业场所及附近无偿接收最终使用者的废电池。销售者在向铅酸蓄电池使用者交付电池时,有义务对电池收取押金,押金在交还旧电池时退还。铅酸蓄电池的最终使用者应当将废电池置于单独的容器中,通过联合回收系统进行收集。

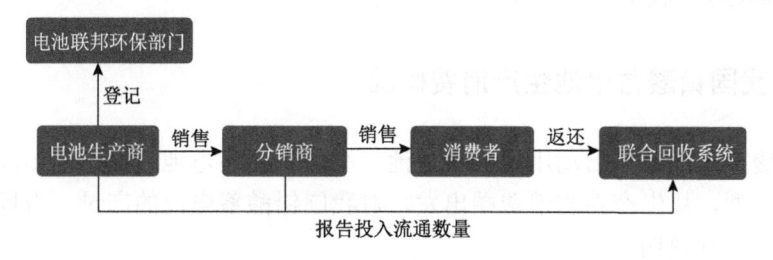

图 6.8 德国废旧电池联合回收机制

2020 年 5 月 20 日,德国政府批准了新电池法法案,进一步扩大制造商对他们投放市场的电池和蓄电池的责任,涵盖其整个生命周期。新电池法法案要求电池和蓄电池的制造商、分销商或进口商承担处理这些电池的费用(其产品的责任以及收回和处置这些产品的责任)。公司有义务收回投放市场的电池和蓄电池,并按照特定的环境标准进行处理。法规要求,在将电池投放德国市场之前,生产商和某些情况下的分销商有义务通知欧盟电池系统。

实施效果:在较为完善的法制基础之上,德国于 1998 年建立了联合回收系统,之后,联合回收系统中的生产者联盟在废铅酸蓄电池回收利用中起到了重要作用(图 6.9)。

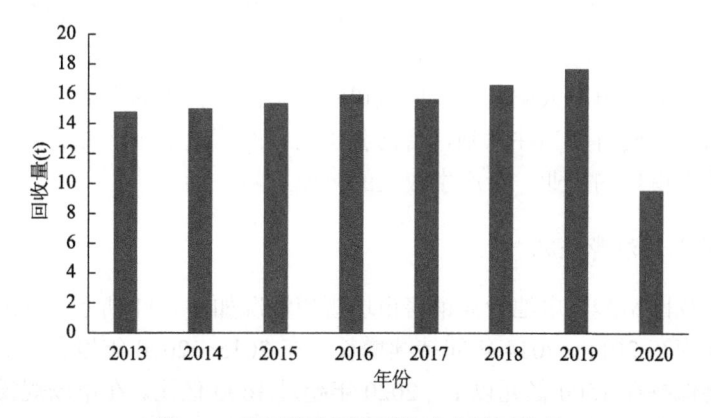

图 6.9 德国联合回收系统废电池回收量

截至 2020 年，共有 4400 家电池生产商、销售商加入该系统，共同承担定期回收废电池的责任。这些电池生产商、销售商在 2020 年共将 20.493t 电池投入流通，其中铅酸蓄电池占 4.9%。而联合回收系统在 2020 年通过数十万个回收点，共回收了 9.557t 废电池，远低于前几年废电池的回收量，主要原因是 2020 年恶劣的成本竞争。依托于此系统，德国的废铅酸蓄电池的回收利用效果也比较显著，废铅酸蓄电池回收率超过 90%。

6.3.3 我国铅酸蓄电池生产消费概况

铅酸蓄电池包括启动用铅酸蓄电池、车用铅酸蓄电池、电讯用铅酸蓄电池等多种类型，从生产端和消费端出发，对我国铅酸蓄电池的产量、市场规模及消费情况进行说明。

1. 铅酸蓄电池生产概况

近年来，随着我国汽车、通信、电动车等行业的高速增长，铅酸蓄电池产业已进入高速增长期，当前的中国铅酸蓄电池行业已经逐渐从一个规模小、制造技术落后的低端产业发展成为一个拥有上千家企业、总产值高达 1700 亿元的大产业。全国铅酸蓄电池生产企业中，在境内外上市的企业已超过 10 家，整个产业主要有启动型、工业用、电动车用三大应用领域。从总产量来看，我国铅酸蓄电池产量保持稳定增长的态势，工业和信息化部数据显示，2020 年我国铅酸蓄电池产量达到 22736 万 kVAh，同比增长 12.28%；2021 年 1~8 月，产量便达到 15518.7 万 kVAh，同比增长 18.70%。

图 6.10 展示了 2009~2020 年我国铅酸蓄电池行业的产量趋势。2009~2020 年间，我国铅酸蓄电池行业总产量整体上呈现出增长趋势。虽然 2015~2018 年间产量略有减小，但年均产量仍然在 1.8 亿 kVAh 以上，以电动自行车电池、通信基站用电池、风力发电与太阳能发电储能铅酸蓄电池为代表的高端技术电池需求量也在不断增长。同时应当注意到，目前我国的铅酸蓄电池生产行业尚存在大量未通过清洁生产审核的企业，会产生较大的环境风险。

2. 铅蓄电池消费概况

近些年我国铅酸蓄电池行业销售市场规模情况如图 6.11 所示。我国铅酸蓄行业的市场规模在 2011~2014 年间持续增长，在 2015~2020 年虽有小幅波动，但销售额始终保持在 1500 亿元以上，2020 年超过 1600 亿元。在市场规模不断扩大的同时，我国铅酸蓄电池的销量也在不断增长，如图 6.12 所示。2009~2018 年间，

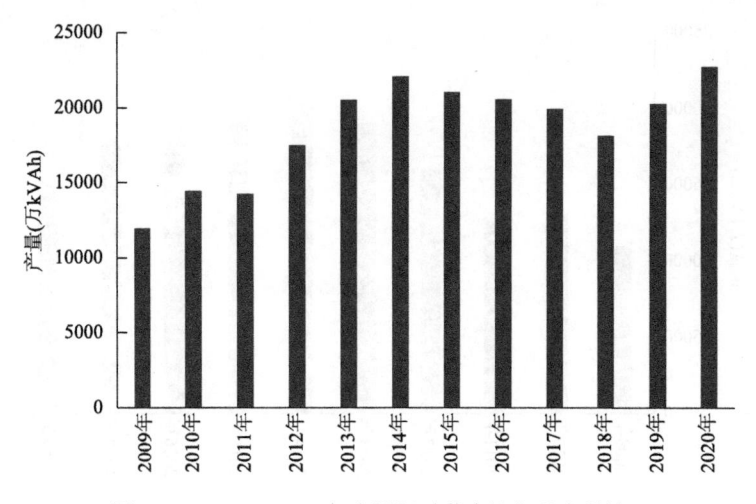

图 6.10　2009~2020 年中国铅酸蓄电池行业产量情况

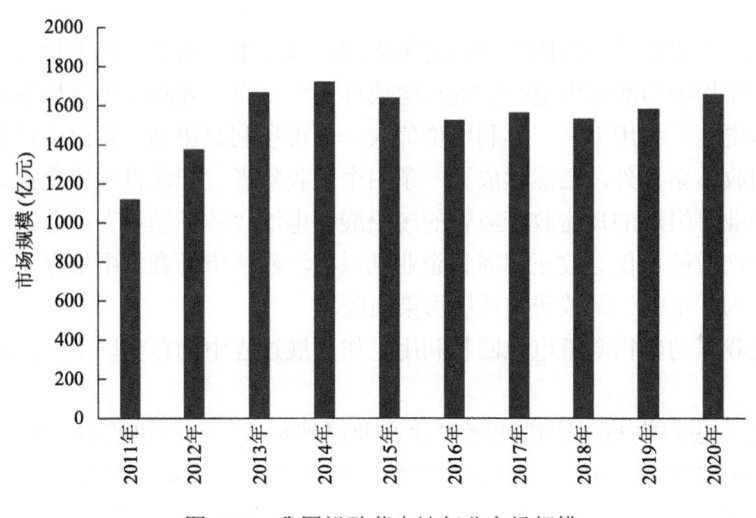

图 6.11　我国铅酸蓄电池行业市场规模

我国铅酸蓄电池的销量均在 1 亿 kVAh 以上，整体上以每年 7.6%的年均增幅逐渐增长，虽然 2015~2018 年略有下滑，但仍然保持在 1.5 亿 kVAh 以上的水平。

3. 我国废铅酸蓄电池回收利用概况

我国已然成为铅酸蓄电池的消费大国，精炼铅消费量全球占比为 44%。尽管近年来我国废铅酸蓄电池回收利用率有所提升，但与日本、德国、美国等国家相比，仍然较低，仅 30%左右。下面展示了我国废铅蓄电池的回收利用现状，并对当前面临的瓶颈进行了总结。

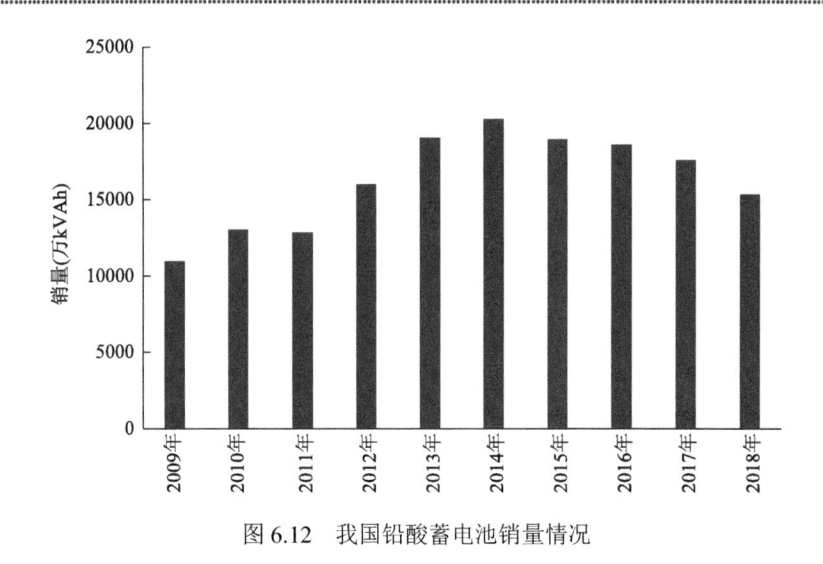

图 6.12 我国铅酸蓄电池销量情况

我国作为铅酸蓄电池的生产和消费大国，每年生产消费上亿千伏安时的铅酸蓄电池，年均废铅酸蓄电池产生量高达数百万吨，而正规回收比例却不足 30%。废铅酸蓄电池可利用率高、再利用价值大，受市场利益驱动，目前废铅酸蓄电池在正规回收体系之外，已然形成了一条由个体收集者、非法再生铅企业、非法电池生产企业等组成的规避政府监管的废铅酸蓄电池"体外循环"产业链。非正规回收处理产业链不仅导致正规回收企业难以在激烈的市场竞争中生存下去，而且产生了较为严重的资源浪费和环境污染问题。

当前我国的废铅酸蓄电池回收利用工作开展过程中尚存在以下三点亟待解决的难题。

一是非法回收利用废铅酸蓄电池产业已然形成。我国铅酸蓄电池尚未建立起全生命周期的信息化监管体系，铅酸蓄电池废弃后，难以有效进入以铅酸蓄电池生产者为核心的正规回收利用体系，而是流入了由个体收集者、非法再生铅企业、非法电池生产企业等组成的规避政府监管的废铅酸蓄电池"体外循环"产业链（图 6.13）。受利益驱使，全国约有 20 万～30 万个个体收集大军，通过简单的运输工具到各地收购废铅酸蓄电池。非法回收商贩如同"游击队"，灵活、多变、低成本、不规范操作，收集到的废铅酸蓄电池大部分进入非正规回收处理厂。这些工厂的特点是技术过时、回收率低、能耗高、污染重、对人体有高毒害作用。然而，囿于主管部门精力、人力和物力的限制，主管部门的监管打击难度大，非法产业链成为废铅酸蓄电池回收利用市场的"主力军"。

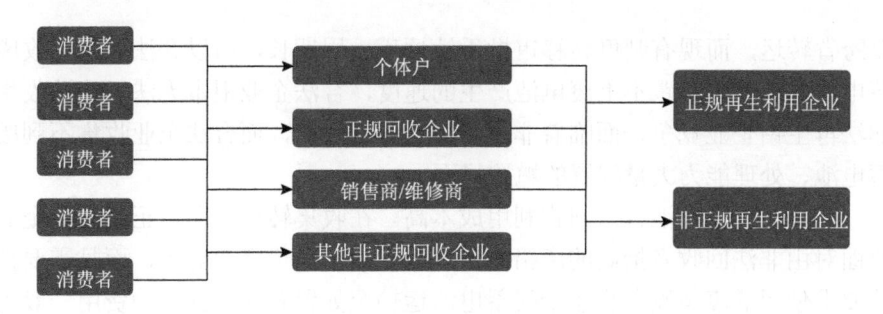

图 6.13　正规回收利用与非正规回收利用并存

二是正规企业废铅酸蓄电池处置能力严重过剩。我国再生铅原料主要来自废铅酸蓄电池，从废铅酸蓄电池中提炼的再生铅中铅含量可达 98%，然而我国每年近 80% 的废旧铅酸蓄电池流入非正规渠道。全国有数以十万计的个体收集者通过简单的运输工具（三轮车、面包车或厢式小货车等）到各地铅酸蓄电池销售店、汽车维修点等，以现金交易方式收集废铅酸蓄电池。而正规合法渠道由于回收价格低导致难以获得足够数量的废铅酸蓄电池，以废铅酸蓄电池为主要原料的再生铅行业企业由于原料供应有限，实际处置量与产能之间存在不小差距，面临处理能力闲置的局面。

三是废铅酸蓄电池回收利用中的环保形势严峻。为降低运输成本，个体收集者一般会直接倒掉废铅酸蓄电池中的含铅酸液，再将倒完酸液的废铅酸蓄电池卖给当地大商贩或直接交给再生铅企业。同时，进入非法渠道的废铅酸蓄电池大部分流入非法再生铅企业，由于无税费负担和环境保护成本，这些企业一般采用手工操作拆解废铅酸蓄电池，废水和废渣随意排放问题严重，冶炼工艺上主要采用传统的小反射炉、鼓风冲天炉等熔炼工艺，极板和铅膏混炼，基本上未进行预处理，熔炼过程中产生的大量铅蒸气、铅尘、二氧化硫全部直排，给周边造成严重的安全隐患和环境污染。以上个体商户或非法企业的回收处理过程均无法达到"废铅酸蓄电池破损率不能超过 5%"的国家规定，废铅酸蓄电池回收利用面临着严峻的环境保护形势，制约了铅酸蓄电池产业在我国生态文明建设与循环经济发展中作用的发挥。

废铅酸蓄电池回收利用乱象背后的原因，可以归结为正规回收资质门槛高、合法企业运营成本高两方面。

一是废铅酸蓄电池正规回收资质门槛高。废铅酸蓄电池属于危险废物，收集、转运、储存、处理等重要环节需"持证上岗"，在《废铅蓄电池危险废物经营单位审查和许可指南（试行）》出台之前，由于《危险废物经营许可证管理办法》和《废铅酸蓄电池处理污染控制技术规范》等法律法规严格规定，危险废物综合经营许可证申请门槛较高、持证企业较少，加之需持有危险废物转移联单的合法企业才可以跨省转运，而现有制度转移审批手续烦琐、周期长，所以合法渠道回收废铅酸蓄电池的速度根本跟不上废电池产生的速度，合法企业根本无法与非法收集者和非法再生铅企业竞争，面临着非法收集形成产业链，而合法企业收集不到废铅酸蓄电池、处理能力大量闲置的尴尬局面。

二是废铅酸蓄电池合法回收利用成本高。在收集转运方面，正规回收企业不仅要面对由非法回收者抬高的废铅酸蓄电池回收市场价格的竞争，而且需要按照合法要求使用危废运输车将废铅酸蓄电池运输至处置企业，其运输费用一般为普通货车运输费用的2倍，部分跨省市运输费用达到了360～400元/吨。回收成本+运输成本的双重压力，使得合法回收企业处于资金倒贴状态，无力承担高额回收成本。在处置利用方面，正规回收处理企业在固定资产投资中，公司环保设备占40%，加上运维、折旧等因素，环保成本占再生铅回收总成本的20%以上；而非法"小作坊"靠一把斧、一个炉子就够了，几乎零成本，这样他们就可以大幅提高废铅酸蓄电池收购价格，挤占合法回收利用的市场份额。此外，在税务方面，社会源废铅酸蓄电池回收很多没有进项税票，无法开票；而回收企业将废电池售卖给再生铅企业，需要开具13%增值税发票；并且2015年国家下发的《关于对电池 涂料征收消费税的通知》中提出对铅酸蓄电池征收消费税，符合规定的企业实际税负增长2.86%。在非法回收、冶炼商贩长期垄断市场和恶性竞争的环境下，回收利用每吨废铅酸蓄电池亏损1500元左右，正规回收企业生存难度大。

2019年1月，生态环境部与交通运输部联合下发了《铅蓄电池生产企业集中收集和跨区域转运制度试点工作方案》，明确了铅酸蓄电池生产领域实施生产者责任延伸制度的工作目标、试点地区和试点内容。在工作目标方面提出，到2020年试点地区铅酸蓄电池领域的生产者责任延伸制度体系基本形成，废铅蓄电池集中收集和跨区域转运制度体系初步建立，有效防控废铅酸蓄电池环境风险，试点单位在试点地区的废铅酸蓄电池规范回收率达40%以上。在试点地区方面，全国20省（区、市）纳入试点范围，北京、天津、河北、辽宁、上海、江苏、浙江、安徽、福建、江西、山东、河南、湖北、海南、重庆、四川、甘肃、青海、宁夏、新疆等已具备一定工作基础的省（区、市），开展铅酸蓄电池生产企业集中收集和跨区域转运制度试点工作。在试点内容方面，一是建立铅酸蓄电池生产企业集中收集模式；二是规范废铅酸蓄电池转运管理要求；三是强化废铅酸蓄电池收集转运信息化监督管理。到2020年12月31日，全国共22个省（区、市）开展了铅酸蓄电池生产企业集中收集和跨区域转运制度试点工作，试点地区的整体规范回收率达到了设定的40%工作目标。由于试点工作取得明显成效，废铅酸蓄电池规范收集处理率大幅提升，2020年12月25日，生态环境部、交通运输部印发了《关于继续开展铅蓄电池生产企业集中收集和跨区域转运制度试点工作的通知》，将试点时间延长至2022年12月31日，提出到2022年试点地区的回收率力争达到50%

左右的目标。2020年9月开始正式实行的《中华人民共和国固体废物污染环境防治法》明确规定，国家建立铅蓄电池生产者责任延伸制度，铅蓄电池的生产者应当按照规定，以自建或者委托等方式建立与产品销售量相匹配的废旧产品回收体系，并向社会公开，实现有效回收和利用。目前，铅酸蓄电池领域实施生产者责任延伸制度，建立规范的回收处理体系，已势在必行。

国务院及相关部委高度关注废铅蓄电池回收工作，地方省厅/局积极开展铅酸蓄电池生产者责任延伸制度的试点工作。截至2019年底，全国试点企业共建设废铅酸蓄电池集中转运点599个、收集网点8057个，2019年共收集和转移废铅酸蓄电池达47.9万t，通过正规渠道收集的社会源废铅酸蓄电池量较往年大幅增加。截至2020年底，全国共建设集中转运点929个、收集网点11827个，平均每个地级市有3~5个集中转运点，2020年试点企业收集废铅酸蓄电池141.9万t，约为2019年收集量的3倍。例如，天津市结合本地实际不断探索创新，2021年全市废铅酸蓄电池收集量达到32025t，废铅酸蓄电池规范回收率达到78.6%，提前完成目标任务，试点工作取得明显成效。再如，天能动力国际有限公司、超威动力控股有限公司、骆驼集团股份有限公司、风帆有限责任公司、理士国际技术有限公司等国内大型铅酸蓄电池生产企业积极参与废电池回收试点工作，与试点省份原有废铅酸蓄电池收集企业和再生铅企业合作，通过合作共建和自建等方式建设了一大批集中转运点和收集网点，有效促进了正规电池收集体系的建设。

6.3.4 废铅酸蓄电池回收模式研究

废铅酸蓄电池的回收利用是各国亟待解决的问题，日本、德国、美国等发达国家已探索出了较为成熟的回收利用模式，而国外成熟回收模式与我国当前的经济发展水平并不完全吻合，我国须形成适合自身实际的废铅酸蓄电池回收利用模式。本节对生产者逆向回收利用和第三方社会化回收利用两种得到广泛认可和应用的模式进行详细说明，进而为我国探索出适应自身发展特点的模式提供指导。

铅酸蓄电池从生产到消费再到回收利用整个环节，涉及铅酸蓄电池生产商、铅酸蓄电池经销商/维修商、消费者、废铅酸蓄电池回收企业、废铅酸蓄电池拆解处理企业（如再生铅企业）等五类主要行为主体（图6.14），并且政府作为政策制定者，其行为将会对五类主体产生较为显著的影响。值得进一步指出的是，如前文所述，由于废铅酸蓄电池高价值性和高污染性并存的特点，目前在中国废铅酸蓄电池回收利用过程中，存在着正规回收企业和非正规回收企业并存、正规拆解处理企业和非正规拆解处理企业并存的现象[52,53]。

图 6.14 回收利用主体

近年来随着生产者责任延伸制度推行及铅酸蓄电池生产企业集中收集制度试点，社会源废铅酸蓄电池的回收明显改善。目前，在国内的废铅酸蓄电池回收实践中，有生产者通过逆向回收网络自主回收和第三方专业回收企业社会化回收两种主要模式进行社会源废铅酸蓄电池的回收[54, 55]。而行业联盟回收模式虽然成本低、效率高，但是需要协调行业内各类企业，并且参与企业面临核心技术外泄的风险，相关的法律法规尚不完善，目前在国内还没有出现。铅酸蓄电池的回收利用网络见图 6.15。

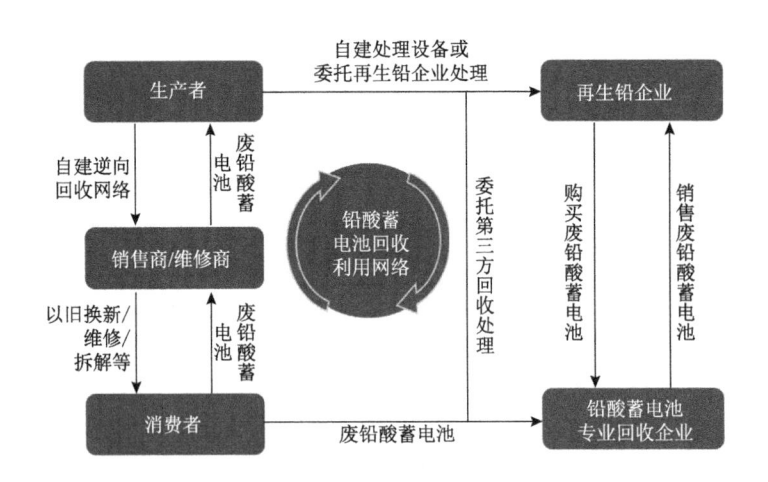

图 6.15 铅酸蓄电池的回收利用网络

生产者逆向回收模式由铅酸蓄电池生产商通过销售渠道构建逆向回收网络，

在销售商和消费者的配合下完成废铅酸蓄电池回收工作。在这种模式下，回收企业就是生产者，熟悉自己的产品，回收的技术难度小、资金成本低，但对于渠道小、资金压力大的小企业而言实施难度较大。

第三方社会化回收模式下，铅酸蓄电池生产商把自身的回收业务委托给专业的第三方废铅酸蓄电池回收企业，并支付相应的费用。这种模式对第三方企业的回收网络、存储运输资质、再生利用能力有较高要求，但对生产者而言前期投资成本较低。

在生产者责任延伸制度下，不同类型的回收模式适用于不同类型的企业：对于上下游产业链延伸较长、资金实力和规模雄厚的生产者，具备较强的技术支撑和经济实力保障，既有强大销售网络也有利于开展生产者逆向回收，具备垂直管理和回收效率高的优势；而对于一般的中小型企业而言，自主回收需要大量的前期投资和资质审核，有可能影响企业核心业务的发展，则更适用于采取第三方社会化回收模式，以分摊投资、避免重复建设和恶性竞争。具体分析如下。

1. 生产者逆向回收利用模式

生产者逆向回收利用模式是指铅酸蓄电池的生产商需要单独建立自己的回收网络，负责废铅酸蓄电池的集中回收、运输、分类和拆解处理等一系列工作（图 6.16）。铅酸蓄电池生产企业生产的产品经过铅酸蓄电池销售商或者铅酸蓄电池的使用厂家销售到消费者手中，然后需要按照政府的要求从消费者、经销商、维修商、回收企业等主体手中自行回收废铅酸蓄电池。在这种模式下，由于铅酸蓄电池生产者需要在既有的正向物流网络体系下建设逆向回收利用体系，自行设置回收网点，对回收利用人员进行招聘和培训，然后负责从回收到拆解再利用的一系列工作，延长的产业链也要求生产商具有强大的经济实力和适当的发展规模。

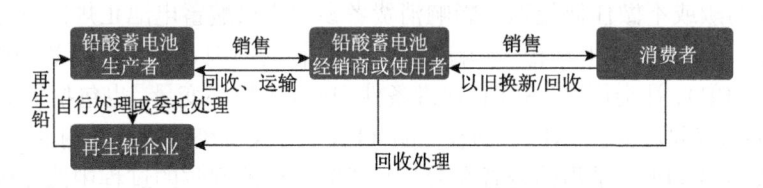

图 6.16 生产者逆向回收利用模式

2. 第三方社会化回收利用模式

第三方社会化回收利用模式是指铅酸蓄电池的制造商在售出产品后，不参与报废铅酸蓄电池的回收再利用环节，而是将该责任委托给第三方回收企业并支付相关的费用，由第三方组织负责回收责任（图 6.17）。第三方回收组织需要自己设置网点，购买运输、分拣、仓储和拆解处理设备，组织招聘专门化的回收再利用人员，将集中回收的铅酸蓄电池经过分类处理后送还给制造商，并按照一定的标准收费。

图 6.17　第三方社会化回收利用模式

6.3.5　废铅酸蓄电池回收利用主体行为影响因素分析

1. 基于 UTAUT 理论模型的废铅酸蓄电池回收利用主体行为研究

铅酸蓄电池从生产到消费再到回收利用整个环节，一般要涉及铅酸蓄电池生产商、铅酸蓄电池经销商/维修商、消费者、废铅酸蓄电池回收企业、废铅酸蓄电池拆解处理企业（如再生铅企业）等五类主要行为主体。为更好地了解回收利用主体的行为，为选择合理的回收模式奠定良好基础，对五类行为主体进行问卷调研，分析影响其回收的因素。

消费者作为铅酸蓄电池的最终使用者和拥有者，其回收意愿和行为极大地影响废铅酸蓄电池的回收率。基于 UTAUT，通过调查问卷的形式，对消费者回收行为的影响因素进行实证分析。

消费者是铅酸蓄电池消费的终点，同时也是废铅酸蓄电池回收利用的起点，消费者是否有意愿参与回收直接从源头决定了废铅酸蓄电池回收的质量与水平。一般情况下，消费者处理废铅酸蓄电池的可能方式有 4 种，即在维修时直接交给铅酸蓄电池的销售商或维修商、通过网络回收渠道交还废铅酸蓄电池、直接卖给废品回收商贩或不做任何处理。影响消费者参与废铅酸蓄电池正规回收行为的因素有很多，根据 UTAUT 理论，影响消费者回收行为的因素既包括绩效期望（PE）、努力期望（EE）、社会影响（SI）和促进条件（PC）等核心变量，也包括年龄（AG）、学历（ED）、回收态度（AT）、回收经验（EX）等人口统计特征在内的控制变量。

绩效期望（PE）是指消费者在参与废铅酸蓄电池回收的过程中感知到的为自己带来效用的程度，一般包括经济价值和环保价值两个方面。努力期望（EE）是指消费者在参与废铅酸蓄电池回收过程中所愿意付出的努力程度，一般包括回收时所付出的经济成本和时间成本。社会影响（SI）是指消费者感受到的来自周围社群的影响程度，包括政府对相关法律法规的宣传、亲朋好友的影响等。促进条件（PC）是指能够使消费者参与回收的一些客观的、技术设备的支持条件，如回收设备是否齐全等。除此之外，消费者自身对于废铅酸蓄电池回收的环保认知、回收经验、年龄、学历等也会对消费者的正规回收意向产生影响。

基于上述分析，构建了消费者废铅酸蓄电池回收的 UTAUT 理论模型，并提出如下研究假设（图 6.18）。

假设 1：消费者的绩效期望正向影响其正规回收行为意向。

假设 2：消费者的努力期望对其正规回收行为意向具有负向影响。

假设 3：消费者的社会影响正向影响其正规回收行为意向。

假设 4：消费者的促进条件正向影响其正规回收行为意向。

假设 5：消费者的学历正向影响其绩效期望，进而间接影响其正规回收行为意向。

假设 6：消费者的社会影响正向影响其回收态度，进而间接影响其正规回收行为意向。

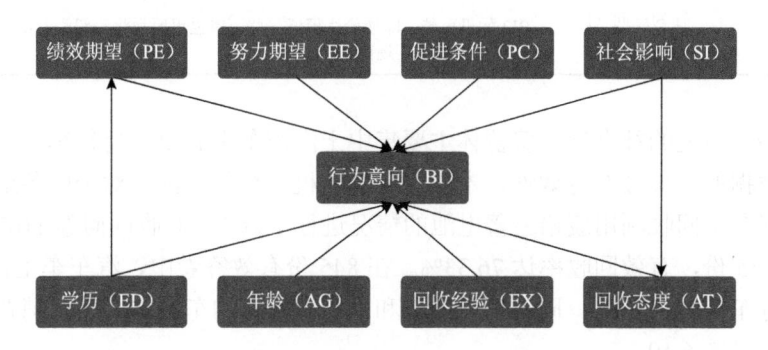

图 6.18 消费者废铅酸蓄电池回收行为影响因素理论模型

在消费者这一部分的研究中，自变量分为核心变量和控制变量，因变量为行为意向，通过配合程度和回收倾向两个维度进行衡量，问卷具体内容如表 6.6 所示。

表 6.6 消费者废铅酸蓄电池回收行为问卷设计

变量			问卷测量项目
自变量	核心变量	绩效期望（PE）	PE1 请问您认为随意丢弃废铅酸蓄电池对环境的危害程度如何
			PE2 请问您是否认为获得一定的经济报酬有助于提高您的回收意愿
		努力期望（EE）	EE1 请问您能否接受在废铅酸蓄电池回收过程中支付一定的运输费用
			EE2 请问您能否接受将废铅酸蓄电池交给回收商时支付一定的处理费用
			EE3 请问您是否认为您没有时间将废铅酸蓄电池交回指定回收地点
		社会影响（SI）	SI1 请问您是否了解相关法规已规定居民在回收过程中负有责任
			SI2 请问如果您的邻居朋友向您介绍废铅酸蓄电池的回收经验，您是否也愿意践行
		促进条件（PC）	PC 请问您是否认为您周围的废铅酸蓄电池回收设施不齐全

续表

变量			问卷测量项目
自变量	控制变量	回收经验（EX）	EX1 请问您是否曾经参与过"以旧换新"、"折价回收"等废铅酸蓄电池回收活动
			EX2 请问您是否曾经将废铅酸蓄电池送给/卖给小型废品回收商贩
		回收态度（AT）	AT1 请问您对废铅酸蓄电池问题的关注程度如何
			AT2 请问您认为消费者在废铅酸蓄电池回收过程中承担的责任多大
			AT3 请问您是否觉得从自身做起支持废铅酸蓄电池回收十分必要
		年龄（AG）	AG 您的年龄
		学历（ED）	ED 您的学历
因变量		行为意向（BI）	BI1 请问您对配合废铅酸蓄电池进行正规回收的意愿程度如何
			BI2 如果可能，即使价格更低一些，您也更愿意将废铅酸蓄电池卖给正规回收商而非不正规商贩

铅酸蓄电池的社会性消费群体主要集中于汽车车主和电动自行车车主。为保证问卷数据的合理性及有效性，本研究采取随机抽样的方法，对全国各地的汽车和电动车车主回收利用废铅酸蓄电池的情况进行了调查，共收回问卷1107份，有效问卷845份，有效回收率达76.33%。在845份有效答卷中，汽车车主占47%，电动自行车车主占20%，同时拥有汽车和电动自行车的车主占33%。消费者样本分布情况见图6.19。

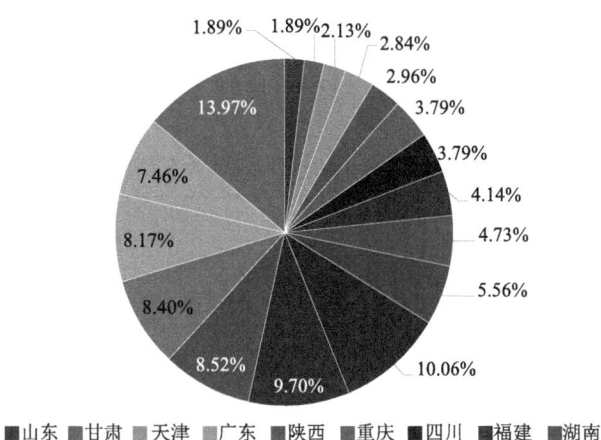

图 6.19 消费者样本分布情况

以行为意向（BI）作为因变量，以绩效期望（PE）、努力期望（EE）、社会影响（SI）、促进条件（PC）作为核心变量，将年龄（AG）和学历（ED）作为控制变量进行回归分析，验证假设1～4，分析绩效期望、努力期望、社会影响、促进条件四大核心因素对消费者正规回收行为意向的直接效应。

得到结果如表6.7所示，假设1～4均成立。对于假设1，绩效期望对行为意向的正向促进作用非常显著，通过了1%的显著性检验，这意味着通过提高废铅酸蓄电池回收价格，提高消费者对废铅酸蓄电池危害的认知带来的消费者绩效期望提升，有助于提高消费者参与正规回收的意向。对于假设2，社会影响对行为意向的正向促进作用通过了10%的显著性检验，消费者预期为回收所付出的经济成本和时间成本越高，其参与正规回收的意向越弱。对于假设3，社会影响对于消费者的回收意向具有正向促进作用，但未能通过10%的显著性检验，这意味着政府宣传和亲朋邻里的感召虽然有助于提高消费者的回收意愿，但相对显著性效果不如绩效期望、努力期望和促进条件更为明显。对于假设4，促进条件对于消费者的回收意向具有正向促进作用，并通过了5%的显著性检验，现有的回收设施不齐全降低了回收的便捷程度，直接影响了消费者参与正规回收的行为意愿，打造更加便捷完善的回收设施将有助于显著提高消费者的回收意愿。此外，研究结果显示回收态度（AT）也能显著地影响着消费者参与正规回收的意愿，消费者对废铅酸蓄电池环保问题的重视以及对自身环保责任的认知都能够显著增加消费者参与正规回收的意愿。

表6.7 消费者行为核心影响因素实证研究

	模型1		
	beta系数	t值	P值
绩效期望（PE）	0.208	3.70	0.000
努力期望（EE）	−0.040	−1.89	0.059
社会影响（SI）	0.061	1.42	0.155
促进条件（PC）	−0.035	−2.26	0.024
回收经验（EX）	0.018	0.68	0.500
回收态度（AT）	0.585	10.05	0.000
年龄（AG）	−0.039	−0.83	0.406
学历（ED）	0.059	1.14	0.255
常数项	0.734	2.30	0.022
F值		41.63	
样本量		747	

上述研究显示，学历和社会影响对于消费者的正规回收行为影响并不显著，为进一步验证这是否由于学历（ED）、社会影响（SI）对于消费者的回收意向存在间接效应，本研究进一步采取了中介效应检验模型，验证假设5和假设6。

对于假设5的检验，消费者的学历越高，其绩效期望越显著（模型2），即学历越高的人群对废铅酸蓄电池回收带来的预期经济收益和环保效益的评估价值越高（表6.8）。相对于模型3，在模型4中加入绩效变量会使消费者的正规回收意向显著性变弱，这意味着消费者学历对行为意向的影响会通过绩效期望间接地表达出来，即实证研究结果表明，消费者的学历越高，其对正规回收的绩效期望越高，越有助于增加其参与正规回收的意愿。

表6.8 学历的间接效应实证研究

模型	模型2		模型3		模型4	
因变量	绩效期望（PE）	行为意向（BI）	行为意向（BI）	因变量	绩效期望（PE）	行为意向（BI）
自变量	学历（ED）	0.116	学历（ED）	0.216	绩效期望（PE）	0.664
					学历（ED）	0.144
常数项	4.850		4.720		1.492	
F值	6.71		10.42		34.57	
样本量	845		843		843	

假设6的检验结果表明，消费者越容易受到社会影响，其回收态度越积极（模型5，表6.9）；进一步地，相对于模型6，模型7中加入回收态度变量后掩盖了社会影响对于消费者参与正规回收意向的影响，也就是说，政府和亲朋邻里对于消费者的影响会以潜移默化的形式影响消费者的回收态度，进而提高消费者参与正规回收的积极性。

表6.9 社会影响的间接效应实证研究

模型	模型5		模型6		模型7	
因变量	回收态度（AT）		行为意向（BI）		行为意向（BI）	
自变量	社会影响（SI）	0.700	社会影响（SI）	0.477	回收态度（AT）	0.664
					社会影响（SI）	0.046
常数项	1.922		2.682		1.243	
F值	144.65		69.47		126.28	
样本量	841		840		839	

实证研究结果表明，消费者的绩效期望、努力期望和促进条件会对其参与正规回收的意愿产生直接且显著的影响，这三大因素反映到现实生活中主要体现于消费者的预期经济收益、环保收益以及在此过程中付出的时间成本和经济成本。因此，在问卷调查中，请消费者根据自身经验对回收价格、便捷程度、回收的正规性三大影响因素进行了排序，从综合排名来看，便捷程度最为重要，回收价格其次，回收资质是三大影响因素中消费者最后会考虑的因素。

2. EPR 制度下最优回收利用模式研究

以回收作为重点环节，以目标责任制为基础，逐步分析不同目标导向下，生产企业所希望采取的最优的回收利用模式（以回收利用率最大化目标下的模式比较为例）。

回收渠道的结构简化为由生产商、第三方企业和消费者组成。

假设如下。

生产者所面临的基本情况：单位回收成本为 R_0；回收率为 τ；生产者以回收价格 b 从回收单位回收废铅酸蓄电池；生产者可以选择使用新材料或回收材料来生产新产品，生产出来的新产品按相同价格出售；新产品的需求函数是 $D(p)$，则

$$D(p) = \varphi - S \tag{6.5}$$

式中，φ 为整个市场的规模。

生产者面临的政府要求：τ_0 为政府要求的目标回收率，如果没有达到相应的回收目标，政府可能会采取惩罚措施，惩罚额度为 T，若超额完成回收目标，政府则可能会予以一定的奖励，奖励额度为 T（为达到模型简化的目的，我们认为政府采取惩罚和奖励的额度相同）。

生产者面临的选择：废铅酸蓄电池回收需要一定的固定投资 I，固定投资应小于单位回收成本 R_0，其中

$$I = \frac{m\left(\dfrac{t_{\text{cycle}}}{t_{\text{total}}} \times 100\right)^2}{2} \tag{6.6}$$

式中，m 为回收过程中企业面临的困难因素，是企业废铅酸蓄电池利用率的加成；$\dfrac{t_{\text{cycle}}}{t_{\text{total}}} \times 100$ 为废铅酸蓄电池利用率。用回收的废品再制造新产品的单位成本为 $R\tau$。使用新原材料生产新产品的单位成本为 R_m，并且使用原生材料和再生材料生产的新产品是同质的。生产的新产品的单位成本为

$$R = R_m\left(1 - \tau \frac{t_{\text{cycle}}}{t_{\text{total}}} \times 100\right) + R_r \tau \frac{t_{\text{cycle}}}{t_{\text{total}}} \times 100 = R_m - (R_m - R_r)\tau \frac{t_{\text{cycle}}}{t_{\text{total}}} \times 100 \tag{6.7}$$

只有当回收产品的再利用成本优势高于回收成本时,生产商才有热情回收废铅酸蓄电池,将 $R_m - R_r$ 表示为 $\Delta = R_m - R_r$。

斯塔克尔伯格模型强调游戏两边都有一系列动作。先动者占据主导地位,并且知道后续参与者的行动计划。因此,后行动者可以根据前者的行动选择利润最大化行动计划。显然,在生产者主导的逆向供应链模型中,生产者是市场的领导者,而第三方企业是完成回收任务的追随者。

在 EPR 制度下,生产者受到政府奖励和惩罚机制的影响,并直接负责废铅酸蓄电池回收。此时,由生产商主导的废铅酸蓄电池回收渠道分为以下几种:生产者自主回收模式和第三方社会化回收模式。其中,对于自主回收模式,若企业无完备的自主回收体系,则需要委托分销商完成。即分为生产者独立回收、第三方社会化回收和委托分销商回收三种模式。下面分别进行讨论。

（1）生产者自主回收模式

在这种情况下,生产者具有三个角色,即生产、销售和回收。产品通过各地经销商进行出售,生产者建立了自己的独立回收渠道,称为渠道①。在此情景下,生产者的利润最大化为

$$k(\tau - \tau_0) + \left(\Delta s R_m + \Delta \tau \left(\frac{t_{\text{cycle}}}{t_{\text{total}}} \times 100\right)\right)(\varphi - S) \\ - m\left(\left(\frac{t_{\text{cycle}}}{t_{\text{total}}} \times 100\right)^2\right)/2 - R_0 \tau (\varphi - S) \tag{6.8}$$

简化后为

$$\max \pi_m = k(\tau - \tau_0) + \left(\Delta s R_m + \Delta \frac{t_{\text{cycle2}} - t_{\text{cycle1}}}{t_{\text{total}}} \times 100 R_0 \tau\right)(\varphi - S) \\ - m\left(\left(\frac{t_{\text{cycle}}}{t_{\text{total}}} \times 100\right)^2\right)/2 \tag{6.9}$$

为保证所构建的生产者主导回收渠道模型有意义,生产者参与回收渠道需满足

$$\Delta \frac{t_{\text{cycle2}} - t_{\text{cycle1}}}{t_{\text{total}}} > R_0 \tag{6.10}$$

令 $\Delta s R_m = S - R_m$, $\Delta \frac{t_{\text{cycle2}} - t_{\text{cycle1}}}{t_{\text{total}}} R_0 = \Delta \frac{t_{\text{cycle2}} - t_{\text{cycle1}}}{t_{\text{total}}} - R_0$, $\Delta \varphi R_m = \varphi - R_m$,根据海塞矩阵可知,生产者利润为负,为拟凹函数,即

$$2m - \Delta t R_0^2 > 0 \qquad (6.11)$$

（2）第三方社会化回收模式

在这种情况下，产品通过生产者在各地的经销商进行销售，只有产品回收业务委托给第三方回收企业，可以称为渠道②。生产者和第三方回收企业的利润函数为

$$\max_{p,b} \pi_m = k(\tau - \tau_0) - (\varphi - S)\left(b\tau - \left(\Delta s R_m + \Delta \tau \frac{t_{\text{cycle2}} - t_{\text{cycle1}}}{t_{\text{total}}}\right)\right) \qquad (6.12)$$

$$\max_{\tau} \pi_r = (b - R_0)\tau(\varphi - S) - \frac{m\tau^2}{2} \qquad (6.13)$$

生产者是 Stackelberg 博弈的领导者，平衡解的计算必须基于决策的顺序。在这个博弈过程中，生产者首先确定产品的销售价格，然后根据销售价格确定产品回购价格。第三方回收企业根据回购价格确定利润最大化条件下的回收率。因此，通过反向归纳法可以得到 b_2 平衡解为

$$b_2 = \frac{\Delta \frac{t_{\text{cycle2}} - t_{\text{cycle1}}}{t_{\text{total}}} + R_0}{2} + \frac{4mk - k\left(\Delta \frac{t_{\text{cycle2}} - t_{\text{cycle1}}}{t_{\text{total}}}\right) R_0^2}{4m\Delta \varphi R_m + 2k\left(\Delta \frac{t_{\text{cycle2}} - t_{\text{cycle1}}}{t_{\text{total}}}\right) R_0} \qquad (6.14)$$

（3）委托分销商回收模式

在这种情况下，生产商通过分销商销售产品，并委托分销商开展废铅酸蓄电池回收，称为渠道③。在这里，分销商既是铅酸蓄电池销售商又是废铅酸蓄电池回收商。假设生产者以一定价格将产品卖给分销商，而分销商在销售产品时必须获得一定的利润。如果分销商的价格系数基于价格 S 是 $\alpha \in [1,2]$，产品的零售价为 αS。此时生产者和分销商的利润函数为

$$\max_{p,b} \pi_m = k(\tau - \tau_0) + (\varphi - S)\left(\Delta s R_m + \Delta \tau \frac{t_{\text{cycle2}} - t_{\text{cycle1}}}{t_{\text{total}}} - b\tau\right) \qquad (6.15)$$

$$\max_{\tau} \pi_r = (b - R_0)\tau(\varphi - S) - m\left(\left(\frac{t_{\text{cycle}}}{t_{\text{total}}} \times 100\right)^2\right)/2 \qquad (6.16)$$

此时的决策顺序反映出生产者首先确定铅酸蓄电池产品的价格，然后根据价格确定废铅酸蓄电池的回收价格。接下来，分销商根据废铅酸蓄电池回购价格确定利润最大化条件下的回收率。因此，通过反向归纳法可以得到 b_3 平衡解为

$$b_3 = \frac{\Delta\left(\dfrac{t_{\text{cycle2}} - t_{\text{cycle1}}}{t_{\text{total}}}\right) + R_0}{2} + \frac{4mk - \alpha k\left(\Delta\dfrac{t_{\text{cycle2}} - t_{\text{cycle1}}}{t_{\text{total}}}\right)R_0^2}{4m(\varphi - \alpha R_m) + 2\alpha k\left(\Delta\dfrac{t_{\text{cycle2}} - t_{\text{cycle1}}}{t_{\text{total}}}\right)R_0} \quad (6.17)$$

（4）三种回收模式的比较分析

从回收渠道①～③可知，通过反向归纳法可得平衡解分别为

$$\begin{cases} S_1 = \dfrac{\varphi\left(2m - \left(\Delta\dfrac{t_{\text{cycle2}} - t_{\text{cycle1}}}{t_{\text{total}}}\right)R_0^2\right) - m\Delta\varphi R_m + k\left(\Delta\dfrac{t_{\text{cycle2}} - t_{\text{cycle1}}}{t_{\text{total}}}\right)R_0}{2m - \left(\Delta\dfrac{t_{\text{cycle2}} - t_{\text{cycle1}}}{t_{\text{total}}}\right)R_0^2} \\[2ex] S_2 = \varphi - \dfrac{2m\Delta\varphi R_m + k\left(\Delta\dfrac{t_{\text{cycle2}} - t_{\text{cycle1}}}{t_{\text{total}}}\right)R_0}{4m - \Delta\left(\dfrac{t_{\text{cycle2}} - t_{\text{cycle1}}}{t_{\text{total}}}\right)R_0^2} \\[2ex] S_3 = \dfrac{1}{\alpha}\left(\varphi - \dfrac{2m\Delta\varphi R_m + \alpha k\left(\Delta\dfrac{t_{\text{cycle2}} - t_{\text{cycle1}}}{t_{\text{total}}}\right)R_0}{\left(4m - \alpha\left(\Delta\dfrac{t_{\text{cycle2}} - t_{\text{cycle1}}}{t_{\text{total}}}\right)R_0^2\right)}\right) \end{cases} \quad (6.18)$$

$$\begin{cases} \tau_1 = \dfrac{\dfrac{1}{2}\Delta\varphi R_m \Delta \dfrac{t_{\text{cycle2}} - t_{\text{cycle1}}}{t_{\text{total}}} R_0 + k}{m - \dfrac{1}{2}\left(\Delta\dfrac{t_{\text{cycle2}} - t_{\text{cycle1}}}{t_{\text{total}}}\right)R_0^2} \\[2ex] \tau_2 = \dfrac{\Delta\varphi R_m\left(\Delta\dfrac{t_{\text{cycle2}} - t_{\text{cycle1}}}{t_{\text{total}}}\right)R_0 + 2k}{4m - \left(\Delta\dfrac{t_{\text{cycle2}} - t_{\text{cycle1}}}{t_{\text{total}}}\right)R_0^2} \\[2ex] \tau_3 = \dfrac{(\varphi - \alpha R_m)\left(\Delta\dfrac{t_{\text{cycle2}} - t_{\text{cycle1}}}{t_{\text{total}}}\right)R_0 + 2k}{4m - \alpha\left(\Delta\dfrac{t_{\text{cycle2}} - t_{\text{cycle1}}}{t_{\text{total}}}\right)R_0^2} \end{cases} \quad (6.19)$$

$$\begin{cases}\pi_{m1}=\dfrac{\dfrac{1}{2}m\Delta\varphi R_m^{\,2}+k\Delta\varphi R_m\Delta\dfrac{t_{\text{cycle2}}-t_{\text{cycle1}}}{t_{\text{total}}}R_0+k^2-k\tau_0 m+\dfrac{1}{2}k\tau_0\Delta\dfrac{t_{\text{cycle2}}-t_{\text{cycle1}}}{t_{\text{total}}}R_0^{\,2}}{2m-\left(\Delta\dfrac{t_{\text{cycle2}}-t_{\text{cycle1}}}{t_{\text{total}}}\right)R_0^{\,2}}\\[2mm]
\pi_{m2}=\dfrac{m\Delta\varphi R_m^{\,2}+k\Delta\varphi R_m\left(\Delta\dfrac{t_{\text{cycle2}}-t_{\text{cycle1}}}{t_{\text{total}}}\right)R_0+k^2}{4m-\left(\Delta\dfrac{t_{\text{cycle2}}-t_{\text{cycle1}}}{t_{\text{total}}}\right)R_0^{\,2}}-k\tau_0\\[2mm]
\pi_{m3}=\dfrac{m(\varphi-\alpha R_m)^2+\alpha k(\varphi-\alpha R_m)\Delta\left(\dfrac{t_{\text{cycle2}}-t_{\text{cycle1}}}{t_{\text{total}}}\right)R_0+\alpha k^2}{\alpha\left(4m-\alpha\left(\Delta\dfrac{t_{\text{cycle2}}-t_{\text{cycle1}}}{t_{\text{total}}}\right)R_0^{\,2}\right)}-k\tau_0\end{cases}$$

(6.20)

为了确保每种方案都可以有效进行，必须要求 $\tau_1,\tau_2,\tau_3\in[0,1]$，则

$$\Delta\varphi R_m\Delta\dfrac{t_{\text{cycle2}}-t_{\text{cycle1}}}{t_{\text{total}}}R_0\leqslant 2m-\Delta\dfrac{t_{\text{cycle2}}-t_{\text{cycle1}}}{t_{\text{total}}}R_0^{\,2} \tag{6.21}$$

$$\Delta\varphi R_m\Delta\dfrac{t_{\text{cycle2}}-t_{\text{cycle1}}}{t_{\text{total}}}R_0+2k\leqslant 4m-\Delta\dfrac{t_{\text{cycle2}}-t_{\text{cycle1}}}{t_{\text{total}}}R_0^{\,2} \tag{6.22}$$

$$(\varphi-\alpha R_m)\Delta\dfrac{t_{\text{cycle2}}-t_{\text{cycle1}}}{t_{\text{total}}}R_0+2k\leqslant 4m-\alpha\Delta\dfrac{t_{\text{cycle2}}-t_{\text{cycle1}}}{t_{\text{total}}}R_0^{\,2} \tag{6.23}$$

命题1：$0<L_{\tau_2}<L_{\tau_3}<L_{\tau_1}$（$L_{\tau_1},L_{\tau_2},L_{\tau_3}$为生产者在奖励和惩罚强度下的回收率的斜率），那么什么时候 k=0，$\tau_3<\tau_2<\tau_1$？

证明：三个回收率的斜率为

$$L_{\tau_1}=\dfrac{1}{m-\dfrac{1}{2}\Delta\dfrac{t_{\text{cycle2}}-t_{\text{cycle1}}}{t_{\text{total}}}R_0^{\,2}} \tag{6.24}$$

$$L_{\tau_2}=\dfrac{1}{2m-\dfrac{1}{2}\Delta\dfrac{t_{\text{cycle2}}-t_{\text{cycle1}}}{t_{\text{total}}}R_0^{\,2}} \tag{6.25}$$

$$L_{\tau_3}=\dfrac{1}{2m-\dfrac{1}{2}\alpha\Delta\dfrac{t_{\text{cycle2}}-t_{\text{cycle1}}}{t_{\text{total}}}R_0^{\,2}} \tag{6.26}$$

通过上式可以判断，在（0,1）范围内，$0<L_{\tau_2}<L_{\tau_3}<L_{\tau_1}$，因而当 k=0 时，

回收率分别为

$$\tau_1 = \frac{\Delta\varphi R_m \Delta \frac{t_{\text{cycle2}} - t_{\text{cycle1}}}{t_{\text{total}}} R_0}{2m - \Delta \frac{t_{\text{cycle2}} - t_{\text{cycle1}}}{t_{\text{total}}} R_0^2} \tag{6.27}$$

$$\tau_2 = \frac{\Delta\varphi R_m \Delta \frac{t_{\text{cycle2}} - t_{\text{cycle1}}}{t_{\text{total}}} R_0}{4m - \Delta \frac{t_{\text{cycle2}} - t_{\text{cycle1}}}{t_{\text{total}}} R_0^2} \tag{6.28}$$

$$\tau_3 = \frac{(\varphi - \alpha R_m) \Delta \frac{t_{\text{cycle2}} - t_{\text{cycle1}}}{t_{\text{total}}} R_0}{4m - \alpha\Delta \frac{t_{\text{cycle2}} - t_{\text{cycle1}}}{t_{\text{total}}} R_0^2} \tag{6.29}$$

通过比较大小很容易得到 $\dfrac{\Delta\varphi R_m \Delta \frac{t_{\text{cycle2}} - t_{\text{cycle1}}}{t_{\text{total}}} R_0}{2m - \Delta \frac{t_{\text{cycle2}} - t_{\text{cycle1}}}{t_{\text{total}}} R_0^2} > \dfrac{\Delta\varphi R_m \Delta \frac{t_{\text{cycle2}} - t_{\text{cycle1}}}{t_{\text{total}}} R_0}{4m - \Delta \frac{t_{\text{cycle2}} - t_{\text{cycle1}}}{t_{\text{total}}} R_0^2}$。

我们知道 $\varphi > P > R_m$，并且

$$4m - \Delta \frac{t_{\text{cycle2}} - t_{\text{cycle1}}}{t_{\text{total}}} R_0^2 > 2m - \Delta \frac{t_{\text{cycle2}} - t_{\text{cycle1}}}{t_{\text{total}}} R_0^2 \tag{6.30}$$

$$\Delta\varphi R_m \Delta \frac{t_{\text{cycle2}} - t_{\text{cycle1}}}{t_{\text{total}}} R_0 > 0 \tag{6.31}$$

$$2m - \Delta \frac{t_{\text{cycle2}} - t_{\text{cycle1}}}{t_{\text{total}}} R_0^2 \geqslant \Delta\varphi R_m \Delta \frac{t_{\text{cycle2}} - t_{\text{cycle1}}}{t_{\text{total}}} R_0 \tag{6.32}$$

对 τ_3 求 α 偏导，可得

$$\frac{\mathrm{d}\tau_3}{\mathrm{d}\alpha} = \frac{\left(-4mR_m + \varphi\Delta \frac{t_{\text{cycle2}} - t_{\text{cycle1}}}{t_{\text{total}}} R_0^2\right) \Delta \frac{t_{\text{cycle2}} - t_{\text{cycle1}}}{t_{\text{total}}} R_0}{\left(4m - \alpha\Delta \frac{t_{\text{cycle2}} - t_{\text{cycle1}}}{t_{\text{total}}} R_0^2\right)^2} \tag{6.33}$$

其中，$\dfrac{\left(-4mR_m + \varphi\Delta \frac{t_{\text{cycle2}} - t_{\text{cycle1}}}{t_{\text{total}}} R_0^2\right) \Delta \frac{t_{\text{cycle2}} - t_{\text{cycle1}}}{t_{\text{total}}} R_0}{\left(4m - \alpha\Delta \frac{t_{\text{cycle2}} - t_{\text{cycle1}}}{t_{\text{total}}} R_0^2\right)^2} < 0$，通过比较大小可知

$$\frac{\left(-4mR_m + \varphi\Delta\dfrac{t_{\text{cycle2}} - t_{\text{cycle1}}}{t_{\text{total}}}R_0^2\right)\Delta\dfrac{t_{\text{cycle2}} - t_{\text{cycle1}}}{t_{\text{total}}}R_0}{\left(4m - \alpha\Delta\dfrac{t_{\text{cycle2}} - t_{\text{cycle1}}}{t_{\text{total}}}R_0^2\right)^2} <$$

$$-\frac{\left(4mR_m - \varphi\Delta\dfrac{t_{\text{cycle2}} - t_{\text{cycle1}}}{t_{\text{total}}}R_0^2\right)\Delta\dfrac{t_{\text{cycle2}} - t_{\text{cycle1}}}{t_{\text{total}}}R_0}{\left(4m - \alpha\Delta\dfrac{t_{\text{cycle2}} - t_{\text{cycle1}}}{t_{\text{total}}}R_0^2\right)^2}$$

。因此 τ_3 是针对 α 的递减函数，当 α 取最大值 1 时，τ_3 有最大值：

$$\max_{\alpha=1}\tau_3 = \frac{\Delta\varphi R_m \dfrac{t_{\text{cycle2}} - t_{\text{cycle1}}}{t_{\text{total}}}R_0}{4m - \Delta\dfrac{t_{\text{cycle2}} - t_{\text{cycle1}}}{t_{\text{total}}}R_0^2} \quad (6.34)$$

根据 τ_2 的公式（6.28）可得，此时 $\tau_2 = \tau_3$，因而当 $\alpha \in [1,2]$，有 $\tau_2 > \tau_3$。综上所述，$\tau_3 < \tau_2 < \tau_1$。

根据命题 1 可以得出，政府的奖惩机制继续增加，废铅酸蓄电池回收率继续增加。比较这两个渠道，由于奖励和惩罚机制，生产者的独立回收渠道的回收率比其他渠道更灵活。这就意味着为追求高回收率目标，生产商将首先选择独立的回收渠道，然后再选择委托的分销商回收渠道，最后选择委托的第三方回收渠道。其次，根据政府的奖惩机制，再选择另外两个渠道。此后，委托的分销商回收渠道将占主导地位。总体而言，政府的奖惩机制可以引导生产者提高回收率，并对回收渠道做出合理选择。

命题 2：$k=0$，$0<h_{b_2}<h_{b_3}$，$b_2=b_3=\dfrac{\Delta\dfrac{t_{\text{cycle2}} - t_{\text{cycle1}}}{t_{\text{total}}} + R_0}{2}$ 时，什么时候 $h_{b_2}=h_{b_3}=0$，且 $b_2>b_3$？

证明：h_{b_2}, h_{b_3} 是生产者在奖惩机制下制定的回购价格的斜率。容易知道两者的斜率为

$$L_{b_2} = \frac{\mathrm{d}b_2}{\mathrm{d}k} = \frac{m\Delta\varphi R_m\left(m - \dfrac{1}{4}\Delta\dfrac{t_{\text{cycle2}} - t_{\text{cycle1}}}{t_{\text{total}}}R_0^2\right)}{\left(m\Delta\varphi R_m + \dfrac{1}{2}k\Delta\dfrac{t_{\text{cycle2}} - t_{\text{cycle1}}}{t_{\text{total}}}R_0\right)^2} \quad (6.35)$$

$$L_{b_3} = \frac{\mathrm{d}b_3}{\mathrm{d}k} = \frac{m(\varphi - \alpha R_m)\left(m - \frac{1}{4}\alpha\Delta\frac{t_{\text{cycle2}} - t_{\text{cycle1}}}{t_{\text{total}}}R_0^2\right)}{\left(m(\varphi - \alpha R_m) + \frac{1}{2}\alpha k\Delta\frac{t_{\text{cycle2}} - t_{\text{cycle1}}}{t_{\text{total}}}R_0\right)^2} \quad (6.36)$$

从上式可以看出,

$$\frac{m\Delta\varphi R_m\left(m - \frac{1}{4}\Delta\frac{t_{\text{cycle2}} - t_{\text{cycle1}}}{t_{\text{total}}}R_0^2\right)}{\left(m\Delta\varphi R_m + \frac{1}{2}k\Delta\frac{t_{\text{cycle2}} - t_{\text{cycle1}}}{t_{\text{total}}}R_0\right)^2} < \frac{m(\varphi - \alpha R_m)\left(m - \frac{1}{4}\alpha\Delta\frac{t_{\text{cycle2}} - t_{\text{cycle1}}}{t_{\text{total}}}R_0^2\right)}{\left(m(\varphi - \alpha R_m) + \frac{1}{2}\alpha k\Delta\frac{t_{\text{cycle2}} - t_{\text{cycle1}}}{t_{\text{total}}}R_0\right)^2}$$，两者

的回购价格满足：$b_2 = b_3 = \dfrac{\Delta\dfrac{t_{\text{cycle2}} - t_{\text{cycle1}}}{t_{\text{total}}} + R_0}{2}$。从回购价格的斜率关系可以看到，回购价格对奖惩机制的作用是一个凸函数，其斜率在不断减小。即 $k \to +\infty$ 时，$\lim\limits_{k\to+\infty} L_{b_2} = \lim\limits_{k\to+\infty} L_{b_3} = 0$，因而很容易得到

$$\lim_{k\to+\infty} b_2 = \frac{\Delta\dfrac{t_{\text{cycle2}} - t_{\text{cycle1}}}{t_{\text{total}}} + R_0}{2} + \frac{2m - \dfrac{1}{2}\Delta\dfrac{t_{\text{cycle2}} - t_{\text{cycle1}}}{t_{\text{total}}}R_0^2}{\Delta\dfrac{t_{\text{cycle2}} - t_{\text{cycle1}}}{t_{\text{total}}}R_0} \quad (6.37)$$

$$\lim_{k\to+\infty} b_3 = \frac{\Delta\dfrac{t_{\text{cycle2}} - t_{\text{cycle1}}}{t_{\text{total}}} + R_0}{2} + \frac{2m - \dfrac{1}{2}\alpha\Delta\dfrac{t_{\text{cycle2}} - t_{\text{cycle1}}}{t_{\text{total}}}R_0^2}{\alpha\Delta\dfrac{t_{\text{cycle2}} - t_{\text{cycle1}}}{t_{\text{total}}}R_0} \quad (6.38)$$

其中，$\dfrac{\Delta\dfrac{t_{\text{cycle2}} - t_{\text{cycle1}}}{t_{\text{total}}} + R_0}{2} + \dfrac{2m - \dfrac{1}{2}\Delta\dfrac{t_{\text{cycle2}} - t_{\text{cycle1}}}{t_{\text{total}}}R_0^2}{\Delta\dfrac{t_{\text{cycle2}} - t_{\text{cycle1}}}{t_{\text{total}}}R_0} < \dfrac{\Delta\dfrac{t_{\text{cycle2}} - t_{\text{cycle1}}}{t_{\text{total}}} + R_0}{2} +$

$\dfrac{2m - \dfrac{1}{2}\alpha\Delta\dfrac{t_{\text{cycle2}} - t_{\text{cycle1}}}{t_{\text{total}}}R_0^2}{\alpha\Delta\dfrac{t_{\text{cycle2}} - t_{\text{cycle1}}}{t_{\text{total}}}R_0}$，因而可以证明命题2。

根据命题 2，随着政府的奖惩机制继续增加，废铅酸蓄电池的回收价格也在不断增加。在第三方回收和分销商回收两种渠道下，废铅酸蓄电池回收价格的弹性在奖惩机制的影响下不断降低。从曲线斜率的变化可以看出，回购价格仅在一定范围内敏感，过度的报酬或惩罚对其影响不大。因此，当奖励和惩罚少时，生

产者将委托第三方以较低的回收价格进行回收。由于第三方回收渠道可以满足目标回收率要求,因此生产商不必委托分销商以更高的价格进行废铅酸蓄电池回收。此时,第三方回收渠道占主导地位。当奖惩力度很大时,生产者会更加关注目标回收率。因此,为了获得高额报酬或消除严厉的惩罚,生产者将选择委托分销商的回收渠道进行废铅酸蓄电池回收。一方面,由于规模化回收效应,生产者提供给分销商的回收价格可以相对较低。另一方面,由于与供销渠道的关系,分销商可以保证稳定的废铅酸蓄电池回收量。在这一情境下,分销商的回收渠道占主导地位。

命题3:$h_{S_1} < h_{S_3} < h_{S_2} < 0$,什么时候 $k=0$,$S_1 < S_2$;$S_3 < S_2$?

证明:$h_{S_1}, h_{S_3}, h_{S_2}$ 是生产者在奖惩机制下建立的销售价格的斜率。这三个的斜率为

$$L_{P_1} = -\cfrac{\cfrac{1}{2}}{\cfrac{m}{\Delta \cfrac{t_{\text{cycle2}} - t_{\text{cycle1}}}{t_{\text{total}}} R_0} - \cfrac{1}{2} \Delta \cfrac{t_{\text{cycle2}} - t_{\text{cycle1}}}{t_{\text{total}}} R_0} \qquad (6.39)$$

$$L_{P_2} = -\cfrac{1}{\cfrac{4m}{\Delta \cfrac{t_{\text{cycle2}} - t_{\text{cycle1}}}{t_{\text{total}}} R_0} - \Delta \cfrac{t_{\text{cycle2}} - t_{\text{cycle1}}}{t_{\text{total}}} R_0} \qquad (6.40)$$

$$L_{P_3} = -\cfrac{1}{\cfrac{4m}{\Delta \cfrac{t_{\text{cycle2}} - t_{\text{cycle1}}}{t_{\text{total}}} R_0} - \alpha \Delta \cfrac{t_{\text{cycle2}} - t_{\text{cycle1}}}{t_{\text{total}}} R_0} \qquad (6.41)$$

很容易证明 $h_{S_1} < h_{S_3} < h_{S_2} < 0$;当 $k=0$,三个销售价格为

$$S_1 = \varphi - \cfrac{m\Delta\varphi R_m}{2m - \Delta \cfrac{t_{\text{cycle2}} - t_{\text{cycle1}}}{t_{\text{total}}} R_0^2} \qquad (6.42)$$

$$S_2 = \varphi - \cfrac{2m\Delta\varphi R_m}{4m - \Delta \cfrac{t_{\text{cycle2}} - t_{\text{cycle1}}}{t_{\text{total}}} R_0^2} \qquad (6.43)$$

$$S_3 = \cfrac{\varphi}{\alpha} - \cfrac{2m(\varphi - \alpha R_m)}{\alpha \left(4m - \Delta \cfrac{t_{\text{cycle2}} - t_{\text{cycle1}}}{t_{\text{total}}} R_0^2\right)} \qquad (6.44)$$

通过运算，得到 $\dfrac{m\Delta\varphi R_m}{2m-\Delta\dfrac{t_{\text{cycle2}}-t_{\text{cycle1}}}{t_{\text{total}}}R_0^2} > \dfrac{2m\Delta\varphi R_m}{4m-\Delta\dfrac{t_{\text{cycle2}}-t_{\text{cycle1}}}{t_{\text{total}}}R_0^2}$。$S_3$ 对 α 求导，可得

$$\dfrac{\mathrm{d}S_3}{\mathrm{d}\alpha} = -\dfrac{\varphi\left(2m-\alpha\Delta\dfrac{t_{\text{cycle2}}-t_{\text{cycle1}}}{t_{\text{total}}}R_0^2\right)}{\alpha^2\left(4m-\alpha\Delta\dfrac{t_{\text{cycle2}}-t_{\text{cycle1}}}{t_{\text{total}}}R_0^2\right)} - \dfrac{2m\alpha(\varphi-\alpha R_m)\Delta\dfrac{t_{\text{cycle2}}-t_{\text{cycle1}}}{t_{\text{total}}}R_0^2}{\alpha^2(4m-\alpha)\Delta\dfrac{t_{\text{cycle2}}-t_{\text{cycle1}}}{t_{\text{total}}}R_0} < 0$$

（6.45）

S_3 是 α 的减函数，则

$$\max_{\alpha=1} S_3 = \varphi - \dfrac{2m\Delta\varphi R_m}{4m-\Delta\dfrac{t_{\text{cycle2}}-t_{\text{cycle1}}}{t_{\text{total}}}R_0^2} = \varphi - \dfrac{2m\Delta\varphi R_m}{4m-\Delta\dfrac{t_{\text{cycle2}}-t_{\text{cycle1}}}{t_{\text{total}}}R_0^2} \quad (6.46)$$

当 $\alpha \in [1,2]$ 时，$S_3 < S_2$。当 $\alpha = 2$ 时，

$$\min_{\alpha=2} S_3 = \dfrac{\varphi}{2} - \dfrac{m(\varphi-2R_m)}{2\left(2m\Delta\dfrac{t_{\text{cycle2}}-t_{\text{cycle1}}}{t_{\text{total}}}R_0^2\right)} \quad (6.47)$$

$$\dfrac{\varphi}{2} - \dfrac{m(\varphi-2R_m)}{2\left(2m\Delta\dfrac{t_{\text{cycle2}}-t_{\text{cycle1}}}{t_{\text{total}}}R_0^2\right)} - \varphi - \dfrac{m\Delta\varphi R_m}{2m-\Delta\dfrac{t_{\text{cycle2}}-t_{\text{cycle1}}}{t_{\text{total}}}R_0^2} < 0 \quad (6.48)$$

因此可以知道 $S_3 < S_1$。

从中可以推论出，随着政府的奖惩机制不断增加，生产商将继续降低其产品价格。比较这两个渠道，由于奖励和惩罚机制，生产者的独立回收渠道的产品定价比其他渠道更灵活。考虑到 α 关于奖励和惩罚机制，产品价格有两种形式。

结合命题 1，可以看出三种不同渠道下生产者废铅酸蓄电池回收价格的弹性与回收率的弹性是一致的。此外，生产者的独立回收渠道的灵活性最大，这表明对于政策影响，该渠道比其他渠道更为敏感。当政府的目标回收率较低时，生产商对废铅酸蓄电池回收的热情就低。此时，生产商将委托第三方通过稍微提高废铅酸蓄电池价格来回收产品。当政府规定更高的目标回收率时，结合命题 2，生产商将放弃第三方回收渠道，并委托分销商进行回收。此时，生产者将选择降低其废铅酸蓄电池回收价格，并与分销商建立长期合作回收关系。这样，长期固定的回收渠道将使废铅酸蓄电池的回收量达到一定的规模效应，从而满足生产者对高回收率的追求。另外，考虑到生产者对政府目标回收率及其自身回收能力的反应，生产者对废铅酸蓄电池的定价将出现在不同的渠道中。

第6章 铅酸蓄电池全生命周期溯源技术

命题4：$\pi_{m1}, \pi_{m2}, \pi_{m3}$ 是一个抛物线，起开口朝上，宽度满足 $E\pi_{m1} < E\pi_{m3} < E\pi_{m2}$，并且对称轴上满足：$\pi_{m1} = \pi_{m2} < \pi_{m3}$。

证明：可以通过以下函数关系来判断 $\pi_{m1}, \pi_{m2}, \pi_{m1}$。这三条曲线的对称轴为

$$T_{m1} = -\frac{\Delta \frac{t_{\text{cycle2}} - t_{\text{cycle1}}}{t_{\text{total}}} R_0 \Delta \varphi R_m}{2} \tag{6.49}$$

$$T_{m2} = -\frac{\Delta \frac{t_{\text{cycle2}} - t_{\text{cycle1}}}{t_{\text{total}}} R_0 \Delta \varphi R_m}{2} \tag{6.50}$$

$$T_{m3} = -\frac{\Delta \frac{t_{\text{cycle2}} - t_{\text{cycle1}}}{t_{\text{total}}} R_0 (\varphi - \alpha R_m)}{2} \tag{6.51}$$

很明显，$E\pi_{m1} = E\pi_{m2} < E\pi_{m1} < 0$，并且满足利润为

$$\pi_{m1} = \pi_{m2} = \frac{\Delta \varphi R_m^2}{4} + \frac{\Delta \frac{t_{\text{cycle2}} - t_{\text{cycle1}}}{t_{\text{total}}} R_0 \Delta \varphi R_m \tau_0}{2} \tag{6.52}$$

$$\pi_{m3} = \frac{(\varphi - R_m)^2}{4} + \frac{\Delta \frac{t_{\text{cycle2}} - t_{\text{cycle1}}}{t_{\text{total}}} R_0 (\varphi - \alpha R_m) \tau_0}{2} \tag{6.53}$$

从上式可以看出，$\frac{\Delta \frac{t_{\text{cycle2}} - t_{\text{cycle1}}}{t_{\text{total}}} R_0 (\varphi - \alpha R_m) \tau_0}{2} > \frac{\Delta \frac{t_{\text{cycle2}} - t_{\text{cycle1}}}{t_{\text{total}}} R_0 \Delta \varphi R_m \tau_0}{2} > 0$。

因此可以判断利润曲线的开口是朝上的。开口宽度满足：$H\pi_{m1} < H\pi_{m3} < H\pi_{m2}$。

因此从命题 4 可以推论出，随着政府的奖惩机制继续增加，生产者的利润也继续增加。这一结果说明，政府的奖惩机制有利于生产者提高废铅酸蓄电池的回收率，生产者通过回收利用废铅酸蓄电池将获得一定的利润。

基于命题 1~4，总结如下所述。

生产者的独立回收渠道具有最高的回收率。当生产者具有一定的生产规模、专业的销售渠道和回收渠道时，其产品价格较低，客户的黏性较大，因此对积极促进消费者回收的影响也较大。此外生产者在独立的回收渠道中具有最高的效率和最大的渠道利润。

委托第三方回收和委托分销商回收渠道各有优势。当生产者尚不能建立独立的回收渠道时，他们将选择以上两个回收渠道。当政府奖惩机制的力度较小时，生产者对废铅酸蓄电池回收率的追求就较低，并且将选择第三方回收渠道。当政府的奖惩机制力度更大时，生产者对回收率的追求就会较高，他们会选择委托分

销商回收渠道。在整个供应链中分担回收责任，即每个参与者都有责任回收废铅酸蓄电池。供应链管理应充分发挥生产商、分销商和第三方的回收能力。根据欧盟的经验，巨大的双重回收系统公司可以提高废铅酸蓄电池的回收效率。但是，该结论表明，不同的回收渠道具有各自的优势，应根据特定的产品类别考虑。

因此，政府的奖惩机制可以指导生产者充分履行其延伸责任。在有效的奖惩机制的激励下，生产者将大力开展逆向物流供应链的建设，创新绿色产品设计，提高其资源再利用效率。同时，实施 EPR 制度对于实现减少生活垃圾，建设生态文明的目标具有重要意义。

6.4 废铅酸蓄电池回收相关技术研究

6.4.1 快速识别技术

满足废铅酸蓄电池回收过程中精准识别计量和完整性检测技术的需求，填补产品全生命周期信息化管理的技术空白，为铅酸蓄电池产品废弃后的精准识别和信息化管理奠定技术基础[56]。

针对废铅酸蓄电池从回收、运输、处理、再生利用各个环节进行数据采集和建立数据模型，并基于图像识别和编码技术的废铅酸蓄电池快速自动识别和计量技术，利用射线技术提取铅酸蓄电池图像，提取图像特征信息，并运用分类技术对图像进行分类训练，将预处理后的图像与产品信息库中的数据进行比对，采用模板匹配算法进行完整性判定（主要是含铅酸液是否存在），实现废铅酸蓄电池的精准识别计量和无损快速检测一体化，同时基于位置服务（LBS）进行溯源及时空管理[57, 58]。

6.4.2 铅酸蓄电池全生命周期信息大数据平台建设

建设覆盖产品全生命周期的信息大数据平台，实现对铅酸蓄电池的全生命周期信息化、可追溯管理，填补国内空白，是推动落实生产者责任延伸制度的强有力手段。

基于"二维码+无源射频识别"废铅酸蓄电池快速识别技术手段，针对铅酸蓄电池生产者履责绩效评价技术要求，采集铅酸蓄电池生产企业产品信息，包括产品型号、外观图像、产品质量等，并将上述信息纳入信息大数据平台以建立电池产品全生命身份信息系统。

第 7 章
典型包装物全生命周期溯源技术

7.1 我国典型包装物回收利用社会行为分析

7.1.1 典型包装物回收利用履责体系研究

1. 典型包装物回收履责主体现状分析

为缓解城市环境压力，解决固废资源对城市发展的制约，我国于 2019 年开始提倡建立"无废城市"。"无废城市"就是指重视城市固体废弃物源头减量和资源化利用，减少填埋并将固体废弃物环境影响降至最低的城市新型绿色发展模式。建设"无废城市"，既需要重视对包装废弃物产生源头的管控，也需要在回收再利用方面下功夫。《"十三五"全国城镇生活垃圾无害化处理设施建设规划》要求，到 2020 年底，生活垃圾回收利用率达到 35%以上，其中很大一部分可由包装废弃物的再利用来实现。包装废弃物的循环利用是一个整体行为，需要各利益相关者协同处理。

通过对现有文献进行梳理，影响废弃物回收的主要影响因素为：回收物品的种类和用户行为、价格、税收、社会影响、包装品质量、制度等[59,60]。

根据以往经验，仅依靠单一部门难以保证废弃物的回收效率，因而需要考虑政府、回收企业和居民三方对回收过程的综合影响，找出影响回收行为的关键因素，明确责任划分与多方协调机制。建立包装物循环回收体系，一方面是由于自身节约成本或资源的需要，另一方面是由于外部因素如政治、法律和营销等需要，涉及多方主体。通过定量分析找到促使各方决策选择最佳的策略，对于促进我国城市绿色发展具有重要现实意义。

2. 典型包装物回收履责主体建模研究

在追求短期利润最大化的市场背景下，回收产业链初期构建成本比较高、废弃物再利用困难，导致包装生产企业不愿主动回收。对于再生资源的回收再利用，若没有政府支持或惩罚，企业一般不会主动回收[61]。考虑到政府和居民在废弃物回收过程中的作用，可以构建政府监管部门、包装物生产企业和居民的三方演化博弈模型。

（1）问题描述

包装废弃物的回收，其实是一种资源从生活系统流向生产系统的动态过程。在整个回收过程中，存在诸多不同性质的利益相关者，为了简化分析，本研究将回收活动的参与主体分为政府、回收企业以及居民。政府负责对回收过程进行监管并且对环境治理负有责任，回收企业指生产者责任延伸制下的有回收义务的包装生产企业，居民指产生废弃物的实际群体。三者之间均存在着正向与负向的交互关系[62, 63]，如图 7.1 所示。

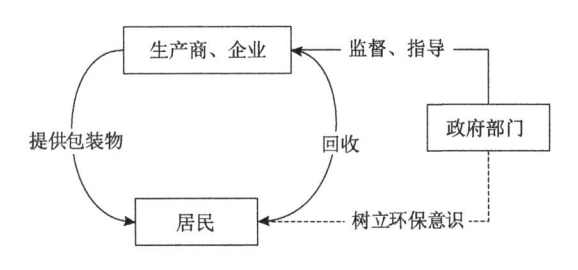

图 7.1　政府、回收企业以及居民关系图

（2）假设

假设如下：①三方博弈参与者都是有限理性的，三方博弈时信息不完全。②环境保护和监管成本是政府最关心的问题，企业和居民最关心个体利益。③所有回收均为正规回收，非正规回收方视为居民一部分。④若企业或居民有一方不参与回收，则整个回收过程对环境无促进作用。

政府主要考虑整个社会的环境效益，即如何通过自身行为以实现更好的环境。其策略有监督或完全不监督企业是否对包装废弃物有回收行动（以下简称"监督" G 和"不监督" $\bar{G}$）。

GC1：政府监督企业是否开展回收所需成本。

GC2：政府对回收企业的补贴。

EI：当回收过程完成时，给整个社会所带来的环境改善。

ED：如果不实行废弃物回收，政府所承担的环境恶化损失。

包装废弃物回收企业基于自身利益，主要考虑回收价值，其有两种策略行为选择：实施或者不实施废弃物回收行为（以下简称"实施" E 和"不实施" $\bar{E}$）。

EC：企业实施回收行为所需成本。

EB：企业实施回收行为所得收入。

居民主要考虑自己参加企业的回收过程所能带来的自身收益，其策略为：配合或不配合回收企业参与回收活动（以下简称"配合"R和"不配合"$\bar{R}$）。

RB：居民配合回收所获得的收入。

RC：居民配合回收时产生的成本。

本研究采用演化博弈模型对我国包装废弃物的演化趋势进行分析。演化博弈理论是在人的行为是有限理性的假设前提下，研究参与主体的博弈行为，在博弈过程中参与主体通过不断总结经验调整自身决策行为直至达到系统的稳定均衡状态。

3. 典型包装物回收履责主体三方博弈模型建立

（1）三方博弈关系分析

在博弈过程中，政府、回收企业与居民三者存在着相互博弈的关系，三个主体主要是通过相互之间的博弈关系来调整自身的策略选择，选择可能使组合策略获得最大利益的同时自身利益也达到最优化[64, 65]。

政府与回收企业的博弈关系。典型包装物回收应以企业为主体建立回收处理体系。在传统的回收方式下，各典型包装物回收大部分是在经济利益驱动下的低水平简单处理。政府环保部门可选择一批具备典型包装物回收技术的企业，通过发放许可证进行监督。另外，通过综合利用各种法律和经济手段，激励生产者在生产过程中采用符合环保要求的技术工艺和材料。政府通过监管可以令企业在后期产生巨大的回收效益和环境效益；若不监管，短期内不会增加企业的生产成本。因此，政府的监管力度应权衡企业后期的回收效益和短期生产成本。

政府和居民的博弈关系。典型包装物废物大部分以较高的价格被非正规的废物处理厂商购买，而正规典型包装物处理厂家由于缺乏足够的典型包装物来源而丧失规模效益。另外，正规回收处理厂也存在回收地点分散、价格低廉等问题，无法获得广大消费者的支持和参与。因此，政府通过各种方式的监管将有可能改变这一状况，例如生产者责任延伸制度的推行使得废弃物处理费用的承担从单纯依靠政府公共支出向多元化的费用分担模式转变，从而促进了生产者和消费者对废弃物的减量化和再生循环利用的共同参与。政府通过监管可以产生良好的社会效益和环境效益；若不监管，则维持消费者有限的经济收益。因此，政府行为还应考虑社会效益、环境效益以及消费者的经济收益。

居民与回收企业的博弈关系。企业对典型包装物的回收，主要有传统方式和互联网方式。传统回收方式存在回收处理系统不完整、管理困难以及资源和信息共享性低等短板，导致典型包装物的回收率依然不尽如人意。而互联网方式利用新兴互联网媒介作为传播平台，通过与消费者或企业直接接触的形式进行典型包装物的回收，恰恰能够弥补传统回收方式的不足。但对于废物回收企业而言，只有获得消费者的支持和参与才能产生规模效益，进而支撑起企业对典型包装物回收体系的建设和发展，企业的回收行为将由原来的"资源—产品—废物"单程式线性经济向"资源—产品—再生资源"循环式经济转变。这一经济增长方式的改变，将在后期降低企业的生产成本，进而与消费者共同分享"互联网＋回收"方式带来的"红利"。因此，企业对回收方式进行决策时，应平衡短期生产成本和远期经济增长方式。

（2）三方博弈关系构建

在追求短期利润最大化的市场背景下，回收产业链初期构建成本比较高、废弃物再利用困难，导致包装生产企业不愿主动回收[66]。对于再生资源的回收再利用，若没有政府支持或惩罚，企业一般不会主动回收。考虑到政府和居民在废弃物回收过程中的作用，可以构建政府监管部门、包装物生产企业和居民的三方演化博弈模型。基于上述分析，政府、回收企业以及居民三者之间的博弈可能结构如图 7.2 所示。

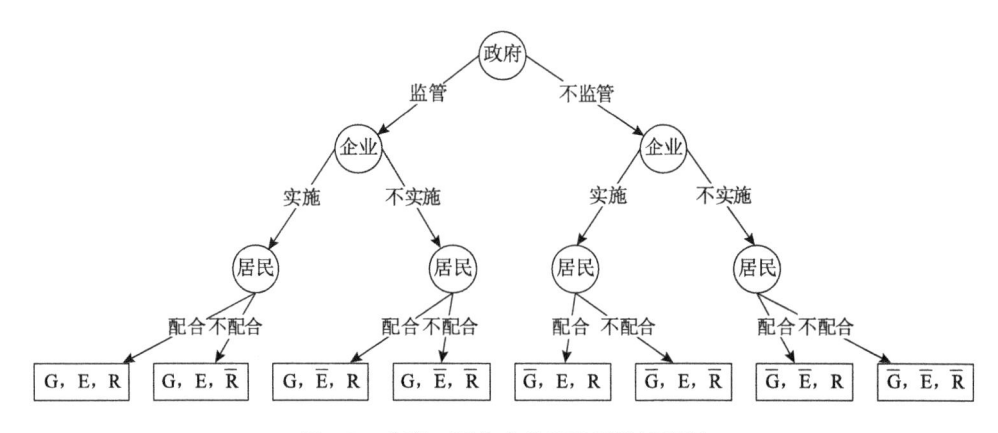

图 7.2 政府、回收企业以及居民博弈树

根据问题假设及描述，表 7.1 给出了回收问题各参与主体的博弈收益矩阵。

表 7.1 政府-企业-居民的博弈收益矩阵

博弈策略	收益
(G, E, R)	(-GC1-GC2+EI, GC2+EB-EC, RB-RC)
(G, $\bar{E}$, R)	(-GC1-ED, 0, -RC)
(G, E, $\bar{R}$)	(-GC1-GC2-ED, GC2-EC, 0)
(G, $\bar{E}$, $\bar{R}$)	(-GC1-ED, 0, 0)

续表

博弈策略	收益
($\bar{G}$, E, R)	(−GC2+EI, GC2+EB−EC, RB−RC)
($\bar{G}$, $\bar{E}$, R)	(−GC2−ED, GC2, −RC)
($\bar{G}$, E, $\bar{R}$)	(−GC2−ED, GC2−EC, 0)
($\bar{G}$, $\bar{E}$, $\bar{R}$)	(−GC2−ED, GC2, 0)

（3）混合策略纳什均衡分析及模型求解

严格执行回收策略在实施回收政策的初始阶段，假设：对企业回收行为进行监督的政府部门所占比例为 x，则未进行监督的政府群体比例为 $1-x$；企业占比为 y，拒绝开展回收行为的企业占比为 $1-y$；积极配合企业进行回收的居民比例为 z，不配合、不参与回收的居民比例为 $1-z$。其中 $0 \leqslant x \leqslant 1$，$0 \leqslant y \leqslant 1$，$0 \leqslant z \leqslant 1$。

政府采取监督策略的期望收益 U_{G1}、采取不监督期望收益 U_{G2} 以及在本问题中政府部门的平均收益 $\bar{U}_G$ 分别为

$$U_{G1} = -\text{GC1} - y\text{GC2} + yz\text{EI} - (1-yz)\text{ED} \tag{7.1}$$

$$U_{G2} = -\text{GC2} + yz\text{EI} - (1-yz)\text{ED} \tag{7.2}$$

$$\bar{U}_G = -x\text{GC1} - (1-x+xy)\text{GC2} + yz\text{EI} - (1-yz)\text{ED} \tag{7.3}$$

回收企业实施回收策略的期望收益 U_{E1}、不实施期望收益 U_{E2} 以及在本问题中回收企业的平均收益 $\bar{U}_E$ 分别为

$$U_{E1} = \text{GC2} + z\text{EB} - \text{EC} \tag{7.4}$$

$$U_{E2} = (1-x)\text{GC2} \tag{7.5}$$

$$\bar{U}_E = (1-x+xy)\text{GC2} + yz\text{EB} - y\text{EC} \tag{7.6}$$

居民对企业回收策略采取配合行动时的期望收益 U_{R1}、不配合时的期望收益 U_{R2} 以及在本问题中居民的平均收益 $\bar{U}_R$ 分别为

$$U_{R1} = y\text{RB} - \text{RC} \tag{7.7}$$

$$U_{R2} = 0 \tag{7.8}$$

$$\bar{U}_R = yz\text{RB} - z\text{RC} \tag{7.9}$$

由方程（7.1）～方程（7.3）可知政府的复制动态方程

$$F(x) = x(x-1)[\text{GC1} - (1-y)\text{GC2}] \tag{7.10}$$

由方程（7.4）～方程（7.6）可知回收企业的复制动态方程：

$$G(y) = y(1-y)[x\text{GC2} + z\text{EB} - \text{EC}] \tag{7.11}$$

由方程（7.7）～方程（7.9）可知居民的复制动态方程：

$$H(z) = z(1-z)(y\text{RB} - \text{RC}) \quad (7.12)$$

联立复制动态方程（7.10）～方程（7.12），得该系统的均衡点为 E_1(0,0,0)，E_2(1,0,0)，E_3(0,1,0)，E_4(0,0,1)，E_5(1,1,0)，E_6(1,0,1)，E_7(0,1,1)，E_8(1,1,1)。在多群体演化博弈中，演化博弈的均衡解一定是纯策略均衡，故回收体系最终有可能达成以下三种状态。

状态一：当 GC1>GC2，即政府监督成本比对回收企业的补贴大时，政府倾向于不监管，回收企业倾向于不回收，居民倾向于不配合。

状态二：当 EB>EC、RB>RC，即回收企业实施回收时的收益大于成本，并且居民参与回收过程的收入大于成本时，市场力量会自发地起作用，政府倾向于不监管，回收企业倾向于回收包装废弃物，居民倾向于参与包装废弃物的回收。

状态三：当 EC>GC2>GC1 时，即政府补贴成本比对回收企业监督的投入大，并且回收企业实施回收时的补贴低于其成本时，政府倾向于监管，回收企业倾向于不回收，居民倾向于不参与回收活动。在这种情况下政府会进行监管，虽然可以减少财政损失，但是对环境保护无任何意义。

4. 典型包装物回收履责主体三方博弈模型动态分析

本节将运用演化博弈理论，对网络回收商、流动回收小贩二者竞合博弈展开研究。基于有限理性，重点研究网络回收商和流动回收小贩策略选择互动机制，刻画演化博弈过程，揭示博弈双方策略选择的内在机理，并对影响系统演化过程稳定性的相关因素进行分析。古典博弈理论中博弈的参与者将根据自利的原则表现出理性行为，但是在演化博弈分析中，理性原则被群体的动态性和稳定性所取代。本节研究构建了社会组成成员相互之间的博弈行为，并且考虑了动态变化和可能出现的均衡状态。

城市包装废弃物的回收不仅是单一主体的行为，整个社会在这一过程中都发挥着不同程度的作用，这是一个演化过程。政府、回收企业以及居民在废弃物回收过程中的行为是互相影响的。三方会不断调整自身的行为，以实现自身利益的最大化。所以政府部门在制定策略时，要充分考虑各影响博弈主体收益的主要因素。

政府监管所付出的成本是影响政府策略选择的重要因素之一，若监管成本大于政府的预期，或者付出的监管成本远远超过政府通过监管所能获得的收益，则政府会慎重考虑是否对企业进行监管。政府对企业的财政补贴对企业策略选择的影响相当敏感，当政府加大对企业的财政补贴时，企业会更加积极主动地参与回收。

在当前环境问题日益加剧的情况下，理想的演化稳定状态应该是（0, 1, 1），即政府不监管的同时，回收企业和居民共同参与包装废弃物的回收。要达到这一条件，就必须实现 EB>EC，RB>RC，即回收企业实施回收时的成本小于收入，并且居民参与回收过程的成本小于收入，演化稳定状态与政府无关。但是，在该状态下，政府的行为并没有受到限制，所以政府应该对回收企业和居民进行激励，以弥补其为实现该最优均衡状态而导致的损失。

目前我国对废弃物回收的一大难点就是政府监督成本太高。通过分析可知，当政府监督成本极大时，x 的值趋向于 0，y 的值趋向于 0，即企业和政府都不会主动去开展回收活动。这也间接表明我国当前废弃物回收活动的开展存在难度。(0, 1, 1) 是进化博弈的一个非理想却稳定的策略点，表示三方主体行为分别为（不监管、参与、参与），该稳定状态具有一定的持续性和抗干扰性。当前，我国居民参与包装物回收的比例很低，竞争性企业参与包装物回收尚处于初期摸索阶段，在各种因素共同作用下，居民和企业的参与度严重不足，使得三方博弈初始状态趋近并稳定于（0, 1, 1）均衡点。也就是说，在市场化运作模式的初级阶段，包装物回收实施难度很大。居民积极回收包装物、企业分类清运，在相当一段时间内是发展城市垃圾回收处理逆向物流的瓶颈。

5. 典型包装物回收履责主体三方博弈模型仿真模拟

基于现实情境，研究政府、回收企业和居民消费者在包装废弃物回收中的竞合关系，构建演化博弈模型，刻画演化博弈过程，分析相关因素对演化稳定策略走向的影响。根据上述模型假设以及所列方程（7.10）至方程（7.12），利用 Matlab 2018b 对不同情境下政府、回收企业和居民的三方演化稳定策略进行仿真分析，结果如图 7.3 所示。典型包装物回收是一个涉及政治、经济及生态环境等方面的复杂的系统工程。在构建三方主体演化博弈模型的基础上，运用系统动力学理论和方法对演化博弈模型进行模拟仿真，探讨政府、企业、消费者三者之间的因果关系，研究影响典型包装物回收的相关因素，研究政府、企业、消费者三者在各种策略选择下的期望收益，探索能够使典型包装物回收工作顺利进行的方法和措施。

无论 x，y，z 的取值如何，最终总能达到演化博弈的稳定点 (0, 1, 1)，只不过其各自变化趋势有不同。当企业刚开始选择传统回收时，政府的监管意愿会迅速提高，企业选择回收的意愿逐渐增强。由于传统回收方式中非正规企业占多数，因此，政府需要增强监管意愿管理回收市场。对比图 7.3 中三幅图可知，消费者选择参与回收的意愿比较强烈时，企业更倾向于选择回收。当消费者选择参与回收的意愿极小时，政府会加大监管力度提高消费者参与回收的积极性。由此可见，在博弈中一旦某一方发现采取另一种策略会获得较高的期望收益，该方将会改变现有策略而选择采取新的策略，参与三方反复通过"博弈—调整状态—均衡"调整策略演化路径直到每一方都能达到能获取较高期望收益的策略选择。因此，尽管政府初始策略是以极小的意愿进行监管，政府最终会在不监管策略处达到稳定均衡状态。

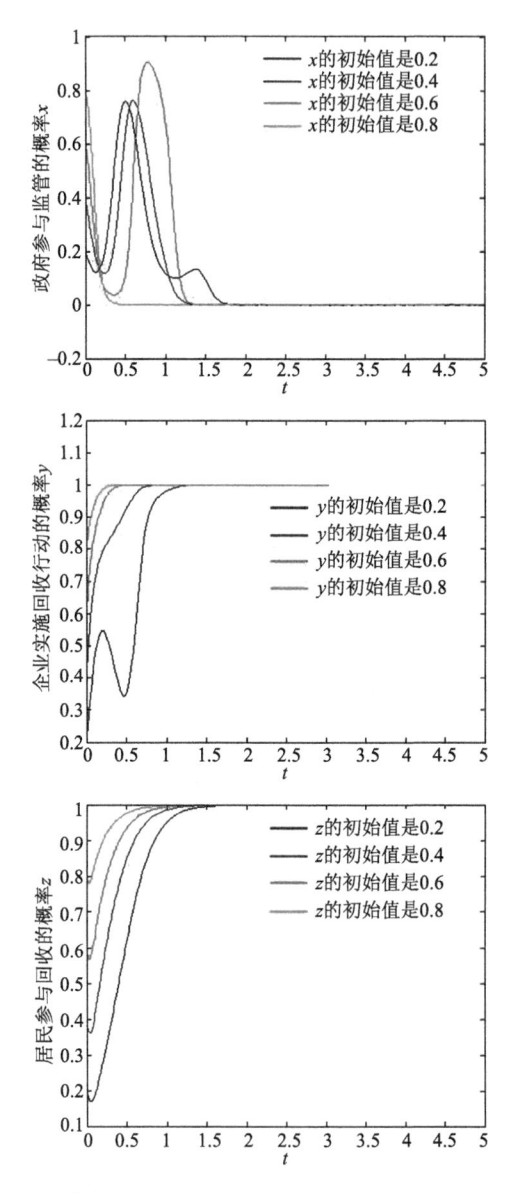

图 7.3　政府、企业、居民三方策略选择概率的演化仿真

7.1.2 典型包装物消费主体分类回收行为影响因素研究

1. 纸基复合包装物回收消费主体社会行为建模

(1) 模型假设

分析报告建立在 UTAUT 的基础上，综合考虑国内外相关研究和实地访谈内容，引入政策法规、广告宣传、感知风险、感知价值和环境卫生五个新的变量，并对相关变量进行定义。本研究中，分析报告的模型结构如图 7.4 所示。

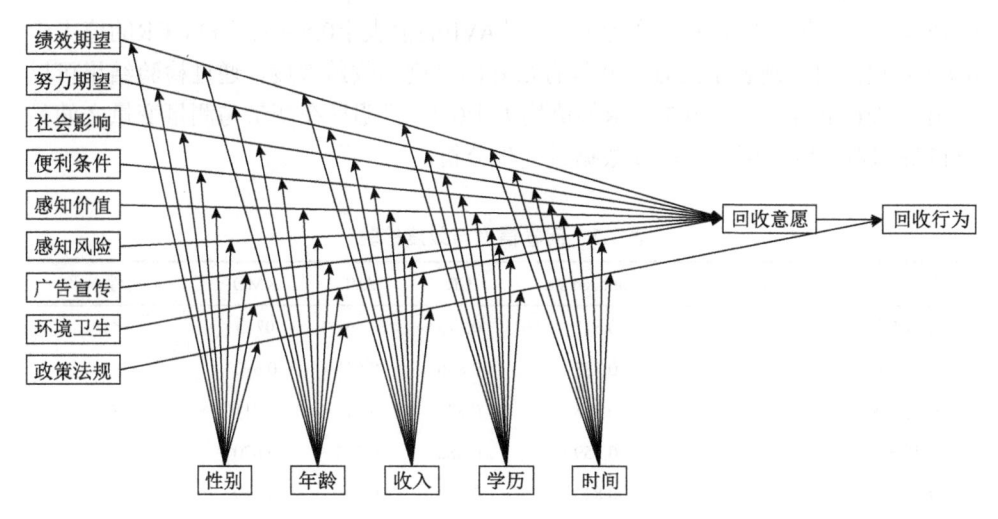

图 7.4 修正的 UTAUT 模型

(2) 问卷调查与数据分析

问卷问项主要包含两部分，第一部分是一般人口学统计信息，第二部分是消费者参与纸基复合包装物分类问卷，问卷主体部分使用利克特五维量表，数字 1~5 分别代表非常同意、同意、一般、不同意、非常不同意。问卷于 2020 年 1 月 20 日开始通过问卷星平台发放，并且设置了 IP 权限，仅限华北、华东、华南地区的消费者填写。因为华北、华东、华南的回收再利用产业链已经初步形成，建立了回收利用合作企业网络，具有较好的回收基础。截至 2020 年 3 月 20 日，共收取 1447 份问卷，剔除其中 106 份无效问卷，最终获得 1341 份有效问卷，问卷有效回收率为 92.7%。其中，华北回收 288 份，华东回收 711 份，华南回收 342 份，基本符合华北、华东、华南地区的人口比例，回收的样本数据具有一定的代表性。

问卷的信度与效度是衡量问卷数据可靠性与有效性的指标，本部分采用SPSS 22.0进行检验。信度方面，选择Cronbach's α系数来检验量表检测结果是否存在内部一致性，一般Cronbach's α值与组合信度的值均大于0.7表示信度可以被接受，从表7.2可以看出核心变量的Cronbach's α值与组合信度的值均在0.7之上，因此可以判断该问卷具有很好的内部一致性；效度方面，KMO除努力期望、便利条件、环境卫生、参与意愿略小于0.7之外（仍在可以接受的范围之内），其余变量值均大于0.7，且各变量的显著性水平0.000，说明整体效度良好，模型整体解释能力良好。由于问卷问项设计将核心变量转变成潜在变量，因此需要对潜在变量的测量变量进行检验，保证测量变量与潜在变量之间的拟合度，通常采用平均方差提取值（average variance extracted，AVE）和复合信度（composite reliability，CR）计算潜在变量与测量变量之间的变异能力，若AVE的值大于0.5或者更高，CR的值大于0.7或者更高时，则表示两者之间具有很好的信度与收敛效度，通过检验结果可以看出，AVE的值均大于0.5，CR的值均大于0.7，说明潜在变量与测量变量之间具有良好的拟合度，可以对问卷数据进一步分析。

表7.2 问卷信度与效度检验

变量名称	测量项目	Cronbach's α	CR	AVE	KMO	显著性水平
绩效期望	3	0.811	0.813	0.591	0713	***
努力期望	3	0.783	0.836	0.631	0.692	***
社会影响	3	0.833	0.845	0.645	0.711	***
便利条件	3	0.759	0.886	0.723	0.670	***
感知价值	3	0.843	0.787	0.553	0.719	***
感知风险	3	0.881	0.795	0.565	0.713	***
广告宣传	3	0.813	0.796	0.570	0.710	***
政策法规	3	0.786	0.813	0.591	0.704	***
环境卫生	3	0.791	0.836	0.631	0.698	***
参与意愿	3	0.805	0.845	0.645	0.694	***
参与行为	3	0.812	0.886	0.723	0.717	***

***表示在1%的显著性水平下显著，下同。

2. 纸基复合包装物消费主体社会行为的影响因素研究

（1）模型假设

分析报告基于UTAUT模型，根据前人研究成果，再结合典型包装物自身的特点，构建典型包装物社会行为影响因素模型。核心变量方面，Venkatesh等[67]在后期研究中发现促进因素在绩效期望与努力期望共同存在的情况下的影响程度低，因此保留原模型中的绩效期望、努力期望、社会影响三个变量，剔除促进因素变量；结合包装物自身的资源特性，引入感知价值变量；控制变量方面，包装物回收在中国起步晚，不存在经验作为参考；另外，本研究指代的消费者包括本科生和研究生，在年龄上存在一定差异，故保留年龄因素的控制作用；考虑到消费者消耗包装产品的次数可能对其行为产生影响，因此选取频率作为控制变量进行分析。最终本研究选取绩效期望、努力期望、社会影响、感知价值作为核心变量，性别、年龄、频率作为控制变量构建 UTAUT 模型，并结合分析报告意图对研究变量进行定义同时提出研究假设。

绩效期望是指消费者对包装分类处理这一行为的认可程度，与技术接受理论中的感知有用性类似，消费者认为这一处理行为能够提高学习、生活环境的舒适度，进而增加消费者学习的积极性。马小龙等[68]研究指出绩效期望对消费者意愿有显著正向影响，因此，分析报告提出的假设如下：

H1a：绩效期望对消费者参与典型包装物分类处理有正向影响。

努力期望是指消费者对包装物分类处理时需要付出的努力程度，即包装物分类的难易程度。如果包装物分类过程是简单易操作的，消费者会更加愿意参与进来；相反，如果包装物分类过程是复杂烦琐的，消费者参与包装物分类的积极性便会降低。马小龙等研究指出努力期望对消费者意愿有显著正向影响，因此，分析报告提出的假设如下：

H2a：努力期望对消费者参与典型包装物分类处理有正向影响。

社会影响是指消费者受周围人参与包装物分类回收的影响，自己也参与分类回收的影响程度。相关研究发现公众环境下人们的行为更容易趋向大众的行为表现。谭春辉、李武等学者研究发现社会影响对参与意愿有显著正向影响，基于此，分析报告提出的研究假设如下：

H3a：社会影响对消费者参与典型包装物分类处理的意愿有正向影响。

感知价值是指消费者对于废弃包装物价值的感知程度，面对资源的粗放型消费，消费者对于资源再利用这一问题的认同感越高，参与包装物分类处理的意愿越大，且 Hsu 等学者研究发现感知价值对消费者意愿产生显著正向影响，因此，分析报告提出的研究假设如下：

H4a：感知价值对消费者参与典型包装物分类处理意愿有正向影响。

控制变量的作用是指年龄、性别、频率能够调节核心变量对消费者行为意愿的影响程度，分析报告提出的研究假设如下：

H1b：年龄能够调节绩效期望对消费者参与分类意愿的影响程度。

H1c：性别能够调节绩效期望对消费者参与分类意愿的影响程度。

H1d：频率能够调节绩效期望对消费者参与分类意愿的影响程度。

H2b：年龄能够调节努力期望对消费者参与分类意愿的影响程度。

H2c：性别能够调节努力期望对消费者参与分类意愿的影响程度。

H2d：频率能够调节努力期望对消费者参与分类意愿的影响程度。
H3b：年龄能够调节社会影响对消费者参与分类意愿的影响程度。
H3c：性别能够调节社会影响对消费者参与分类意愿的影响程度。
H3d：频率能够调节社会影响对消费者参与分类意愿的影响程度。
H4b：年龄能够调节感知价值对消费者参与分类意愿的影响程度。
H4c：性别能够调节感知价值对消费者参与分类意愿的影响程度。
H4d：频率能够调节感知价值对消费者参与分类意愿的影响程度。

因此分析报告的研究模型如图 7.5 所示。

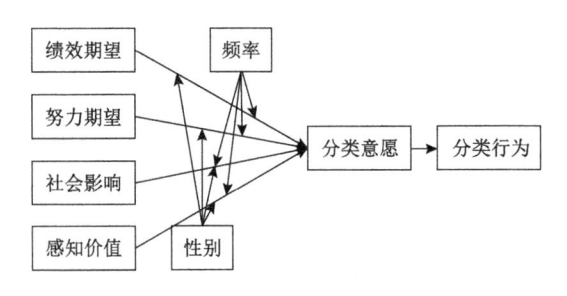

图 7.5　研究模型

（2）问卷调查与数据分析

问卷问项的设计参考现有文献的相关内容，并结合模型中涉及的六个主要变量设计而成，主要包含两部分，第一部分是基本信息的调查，第二部分是针对六个主要变量设计的相关问项。问卷初步形成后，首先对 15 名同学进行了预调查，依据反馈结果对问卷存在的问题进行修正，形成最终问卷。问卷采用线上线下两种方式发放，其中线上回收 276 份，线下回收 141 份，剔除无效问卷 38 份，共获得有效问卷 379 份。问卷统计显示，男性占比 43.8%，女性占比 56.2%，调查对象是本科生（60.2%）和研究生（39.8%）。

对数据进行分析之前，需要对问卷数据进行信度与效度分析以保证量表的有效性和可靠性。分析报告采用 SPSS 22.0 进行检验。信度方面，选择 Cronbach's α 系数与组合信度（CR）来检验量表检测结果是否存在内部一致性，一般 Cronbach's α 值与组合信度均大于 0.7 表示信度可以被接受，从表 7.3 可以看出，除社会影响的 Cronbach's α 值为 0.690（小于 0.7，仍在可以接受的范围之内）之外，其他变量的 Cronbach's α 值均在 0.7 之上，因此可以判断该问卷具有很好的内部一致性；效度方面，KMO 除绩效期望、社会影响略小于 0.7 之外（仍在可以接受的范围之内），其余变量值均大于 0.7，且各变量的显著性水平为 0.000，说明整体效度良好，模型整体解释能力良好。

表 7.3 问卷信度与效度检验结果

变量名称	测量项目	Cronbach's α	CR	KMO	显著性水平
绩效期望	3	0.711	0.749	0.645	0.000
努力期望	4	0.826	0.710	0.784	0.000
社会影响	4	0.690	0.834	0.676	0.000
感知价值	4	0.930	0.930	0.861	0.000
分类意愿	3	0.864	0.804	0.738	0.000
分类行为	3	0.880	0.881	0.733	0.000

3. 纸基复合包装物消费主体社会行为的结构方程模型研究

（1）结构方程模型

分析报告采用结构方程模型对数据进行分析，它能够对模型中的核心变量进行观测，分析变量之间的影响关系。运用 AMOS 22.0 软件对数据进行处理，初步检验结果如表 7.4 所示，从表中可以看出便利条件和广告宣传两个核心变量对消费者参与纸基复合包装物回收意愿的影响不显著，即原假设不成立，同时无法研究控制变量对核心变量的控制程度，其他假设的检验结果的显著性水平均在可以接受范围之内，因此需要删除便利条件和广告宣传两个核心变量，对原假设模型进行调整。修正后模型路径检验结果如表 7.5 所示，从表中可以看出各路径均到达显著性水平，说明修正后的假设得到证实。

表 7.4 模型路径系数

研究假设	非标准化估计	标准化估计	S.E.	C.R.	显著性水平	检验结果
参与意愿←绩效期望	0.233	0.226	0.044	5.297	***	接受
参与意愿←感知风险	0.191	0.193	0.040	4.770	***	接受
参与意愿←社会影响	−0.142	−0.166	0.031	−4.580	***	接受
参与意愿←便利条件	0.027	0.025	0.057	0.479	0.632	拒绝
参与意愿←感知价值	0.259	0.250	0.043	5.990	***	接受
参与意愿←感知风险	0.076	0.092	0.025	3.028	0.002	接受
参与意愿←广告宣传	0.057	0.061	0.037	1.556	0.120	拒绝
参与意愿←环境卫生	0.210	0.202	0.048	4.407	***	接受
参与行为←政策法规	0.099	0.099	0.046	2.136	0.033	接受
参与行为←参与意愿	0.892	0.894	0.033	26.869	***	接受

表 7.5 修正后模型标准化路径系数

研究路径	路径系数	Estimate	S.E.	C.R.	显著性水平	检验结果
参与意愿←绩效期望	0.336	0.348	0.035	9.911	***	接受
参与意愿←社会影响	−0.140	−0.121	0.026	−4.691	***	接受
参与意愿←感知价值	0.290	0.302	0.038	7.928	***	接受
参与意愿←感知风险	0.107	0.090	0.024	3.668	***	接受
参与意愿←环境卫生	0.200	0.212	0.045	4.671	***	接受
参与行为←政策法规	0.113	0.114	0.043	2.663	0.008	接受
参与行为←参与意愿	0.886	0.882	0.033	26.778	***	接受

为进一步研究模型结构与数据拟合程度，本研究选取卡方自由度比（χ^2/df）、拟合优度指数（GFI）、近似误差均方根（RMSEA）、残差平方根（RMR）、比较拟合指数（CFI）、赋范拟合指数（NFI）、调整拟合优度指数（AGFI）对模型拟合度进行检验，一般情况下，GFI、CFI、NFI、AGFI 的值大于 0.9，RMSEA、RMR 的值小于 0.05，卡方自由度比的值小于 3，表示模型与数据拟合度高。反之，代表模型拟合度低。由检验结果可知（表 7.6），模型指标检验结果均在合理范围之内，说明研究量表数据能够聚焦成一个因子，模型的拟合性良好。最终的研究模型如图 7.6 所示。

表 7.6 模型拟合度检验

拟合指标	判断标准 可接受	判断标准 非常好	模型拟合值	检验结果
χ^2/df		<3	2.876	接受
GFI	>0.7	>0.9	0.959	接受
RMSEA	<0.08	<0.05	0.037	接受
RMR	<0.08	<0.05	0.025	接受
CFI	>0.7	>0.9	0.973	接受
NFI	>0.7	>0.9	0.960	接受
AGFI	>0.7	>0.9	0.946	接受

（2）社会行为分析

通过假设检验的基本变量中，消费者参与纸基复合包装物回收再利用意愿对消费者参与纸基复合包装物回收行为产生显著正向影响；绩效期望对消费者参与意愿产生显著正向影响；社会影响对消费者参与意愿产生显著负向影响；努力期

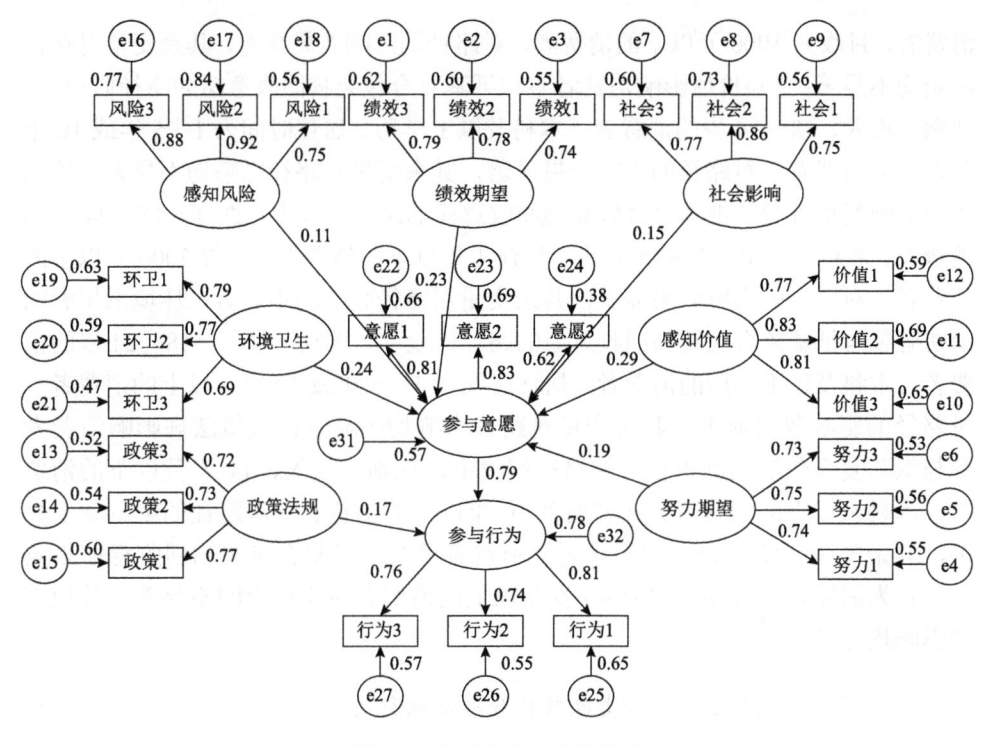

图 7.6 修正的结构方程模型

望对消费者参与意愿产生显著正向影响；而便利条件对消费者参与意愿的影响效果不显著。新增变量中，感知价值对消费者参与纸基复合包装物回收意愿产生显著正向影响；感知风险对消费者参与意愿产生显著正向影响；环境卫生对消费者参与意愿产生显著正向影响；政策法规对消费者参与行为产生显著正向影响。广告宣传对消费者参与意愿的影响效果不显著。

分析报告选取了性别、年龄、学历、收入、居住时间五个控制变量，均为分类变量，因此需要进行多群组分析，检验结果见表 7.7。绩效期望影响消费者参与纸基复合包装物回收意愿的路径假设中，性别、34 岁以下的消费者、高中及以上学历的消费者、居住时间达 1 年以上的消费者、月收入 10000 元以下的消费者，对路径的影响效果显著，其余变量对路径影响均不显著；社会影响影响消费者参与纸基复合包装物回收意愿的路径假设中，性别、18~44 岁的消费者、高中和本科学历的消费者、居住时间不到 1 年或长达 3 年以上的消费者、年收入 5000 元以下或 10000 元以上的消费者，对路径的影响效果显著，其余变量对路径影响均不显著；努力期望影响消费者参与纸基复合包装物回收意愿的路径假设中，性别、18~24 岁的消费者、本科学历的消费者、居住时间为 3 年以下或 10 年及以上的消费者、月收入 5000 元以下的消费者，对路径的影响效果显著，其余变量对路径影响均不显著；感知价值影响消费者参与纸基复合包装物回收意愿的路径假设中，性别、收入、18~24 岁的消费者、本科及以上学历、居住时间为 1~5 年或 10 年及以上的消费者，对路径的影响效果显著，其余变量对路径影响均不显著；感知风险影响消费者参与纸基复合包装物回收意愿的路径假设中，性别、18~24 岁的消费者、本科及以上学历的消费者、居住 1 年以下的消费者、月收 5000 元以下的消费者，对路径的影响效果显著，其余变量对路径影响均不显著；环境卫生影响消费者参与纸基复合包装物回收意愿的路径假设中，性别、收入、18~24 岁的消费者、本科及以下学历的消费者、居住时间为 1~5 年或 10 年及以上的消费者，对路径的影响效果显著，其余变量对路径影响均不显著；政策法规影响消费者参与纸基复合包装物回收行为的路径假设中，性别、收入、44 岁及以下的消费者、本科及以上的消费者、居住时间 1 年以上的消费者，对路径的影响效果显著，其余变量对路径影响均不显著；消费者参与纸基复合包装物回收意愿影响参与行为的路径假设中，只有 45 岁及以上的消费者对路径影响不显著，其他变量影响均显著。

4. 基于 UTAUT 模型的外卖包装物分类回收行为研究

我国外卖行业规模巨大，涉及消费者超过 4 亿人，行业发展引发了包装物的大量消耗及其废弃后严重的环境影响。外卖包装物所引发的环境影响，具有全链条、跨介质、多主体、区域差异性等特征，其回收问题归根究底是消费者社会行为的结果，因此，研究外卖过程中产生的典型包装物的回收问题就必须落实到个体消费者身上。高校大学生作为外卖消费的重要参与者，研究影响其参与外卖包装物分类意愿和行为的因素对绿色校园的构建有重要的现实意义与理论意义。

（1）模型假设

核心变量方面，Venkatesh 等[67]在后期研究中发现促进因素在绩效期望与努力期望共同存在的情况下的影响程度低，因此保留原模型中的绩效期望、努力期望、社会影响三个变量，剔除促进因素变量；结合包装物自身的资源特性，引入感知价值变量；控制变量方面，包装物回收在中国起步晚，不存在经验作为参考；另外本研究指代的大学生包括本科生和研究生，在年龄上存在一定差异，故保留年龄因素的控制作用；考虑到大学生点外卖次数可能对其行为产生影响，因此选取频率作为控制变量进行分析。最终本研究选取绩效期望、努力期望、社会影响、感知价值作为核心变量，性别、年龄、频率作为控制变量构建 UTAUT 模型，并结合分析报告研究意图对研究变量进行定义同时提出研究假设。

第7章 典型包装物全生命周期溯源技术

表7.7 控制变量检验结果

研究路径	性别 男	性别 女	年龄 18岁以下	年龄 18~24岁	年龄 25~34岁	年龄 35~44岁	年龄 45岁及以上	学历 初中及以下	学历 高中	学历 本科	学历 研究生及以上	居住时间 1年以下	居住时间 1~3年	居住时间 3~5年	居住时间 5~10年	居住时间 10年及以上	收入 3000元以下	收入 3000~5000元	收入 5000~10000元	收入 10000元以上
参与意愿←绩效期望	0.033	***	0.046	***	0.011	0.377	0.158	0.372	0.030	***	0.008	0.586	0.047	0.001	0.004	0.058	***	***	***	0.722
参与意愿←社会影响	0.009	***	0.820	***	0.001	0.035	0.518	0.438	0.050	***	0.529	0.020	0.262	0.001	0.088	0.002	0.002	***	0.223	0.016
参与意愿←努力期望	***	0.002	0.455	***	0.312	0.299	0.071	0.189	0.105	***	0.974	0.001	0.012	0.555	0.249	0.005	***	***	0.193	0.655
参与意愿←感知价值	***	***	0.764	***	0.011	0.859	0.012	0.405	0.182	***	0.007	0.320	***	0.035	0.104	***	***	0.003	0.052	***
参与意愿←感知风险	0.138	***	0.743	***	0.183	0.624	0.977	0.630	0.538	0.039	0.006	0.001	0.260	0.817	0.796	0.107	0.009	0.066	0.328	0.401
参与意愿←环境卫生	***	***	0.286	***	***	0.028	0.136	0.001	0.023	***	0.770	0.137	0.003	0.010	0.137	***	0.002	***	0.016	***
参与行为←政策法规	***	***	0.006	***	0.009	***	0.205	0.556	0.632	***	***	0.625	0.022	***	0.018	***	***	***	0.052	0.019
参与行为←参与意愿	***	***	***	***	***	***	0.315	***	***	***	***	***	***	***	***	0.001	***	***	***	***

绩效期望是指大学生对包装分类处理这一行为的认可程度，与技术接受理论中的感知有用性类似，大学生认为这一处理行为能够提高学习、生活环境的舒适度，进而增加大学生学习的积极性。郭捷[69]、马小龙等[68]研究指出绩效期望对居民意愿有显著正向影响，因此，分析报告提出的假设如下。

H1a：绩效期望对大学生参与外卖包装物分类处理有正向影响。

努力期望是指大学生对包装物分类处理时需要付出的努力程度，即包装物分类的难易程度。如果包装物分类过程是简单易操作的，大学生会更加愿意参与进来；相反，如果包装物分类过程是复杂烦琐的，大学生参与包装物分类的积极性便会降低。因此，分析报告提出的假设如下：

H2a：努力期望对大学生参与外卖包装物分类处理有正向影响。

马小龙等[68]学者研究指出社会影响对居民意愿有显著正向影响，社会影响是指大学生受周围人参与包装物分类回收的影响，自己也参与分类回收的影响程度。相关研究发现公众环境下人们的行为更容易趋向大众的行为表现。李武等[70]学者研究发现社会影响对参与意愿有显著正向影响，基于此，分析报告提出的研究假设如下：

H3a：社会影响对大学生参与外卖包装物分类处理的意愿有正向影响。

感知价值是指大学生对于废弃包装物价值的感知程度，面对资源的粗放型消费，大学生对于资源再利用这一问题的认同感越高，参与包装物分类处理的意愿越强，且Hsu等[71]学者研究发现感知价值对消费者意愿产生显著正向影响，因此，分析报告提出的研究假设如下：

H4a：感知价值对大学生参与外卖包装物分类处理意愿有正向影响。

控制变量的作用是指年龄、性别、频率能够调节核心变量对大学生行为意愿的影响程度，分析报告提出的研究假设如下：

H1b：年龄能够调节绩效期望对大学生参与分类意愿的影响程度。
H1c：性别能够调节绩效期望对大学生参与分类意愿的影响程度。
H1d：频率能够调节绩效期望对大学生参与分类意愿的影响程度。
H2b：年龄能够调节努力期望对大学生参与分类意愿的影响程度。
H2c：性别能够调节努力期望对大学生参与分类意愿的影响程度。
H2d：频率能够调节努力期望对大学生参与分类意愿的影响程度。
H3b：年龄能够调节社会影响对大学生参与分类意愿的影响程度。
H3c：性别能够调节社会影响对大学生参与分类意愿的影响程度。
H3d：频率能够调节社会影响对大学生参与分类意愿的影响程度。
H4b：年龄能够调节感知价值对大学生参与分类意愿的影响程度。
H4c：性别能够调节感知价值对大学生参与分类意愿的影响程度。

第 7 章　典型包装物全生命周期溯源技术

H4d：频率能够调节感知价值对大学生参与分类意愿的影响程度。

修正后结构模型如图 7.7 所示。

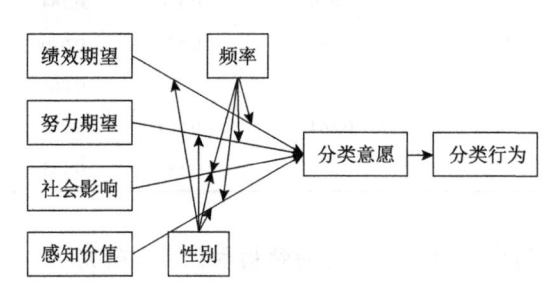

图 7.7　修正后结构模型

（2）问卷调查与数据分析

问卷问项的设计参考现有文献的相关内容，并结合模型中涉及的六个主要变量设计而成，主要包含两部分，第一部分是基本信息的调查，第二部分是针对六个主要变量设计的相关问项。问卷初步形成后，首先对 15 名同学进行了预调查，依据反馈结果对问卷存在的问题进行修正，形成最终问卷。问卷采用线上线下两种方式在某高校发放，其中线上回收 276 份，线下回收 141 份，剔除无效问卷 38 份，共获得有效问卷 379 份。问卷统计显示，男性占比 43.8%，女性占比 56.2%，调查对象是本科生（60.2%）和研究生（39.8%）。在点外卖的频率方面，每月 2~4 次与每月 1 次的频率相当，分别是 26.6%和 30.6%，而每周 1 次占比为 22.2%，每周 5~6 次占比 10.8%，从来不点外卖的占比 9.8%。

对数据进行分析之前，需要对问卷数据进行信度与效度分析以保证量表的有效性和可靠性。本研究采用 SPSS 22.0 进行检验。信度方面，选择 Cronbach's α 系数与组合信度（CR）来检验量表检测结果是否存在内部一致性，一般 Cronbach's α 值与组合信度均大于 0.7 表示信度可以被接受，从表 7.8 可以看出，除社会影响的 Cronbach's α 值为 0.690（小于 0.7，仍在可以接受的范围之内）之外，其他变量的 Cronbach's α 值均在 0.7 之上，因此可以判断该问卷具有很好的内部一致性；效度方面，KMO 除绩效期望、社会影响略小于 0.7 之外（仍在可以接受的范围之内），其余变量值均大于 0.7，且各变量的显著性水平为 0.000，说明整体效度良好，模型整体解释能力良好。

表 7.8　问卷信度与效度检验结果

变量名称	测量项目	Cronbach's α	CR	KMO	显著性水平
绩效期望	3	0.711	0.749	0.645	0.000

续表

变量名称	测量项目	Cronbach's α	CR	KMO	显著性水平
努力期望	4	0.826	0.710	0.784	0.000
社会影响	4	0.690	0.834	0.676	0.000
感知价值	4	0.930	0.930	0.861	0.000
分类意愿	3	0.864	0.804	0.738	0.000
分类行为	3	0.880	0.881	0.733	0.000

5. 外卖包装物消费主体社会行为的结构方程模型研究

（1）结构方程模型

分析报告使用的核心变量均无法直接观测，需要通过量表问项间接反映，属于潜在变量，而结构方程模型的特点就是为难以直接观测的潜变量提供一个可以观测和处理的分析工具。该模型由瑞典统计学家、心理测量学家 Jöreskog 提出，现已在心理学、社会学和管理学得到广泛应用。因此，分析报告采用结构方程模型对数据进行分析，运用 AMOS 22.0 软件对数据进行处理，初步检验结果如表 7.9 所示。从表中可以看出，社会影响对大学生参与意愿影响的显著性水平为 0.504，显然不在显著性水平之内，即原假设 H3a 不成立，H3b、H3c、H3d 假设同样不成立，其他假设的检验结果的显著性水平均在可以接受范围之内，因此需要删除社会影响这一核心变量，对原模型进行调整。修正后模型路径检验结果如表 7.10 所示，从表中可以看出各路径均到达显著性水平，说明修正后的假设基本得到证实。

表 7.9　模型路径系数

研究假设	非标准化估计	标准化估计	S.E.	C.R.	显著性水平	检验结果
参与意愿←绩效期望	0.359	0.293	0.069	5.185	***	接受
参与意愿←努力期望	0.256	0.249	0.049	5.220	***	接受
参与意愿←感知价值	0.680	0.788	0.052	13.11	***	接受
参与意愿←社会影响	−0.043	−0.030	0.064	−0.667	0.504	拒绝
分类行为←参与意愿	0.956	0.937	0.053	18.05	***	接受

表 7.10　修正后模型标准化路径系数

研究路径	路径系数	Estimate	S.E.	C.R.	P	检验结果
参与意愿←绩效期望	0.360	0.295	0.075	3.947	***	接受
参与意愿←努力期望	0.140	0.122	0.055	2.217	0.027	接受

续表

研究路径	路径系数	Estimate	S.E.	C.R.	P	检验结果
努力期望←绩效期望	0.750	0.776	0.085	9.110	***	接受
感知价值←绩效期望	0.570	0.668	0.073	9.138	***	接受
参与意愿←感知价值	0.540	0.392	0.039	10.090	***	接受
分类行为←参与意愿	0.980	1.284	0.096	13.403	***	接受

从表 7.10 中可以看出各路径均到达显著性水平，且通过对模型拟合度的检验（表 7.11），模型整体各拟合指标均在可接受范围之内，部分拟合指标拟合度较高，说明模型整体拟合性较好，模型检验结果具有可信度。修正后结构模型如图 7.8 所示。

表 7.11 模型拟合度检验

拟合指标	判断标准 可接受	判断标准 好	本模型拟合值	检验结果
χ^2/df	<3		2.674	接受
GFI	>0.7	>0.9	0.918	接受
AGFI	>0.7	>0.9	0.886	接受
CFI	>0.7	>0.9	0.961	接受
RMSEA	<0.08	<0.05	0.067	接受
NFI	>0.7	>0.9	0.940	接受

(2) 外卖包装物回收的社会行为分析

1) 绩效期望、努力期望、感知价值对大学生参与意愿有显著正向影响。

由结果可知，绩效期望对大学生参与意愿有显著正向影响；努力期望对大学生参与意愿有显著正向影响；感知价值对大学生参与意愿有显著正向影响。大学生对参与外卖包装分类益处的认同感越强烈，其参与外卖包装分类处理的意愿越大；外卖包装物分类难易程度越低，大学生参与分类的意愿越大；大学生对资源再利用这一观点的认同感越高，参与包装物分类处理的意愿越大。

外卖包装物的回收利用的实现首先需要政府、学校等部门采取适宜的鼓励激励措施增强大学生对包装物剩余可利用价值的认知，可以通过宣讲会、实践活动等形式向大学生普及废弃包装物的回收利用价值以及再生利用能力，从而提升大学生参与外卖包装分类回收的意愿。其次，政府等相关部门需要制定统一的外卖包装标准来规范品类，简化废物包装物的分类品类，降低外卖包装废弃物的分类难度，进而提升大学生参与外卖包装分类处理的意愿，最终影响其分类行为，真正实现对外卖包装物的合理高效回收。

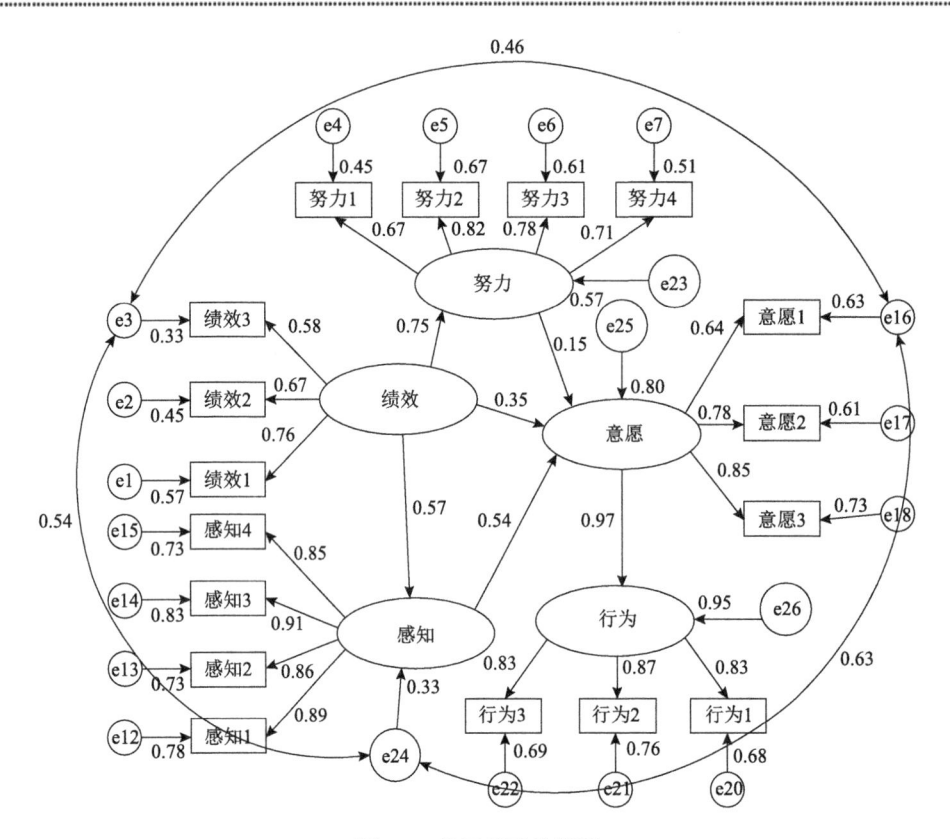

图 7.8 修正后结构模型

2）努力期望、感知价值有部分中介作用。

从结构方程的修正模型中可以看出，努力期望与感知价值可能是绩效期望与分类意愿的中介，因此需要验证二因子中介效用的存在。本研究利用 Bootstrap 技术（2000 次抽样），PRODCLIN2 程序估计间接效果的标准误及信赖区间。MacKinnon 指出在 95%的置信度下偏差校正 Bootstrap 置信区间中不包含 0，说明中介效用存在。从表 7.12 的结果中可以看出，95%的置信度下，绩效期望对参与意愿的总效用、直接效用、间接效用的置信区间均未包含 0，说明努力期望、感知价值中介效用的存在，而绩效期望影响感知价值进而影响参与意愿以及绩效期望影响努力期望进而影响参与意愿的间接效用的置信区间分别为（0.171，0.370）、（0.009，0.208），均未包含数值 0，说明努力期望、感知价值的中介效用为部分中介效用，而非完全中介作用，同时也再次验证了绩效期望对大学生参与外卖包装分类意愿有直接正向显著影响。其中当努力期望为中介变量时，绩效期望对参与意愿的影响程度为 0.11（0.75×0.15）；当感知价值为中介变量时，绩效期望对参与意愿的影响程度为 0.31（0.57×0.54）；绩效期望对参与意愿的直接影响程度为 0.35。通过对比可以看出感知价值的中介效用大于努力期望的中介效用（0.31>0.11），但两者均小于绩效期望对参与意愿的直接影响（0.35>0.31>0.11），说明当大学生对参与外卖包装分类益处的认同感增加时，首先会直接对其参与意愿产生影响，其次才会影响大学生对外卖包装价值的认知度，进而影响大学生的参与意愿，最后才是努力期望。

表 7.12 中介效用检验结果

变量		点估计值	自举检验				95%的间接效用置信区间	
			95%的偏差校正置信区间		95%的百分位置信区间			
			下限	上限	下限	上限	下限	上限
绩效期望→参与意愿	总效用	0.651	0.495	0.839	0.495	0.839		
	间接效用	0.356	0.221	0.530	0.219	0.527		
	直接效用	0.295	0.144	0.496	0.128	0.478		
绩效期望→感知价值→参与意愿	间接效用						0.171	0.370
绩效期望→努力期望→参与意愿	间接效用						0.009	0.208

3）参与意愿对分类行为有显著正向影响。

由表 7.13 的检验结果可知，参与意愿对分类行为影响的显著性水平为 0.000，说明原假设参与意愿对分类行为有正向显著影响的假设成立，即大学生参与外卖包装废弃物分类处理的意愿越大，其最终对外卖包装垃圾进行分类处理的可能性越强，具体影响程度从图 7.8 中可以看出为 0.97，这一结果证实了参与意愿是影响大学生分类行为的重要因素。

控制变量检验：本研究选取的三个控制变量均为分类变量，因此运用多群组检验的方式对三个控制变量进行检验，设置哑变量对控制变量进行研究，将男性、本科分别设置为 1，女性、研究生分别设置为 2，频率按照 1 到 5 的顺序设置，具体结果如表 7.13 所示，可以看出性别与学历除对绩效期望与感知价值路径无影响，其他路径均能有显著性影响，其中男性比女性更容易对绩效期望与感知价值产生显著性影响，学历的高低不会对绩效期望与感知价值路径产生显著性影响；而大学生消费频率仅对绩效期望与参与意愿、绩效期望与努力期望、参与意愿与分类行为路径产生显著性影响。

表 7.13　控制变量检验结果

研究路径	性别 男	性别 女	频率1	频率2	频率3	频率4	频率5	学历 本科生	学历 研究生
参与意愿←绩效期望	6.435***	6.384***	3.759***	3.421***	4.443***	5.378***	4.163***	7.668***	4.841***
参与意愿←努力期望	5.631***	6.968***	4.504***	4.353***	2.995***	5.474***	0.902	8.216***	4.416***
参与意愿←感知价值	2.644***	3.060***	2.632***	2.323***	0.930	2.027***	0.573	3.080***	3.125***
感知价值←绩效期望	2.204***	0.947	−0.325	0.462	0.792	2.469***	0.577	0.119	1.853
努力期望←绩效期望	7.286***	7.685***	1.441***	5.377***	5.148***	6.149***	2.384***	7.034***	7.468***
分类行为←参与意愿	11.633***	13.784***	10.444***	7.996***	6.242***	10.445***	3.997***	15.181***	9.454***

7.2　典型包装物全生命周期追溯体系设计

7.2.1　典型包装物追溯体系构建

1. 需求分析

为了对典型包装物回收利用链条进行跟踪分析，需要建立涵盖对典型包装物追溯信息采集和信息分析体系，搭建信息数据库与管理监控平台。

因此，需要在对行为主体的行为分析基础上，结合研发的快速识别技术，对典型包装物产品信息、回收信息、处置利用信息进行采集，初步构建典型包装物全生命周期追溯信息大数据平台，研究基于系统设计、软件分析及大数据分析等技术，建立起操作简洁、可调控、可视化的信息系统架构，建立覆盖产品全生命周期的信息系统。并形成对系统的管理、维护和使用的长效管理机制，使系统能够不断地扩展和完善，保证数据的一致性、及时性、准确性，为不断搜集、采集、更新并核证生产者履责信息提供基础[72]。

2. 总体构架

图 7.9 为包装物追溯系统的总体思路，典型包装物追溯体系需要依托包装物追溯系统实现。

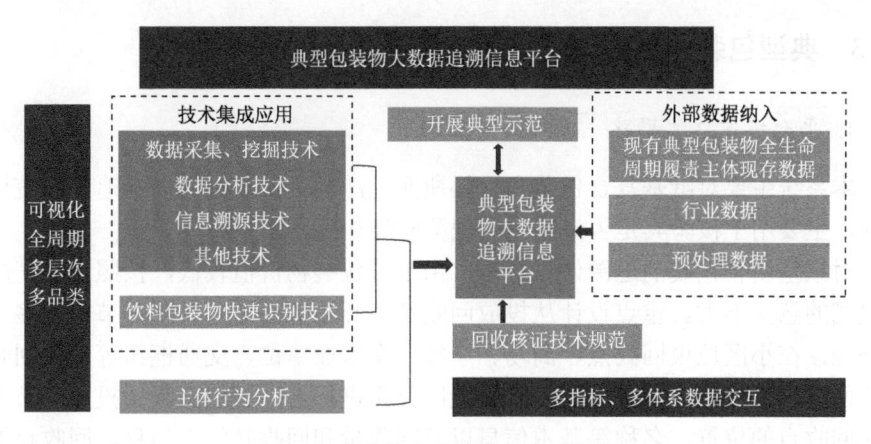

图 7.9　包装物追溯系统思路示意图

3. 结构设计

综合运用数据采集技术、数据存储技术、数据挖掘技术、数据分析技术、信息追溯技术等信息技术进行技术集成与应用；在对行为主体的行为分析基础上，基于研发的快速识别技术，构建典型包装物全生命周期追溯信息大数据信息平台；研究基于系统设计技术、软件技术及大数据分析技术等方法，建立起操作简洁、可调控、可视化的信息系统架构，建设覆盖多品类产品全生命周期的信息大数据平台；基于数据交互拆分、结构与非结构数据存储相结合等方法构建数据多层次存储结构，建立能够实现多指标、多体系数据交互功能的系统；运用已制定的规范回收核证技术规范，结合典型包装物全生命周期履责主体现存数据、行业数据及预处理数据等现有可获得数据建立并试运行典型包装物大数据追溯信息平台，对企业履责信息进行验证；协助开展典型示范，依托典型试点地区完成典型包装物全生命周期追溯大数据信息平台的初步搭建和测试工作，同步协调进行数据采集工作，同时对于平台相关系统和功能进行测试、分析和完善。

7.2.2　辅助技术分析——快速识别技术

通过研发的快速识别技术，可对饮料包装进行多角度多方位二维图像数据采集，可实现对饮料包装的多角度多方位图像识别，识别效果佳；可对饮料包装进行三维影像识别，实现对饮料包装进行整体式识别，可有效减少误差，对饮料包装图像识别分类效果更佳；可对系统设备的温湿度监测数据、烟雾监测数据、视频监测数据和运行监测数据进行监测，便于及时发现设备故障及时处理，保证系统正常运行，可有效保证饮料包装识别的准确性，提高包装物追溯信息准确性。

7.2.3 典型包装物全生命周期追溯大数据平台设计

1. 平台搭建总体思路

本系统主要对纸基复合包装和饮料瓶两类产品进行全生命周期追溯系统框架设计，主要用于核验其是否最终进入规范回收和处置体系。

对纸基复合包装的追溯体系建设，由于该包装物价值较低，按照单个产品进行追溯的意义不大。重点设计从投放回收环节开始进行追溯。此环节包括多种回收途径，在小区垃圾回收点、商场、学校、企事业单位、交通枢纽等建设回收点进行回收，另外，也布置投放一些智能回收箱进行自助智能回收。投放环节主要收集回收点的位置、名称等基本信息以及回收量和回收时间等信息。回收点的智能回收箱每回收满一箱后进行打包，并赋予一个二维码 A，工作人员将包括回收点的位置、名称、回收质量等录入后实时同步到系统。在下一个中转回收环节中，扫描二维码 A，中转位置、中转时间和流向等信息即可实时录入。到达终端回收处置场所后扫描二维码 A，录入处置利用信息，跟踪追溯其流向。对于生产环节的数据和信息，主要由生产商、品牌商或行业来提供。

对塑料瓶的追溯体系建设，以押金制作为支撑前提，考虑建立前期单一追溯、后期集中追溯体系，其追溯流程共包含五个环节。生产环节的主要信息由企业提供，销售环节数据暂无，未来可通过押金制来实现；回收环节中主要通过智能回收箱进行回收，每个回收箱有唯一二维码，包含回收点的位置、名称等基本信息，客户通过微信扫描智能回收箱二维码进行投放，投放的信息实时录入到系统，每个收集满一箱后进行打包并生成二维码 A，包括回收量等信息，并关联里面所有单个塑料瓶的回收信息且实时录入到系统；回收中转环节通过扫描二维码 A 进行位置、时间等信息的录入和追溯；到达终端回收处置场所后扫描二维码 A，录入处置利用信息。

2. 数据库框架设计

根据饮料纸基复合包装物特性，表 7.14 及表 7.15 阐述了数据库基本框架。

表 7.14 包装物（饮料纸基复合包装）全生命周期追溯框架

信息	信息/数据来源	信息/数据采集方式	信息/数据录入方式	补充说明
一、生产环节数据				
1. 市场投放量	生产商（如利乐等）	数据直接录入	由生产商提供	行业整体水平大概有 70 万 t

续表

信息	信息/数据来源	信息/数据采集方式	信息/数据录入方式	补充说明
2. 客户废料	品牌工厂（如伊利、蒙牛等）	数据直接录入	由品牌工厂提供	
3. 工厂废料	生产商（如利乐等）	数据直接录入	由生产商提供	行业整体水平大概在5%，30万t
二、投放环节数据				
4. 回收途径	人工回收：小区垃圾回收点/商场/学校/企事业单位/交通枢纽	扫描二维码+人工填写录入	扫描每个采集点的固定二维码，采集点工作人员将回收途径选好后自动导入系统	
	在以上点位设置智能自助回收箱	扫描二维码（智能投放箱）	每个智能回收箱都有一个唯一二维码，位置信息等直接导入到系统	
5. 具体回收位置	同上	扫描二维码+人工填写录入	扫描每个采集点的固定二维码，采集点工作人员将具体回收位置信息填好后自动导入系统	
6. 回收时间		扫描二维码+人工填写录入	每400个包装袋进行集中打包，形成一个二维码A，工作人员扫描二维码A将回收量信息填好后自动实时导入系统	
		扫描二维码（智能回收机）	智能回收机回收：用户直接扫描回收机的二维码进行投放，投放的包装信息及投放时间等信息自动实时导入系统	
7. 回收量		扫描二维码+人工填写录入	每400个包装袋进行集中打包，形成一个二维码A，工作人员扫描二维码A将回收量信息填好后自动实时导入系统	
		扫描二维码	智能回收机回收：每回收满一个回收箱后打包形成新的二维码A，链接本次回收到的所有包装物信息	
三、回收中转环节数据				
8. 中转名称及位置	垃圾中转站	扫描二维码+人工填写录入	垃圾中转站工作人员通过扫描打包袋上的二维码A进行填写后自动实时导入系统	
9. 中转时间	现场（线上）	扫描二维码自动录入	中转站工作人员扫描打包袋上的二维码A后自动实时将到达时间及离开时间导入系统	
10. 回收去向（企业）		扫描二维码+人工填写录入	中转站工作人员扫描二维码A将回收去向企业填好后自动实时导入系统	

续表

信息	信息/数据来源	信息/数据采集方式	信息/数据录入方式	补充说明
四、处置利用环节数据				
11. 处置利用企业		扫描二维码+人工填写录入	处置利用企业工作人员扫描打包袋上的二维码A后将企业信息填好后,将到达时间自动实时导入系统	
12. 处置利用形式及数量		扫描二维码+人工填写录入	处置利用企业工作人员扫描打包袋上的二维码A将处置利用的形式及相应数量填好后自动实时导入系统	

表7.15 包装物(塑料瓶式包装)全生命周期追溯框架

信息	信息/数据来源	信息/数据采集方式	信息/数据录入方式
一、生产环节数据			
1. 市场投放量	生产商(如珠海中富等)	数据直接录入	由生产商提供
2. 废料率	品牌工厂(如康师傅、可口可乐等)	数据直接录入	由品牌工厂提供
3. 生产日期和批次	生产商	数据直接录入	由生产商提供信息和数据,人工录入
4. 生产材料	生产商	数据直接录入	由生产商提供信息和数据,人工录入
二、销售环节数据			
	目前暂无法实现数据追溯,暂不设计主要数据填报		
三、回收环节数据			
5. 智能自助回收箱		扫描二维码	每个智能回收箱都有一个唯一二维码,位置信息等直接导入系统
6. 回收时间		扫描二维码	用户直接扫描回收箱的二维码进行投放,投放的包装信息及投放时间等信息自动实时导入系统
7. 回收量		扫描二维码	每回收满一个回收箱后打包形成新的二维码A,链接回收到的所有包装物信息
四、回收中转环节数据			
8. 中转名称及位置	垃圾中转站	扫描二维码+人工填写录入	垃圾中转站工作人员通过扫描打包袋上的二维码A进行填写后自动实时导入到系统
9. 中转时间	现场(线上)	扫描二维码自动录入	中转站工作人员扫描打包袋上的二维码A后自动实时将到达时间及离开时间导入系统
10. 回收去向(企业)		扫描二维码+人工填写录入	中转站工作人员扫描二维码A将回收去向企业填好后自动实时导入系统

续表

信息	信息/数据来源	信息/数据采集方式	信息/数据录入方式
五、处置利用环节数据			
11. 处置利用企业		扫描二维码+人工填写录入	处置利用企业工作人员扫描打包袋上的二维码A后将企业信息填好后，将到达时间自动实时导入系统
12. 处置利用形式及数量		扫描二维码+人工填写录入	处置利用企业工作人员扫描打包袋上的二维码A将处置利用的形式及相应数量填好后自动实时导入系统

3. 技术路线

本系统是基于 J2EE 架构设计和开发的。应用服务器初步选择 JBoss wildfly 10.1 for Linux（可以移植到 JBoss wildfly 10.1 J2EE 平台），而数据库系统选择的是 Microsoft 公司的 SQL Server 2016 企业版（也可以移植到其他大型数据库管理系统）。系统从总体结构上来讲，主要采用 B/S（浏览器/服务器）体系结构使得用户只需通过浏览器即可轻松完成各种信息处理，简单易用。另外系统容易部署，大大缩短了信息系统实施周期，节省管理费用，集中管理、统一维护、分类有序存放信息数据，使得系统维护、升级、扩充更方便，并且可针对集团企业组合和扩展迅速做出相应的系统调整和变化，极大地适应了用户在不同环境和条件下的需求。系统从架构设计上来讲将会采用 J2EE 的分层方式来设计，同时结合大数据平台系统的特点，具体实现提供多个层次的设计。

4. 架构技术实现

从设计到开发完全直接面向业务内容划分业务模块，避免对技术的深层次依赖，具有松耦合、高性能、高安全性、高并发用户、低网络流量等诸多特点，整体的架构完全遵循 SUN 公司的 J2EE 规范，采用了 Java 技术，如 Servlet、JSP、JDBC Pool 等。客户端基于模型、视图和视图模型（MVVM）架构采用 HTML、JavaScript、CSS 技术，服务端采用模型、控制（MC）层次架构，统称 MVVM-MC。模型提供应用业务逻辑实体对象（如数据对象类）；视图则是其在屏幕上的显示（如 HTML 页面、JSP 页面），完全采用了构件化技术开发，可重用性好、二次开发容易；使用 AJAX 等进行客户端和服务器端通信，具有极低的网络流量，运行和响应速度非常快；控制器则是通过 Servlet 和业务模型控制引擎实现，从而更好地提供了扩展性。与目前市场比较流行的 SSH（spring-struct-hibernate）框架相比，综合性能提升 5~10 倍以上，同时使得并发用户也以相应倍数提高，在可维护性、可扩展性及二次开发方面也变得非常容易。

本系统所采用的技术框架见图 7.10。

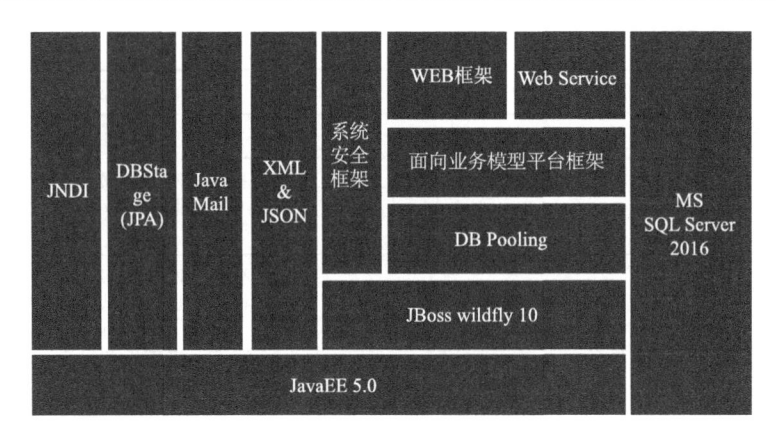

图 7.10　主要结构技术图

5. 架构和设计工作流程

主要包括系统所包含的端口（表 7.16）、技术和架构特点（表 7.17）、UE/UI（user experience/user interface）设计（表 7.18）、开发功能明细（表 7.19）、系统测试（表 7.20）、运维工作（表 7.21）六个部分。

表 7.16　系统所包含的端口

序号	端口	端口作用	端口说明
1	小程序	满足各环节输入信息使用	XHTML+XCSS
2	PC	满足工作人员管理使用	HTML+CSS
3	服务器	提供前后端应用数据支持	PHP7.1+MySQL 5.7+Redis

表 7.17　技术和架构特点

序号	技术点	概述	说明
1	设计模式	高可用、低耦合、负载均衡	服务端要居于高可用、低耦合的设计模式，在接口服务设计中基于微服务开发模式，将功能模块进行拆分。在访问量提高的时候，方便负载高的模块加入负载均衡，而不影响到其他模块正常服务
2	数据库	读写分离	MySQL 采用读写分离模式，方便平行扩展
3	中间件	NoSQL 型数据存储	使用 C 开发原生 Redis 开发中间件，PHP 链接 Redis 使用连接池，避免了反复链接消耗服务器性能，同时该中间完成使用多个 Redis 数据同步的问题，完成 Redis 负载均衡服务
4	数据加密	数据层加密	使用自定义加密算法，保证数据资料过程中的安全性，在网络传输数据交互中，所有数据统一加密
5	网络加密	HTTPS	在网站和数据服务端通信中，使用 HTTPS 协议进行传输和交互数据
6	硬件加固	防火墙	开通防火墙功能，主要抵抗 DDOS 攻击和入侵黑客

第 7 章　典型包装物全生命周期溯源技术

表 7.18　UE/UI 设计

序号	类别	设计内容	说明与步骤
1	UE 设计	网站原型制作	设计低保真原型图，能够点击产生交互效果，页面直接，逻辑表述清楚 对网站和运营后台的输入和输出边界规定，业务流程梳理
2	UI 设计	网站设计	和网站的 LOGO 设计风格保持一致性，说明平台统一出品 以 LOGO 配色为参考，针对性设计内容页，实现信息一致性、风格整体性、页面关联性、UI 元素原有性 风格整体性：内容页面设计应具有结构及色彩的一致性、导航以及背景的统一，可不完全一样，如在导航方面，导航内容、顺序一样，色彩可以采用统一系列的不同色彩等 UI 元素原有性：在网站设计中，个别具有特色的元素（如标准、象征图形、局部设计）重复出现，这些特别元素保持一致性

表 7.19　开发功能明细

平台	模块	功能点	功能明细	小程序	PC
回收追溯信息系统	前端功能	登录注册	微信授权登录	√	
		创建垃圾信息	选择垃圾分类 — 饮料纸基复合包装	√	
			选择垃圾分类 — 塑料瓶式包装	√	
			输入数量	√	
			选择回收站/分拣点	√	
			输入总质量	√	
		生成二维码	包含垃圾类型、数量、总质量	√	
			回收/分拣时间	√	
			回收站、分拣点信息	√	
		垃圾信息更新	扫二维码，获取垃圾信息	√	
			添加处理站点信息	√	
			选择站点处理方式	√	
		个人中心	微信头像、昵称	√	
			回收站/分拣点信息完善 — 输入站点名称	√	
			回收站/分拣点信息完善 — 完善站点位置信息	√	
			查看历史回收记录 — 回收时间	√	
			回收垃圾分类	√	
			回收垃圾总质量	√	
			回收垃圾数量	√	

续表

平台	模块	功能点	功能明细	小程序	PC
回收追溯信息系统	前端功能	个人中心	当前回收进度（回收中/已利用）	√	
			当前回收站点	√	
			意见反馈　提交反馈意见至平台	√	
			使用指南　常见问题及使用指南	√	
			系统设置　检查更新、版本详情等	√	
	后台功能	登录	只有后台管理用户登录		√
			账号在系统管理发布		√
		数据中心	垃圾收集量　显示垃圾收集质量，可按分类查看比较，也可以按周、年等统计比较		√
			回收完成率　统计垃圾回收完成率等情况		√
			回收周期统计　统计垃圾回收周期		√
		分类管理	管理平台各类一二级分类，如垃圾分类、区域分类等		√
		垃圾管理	查看平台各垃圾情况		√
			垃圾列表　可按时间排序		√
			可按站点分类筛选		√
			可导出成 Excel		√
			垃圾详情　可查看垃圾详情、二维码		√
			可对垃圾记录进行增删改查等操作		√
		回收站/分拣点管理	查看站点列表信息		√
			站点列表　可按地区筛选站点		√
			可直接搜索关键词搜索站点		√
			可查看站点基础月回收量等		√
			可查看站点详情		√
			站点管理　编辑站点		√
			新增站点		√
			删除站点		√
		系统管理	意见反馈　查看并回复用户反馈信息		√
			其他系统相关设置		√

表 7.20 系统测试

序号	工作节点	测试内容	测试说明
1	联调阶段	网站	网站功能完整性测试，主要测试网站的功能是否完整完成，界面是否一比一还原高保真
		运营后台数据服务端	运营后台发布数据，检测网站前端是否正常展示，功能是否齐全 网站的数据展现和数据端接口是否一致
2	测试阶段	小程序测试	稳定性、安全性：测试小程序长时间运行稳定及数据安全 连接速度测试：测试每个界面展示速度 耗电量：测试小程序长时间运行消耗电能是否较少 兼容性：多机型是否能够正常运行
		运营后台	稳定性、安全性：测试数据端服务器的运行状态、承载访问量、响应速度、容错能力等性能指标 程序及数据库测试：测试程序及数据库安全 网页兼容性测试：测试网页频繁打开是否出现死页状况 链接及表单设计：测试所有链接是否按指示的那样确实链接到正确页面、测试所连接的页面是否存在、保证 Web 应用系统上没有孤立的页面 连接速度测试：测试连接速度
		性能测试	负载测试：在某一负载级别下，检测系统的实际性能 压力测试：测试系统的限制和故障恢复能力
		安全性测试	基本测试：包括色彩的搭配，连接的正确性，导航的方便性和正确性，CSS 应用的统一性 技术测试：安全性（服务器安全，脚本安全），可能有的漏洞测试，攻击性测试，错误性测试
3	部署阶段	整体测试	网站运营后台和数据服务端整体流程完整跑通，并且删除掉测试数据，保证线上系统完整

表 7.21 运维工作

序号	类型	维护项目	说明
1	安全维护	SQL 注入保护	对用户输入进行校验，以防止 SQL 恶意注入导致的信息泄漏等安全问题
		加密传输	对网站传输内容进行加密，以防止信息被恶意拦截后造成的信息泄漏
		账户安全加密	账户信息保护功能，增强所有形式账户在服务器端的存储安全性
		防暴力破解	在提交表单时添加验证码形式的防暴力破解系统
		账户行为安全策略	根据用户账户使用习惯制定的服务器安全响应及用户行为引导策略，尽可能防止因用户操作不当导致的各种损失
		服务器安全配置	对服务器进行安全配置

续表

序号	类型	维护项目	说明
1	安全维护	SSL 加密指令	安全套接字层协议（secure sockets layer，SSL）及其继任者传输层安全协议（transport layer security，TLS）是为网络通信提供安全及数据完整性的一种安全协议。TLS 与 SSL 在传输层与应用层之间对网络连接进行加密
2	维护修复	功能错误修复	针对开发过程中造成的功能性错误及时进行修复
		页面设计修复	针对网站页面视觉设计的错误及时进行修复
		恶意攻击修复	针对恶意攻击网站导致的各类问题及时进行修复

6. 运行环境要求

网络要求：网络带宽不低于 20M，建议网络带宽 50M 及以上。为了保障系统安全，建议在出口处配置含有 IPS 模块的防火墙，用于过滤具有攻击特征的数据包、控制访问规则及入侵防御。

硬件要求：CPU，2.80GHz；内存，8GB；硬盘，500G，或高于以上配置。

软件要求：大数据平台服务器的操作系统采用 Linux。在应用服务层，大数据平台采用 MS SQLServer 2016 公司的 JBoss wildfly 10.1 Server 10。在数据管理层，大数据平台采用微软公司开发的 MS SQLServer 2016 企业版数据库。

7. 界面设计风格

以下是系统部分主要功能界面的示例图。图 7.11 展示了针对回收人员的包装物垃圾回收信息汇总页面。图 7.12 为对于集中打包的包装物进行信息录入的界面，

图 7.11　包装物垃圾回收信息汇总界面

图 7.12　创建信息编辑界面

可选择包装物种类（复合包装或饮料瓶）和回收点位，并填写打包的包装物数量、质量及完整程度信息。图 7.13 为二维码生成废旧包装物追溯信息，即回收记录界面，在工作人员扫描包装物打包后外包上的二维码后，展示该包装物包裹的种类（复合包装或饮料瓶）、回收路径以及回收中转过程中的质量变化，既可以对回收过程进行追溯，也可以查询遗失情况并减少遗失的发生。图 7.14 为追溯数据后台页面，可将采集所得的包装物追溯信息汇总分析并对于数据采集者、数据采集地点进行管理。

图 7.13　二维码生成废旧包装物追溯信息界面

图 7.14　后台追溯信息管理界面

7.3 我国典型包装物生产者责任履责情况

7.3.1 我国典型包装物行业现状及 EPR 制度推进

1. 生产行业现状

（1）饮料纸基复合包装

在 2020 年初《国家发展改革委 生态环境部关于进一步加强塑料污染治理的意见》的推动下，我国纸基包装行业既迎来了新的发展机遇，同时也面临着新的挑战[72, 73]。中国一年生产纸基复合包装约 600 亿个，基本上每人每年消费 40 余个，一个月人均 3.5 个以上。目前，此类包装回收率约为 20%，一般来说它的回收来源包括家庭消费端和工业废弃物（残次品的边角料，主要是从生产环节、加工环节淘汰报废出来的包装物）。除了回收难题，饮料行业产品种类丰富，对于纸基包装的性能要求有所不同，这对于饮料纸基包装行业提出了更高的创新要求。

（2）PET 瓶

从生产量来看，中国瓶级 PET 的生产量始终大于消费量，其生产量从 2016 年的 758 万 t 增长至 2019 年的 1044 万 t，为 PET 瓶净出口国。2019 年内需消费量高达 575 万 t，约占全球的 23.8%。目前，瓶装水和瓶装饮料是 PET 瓶主要的消费领域。从国内的 PET 瓶下游消费领域分布来看，瓶装水和瓶装饮料是主要的消费领域，总占比高达 75%。其中，瓶装水消费占比 41%，是瓶级 PET 最主要的消费领域，碳酸饮料 8%，果蔬汁 8%，其他瓶装饮料 18%[74]。

2. 回收利用行业现状

（1）饮料纸基复合包装

饮料纸基复合包装废弃物主要来源于两个方面：一是生产过程中产生的一定数量的废膜、废料及边角料；二是使用后丢掉的废弃物。饮料纸基复合包装废弃物回收再利用产生的利润低于废钢铁、废弃电器电子产品等再生资源，同时饮料纸基复合包装废弃物再生利用技术要求高于废纸、废金属等再生资源，在很长一段时间内没有引起企业和公众的重视，大量的纸基复合包装物混入一般生活垃圾处置。纸基复合包装由于含有铝或塑料等复合材料，不易降解，给垃圾处置带来很大困难，逐渐成为社会关注的焦点。

2019 年，我国饮料纸基复合包装废弃物回收利用量为 18 万 t，回收利用率为 25.7%。我国从事饮料纸基复合包装回收利用的大型企业有 10 家左右，其中北京、上海、浙江、广东等地的企业发展规模较大，回收量占全国回收量的70%以上。

（2）PET瓶

在我国，PET瓶回收率全球领先，有关数据显示，2020年PET瓶回收率已达到94%以上。然而目前我国PET回收清洗企业总体规模小且分散，小型回收清洗企业由于工艺技术受限，无法将分拣的PET瓶达到瓶级再生的标准，因此我国目前再生PET超75%的终端产物为纺织品，仅实现一次再生利用，为降级循环[75]。

我国再生PET回收来源主要有三大类：一是废旧聚酯饮料瓶；二是废旧聚酯包装膜；三是废旧纺织品。其中，废旧聚酯饮料瓶是我国再生PET的主要回收来源，占比超过60%。中国物资再生协会再生塑料分会统计结果显示，2019年废塑料回收行业，废弃PET回收量最大，总量达630万t，其中废弃PET瓶422万t，其他废弃PET为208万t。2019年，我国PET瓶物理回收率超过70%，远超我国废塑料30%的平均物理回收率。中国再生PET瓶片加工企业数量多，规模大小不一，江浙、福广、鲁冀等地区是再生瓶片加工厂的主要聚集地。

3. 我国EPR制度推进

（1）政策环境

当前，中国传统的生产源污染治理难题尚未得到根本解决，生活源污染问题日益凸显，特别是废弃物回收利用成为社会关注焦点。推行EPR制度是近年来国际社会应对废弃物治理问题的普遍政策选择，在全球很多国家的废弃物管理实践中得到广泛推行。

《中华人民共和国清洁生产促进法》（中华人民共和国主席令2012年第54号）中第二十条规定"产品和包装物的设计，应当考虑其在生命周期中对人类健康和环境的影响，优先选择无毒、无害、易于降解或者便于回收利用的方案。企业对产品的包装应当合理，包装的材质、结构和成本应当与内装产品的质量、规格和成本相适应，减少包装性废物的产生，不得进行过度包装"。

《中华人民共和国循环经济促进法》（中华人民共和国主席令2018年第16号）中第十五条中规定"生产列入强制回收名录的产品或者包装物的企业，必须对废弃的产品或者包装物负责回收；对其中可以利用的，由各该生产企业负责利用；对因不具备技术经济条件而不适合利用的，由各该生产企业负责无害化处置。对前款规定的废弃产品或者包装物，生产者委托销售者或者其他组织进行回收的，或者委托废物利用或者处置企业进行利用或者处置的，受托方应当依照有关法律、行政法规的规定和合同的约定负责回收或者利用、处置。对列入强制回收名录的产品和包装物，消费者应当将废弃的产品或者包装物交给生产者或者其委托回收的销售者或者其他组织。强制回收的产品和包装物的名录及管理办法，由国务院循环经济发展综合管理部门规定"。

2015年9月，中共中央、国务院印发《生态文明体制改革总体方案》，提出"实行生产者责任延伸制度，推动生产者落实废弃产品回收处理等责任"的改革任务。中国自2012年正式在电器电子产品领域实施EPR制度，但实施效果不理想，政策推行出现很大的困难，加快研究背后的原因，提出中国实施EPR制度的政策建议，构建适合国情的EPR制度已迫在眉睫。

2016年12月，国务院办公厅印发了《生产者责任延伸制度推行方案》（国办发〔2016〕99号），明确生产者责任延伸制度是指将生产者对其产品承担的资源环境责任从生产环节延伸到产品设计、流通消费、回收利用、废物处置等全生命周期的制度。《生产者责任延伸制度推行方案》提出，到2020年，生产者责任延伸制度相关政策体系初步形成，产品生态设计取得重大进展，重点品种的废弃产品规范回收与循环利用率平均达到40%。到2025年，生产者责任延伸制度相关法律法规基本完善，产品生态设计普遍推行，重点产品的再生原料使用比例达到20%，废弃产品规范回收与循环利用率平均达到50%。《生产者责任延伸制度推行方案》规定的责任范围包括开展生态设计、使用再生原料、规范回收利用、加强信息公开，并率先建立电器电子、汽车、铅酸蓄电池和包装物4类产品骨干生产企业履行生产者责任延伸情况的报告和公示制度，引入第三方机构对企业履责情况进行评价核证，对严重失信企业实施跨部门联合惩戒。在饮料纸基复合包装方面，规定在国家层面制定、分解落实回收利用目标，并建立完善统计、核查、评价、监督和目标调节等制度。

2020年12月，《饮料纸基复合包装生产者责任延伸制度实施方案》（发改办环资〔2020〕929号）（以下简称《方案》）提出要发挥饮料纸基复合包装生产（进口）企业主体责任，鼓励引导饮料灌装企业、商贸零售企业、回收利用企业、消费者共同参与。《方案》要求到2025年，饮料纸基复合包装领域生态设计更广泛开展，废弃饮料纸基复合包装的资源化利用率力争达到40%。《方案》规定的主要延伸责任包括：开展生态设计、加强信息公开、规范回收利用以及发布履责报告四方面内容。《方案》不仅有助于落实饮料纸基复合包装生产者责任延伸制度，提高废弃饮料纸基复合包装的资源化利用率，还有助于回收体系建设，提高消费者垃圾分类意识，推动我国各地目前广泛开展的垃圾分类回收工作的开展，发挥协同作用。

2021年9月，国家发展改革委、生态环境部会同有关部门在充分总结以前塑料污染治理经验和规律的基础上，制定印发了《"十四五"塑料污染治理行动方案》，聚焦塑料污染的本质和主要矛盾，进一步完善塑料污染全链条治理体系，进一步细化了塑料使用源头减量、塑料垃圾清理、回收、再生利用、科学处置等方面的部署。同时，聚焦重点环节、重点领域、重点区域，积极推动塑料生产和使用源头减量、科学稳妥推广塑料替代产品，加快推进塑料废弃物规范回收利用，着力提升塑料垃圾末端安全处置水平，大力开展塑料垃圾专项清理整治，大幅减少塑料垃圾填埋量和环境泄漏量，推动白色污染治理取得明显成效。该方案提出，到2025年，塑料污染治理机制运行更加有效，地方、部门和企业责任有效落实，塑料制品生产、流通、消费、回收利用、末端处置全链条治理成效更加显著，白色污染得到有效遏制。在源头减量方面，商品零售、电子商务、外卖、快递、住宿等重点领域不合理使用一次性塑料制品的现象大幅减少，电商快件基本实现不再二次包装，可循环快递包装应用规模达到1000万个。在回收处置方面，地级及以上城市因地制宜基本建立生活垃圾分类投放、收集、运输、处理系统，塑料废弃物收集转运效率大幅提高；全国城镇生活垃圾焚烧处理能力达到80万吨/日左右，塑料垃圾直接填埋量大幅减少；农膜回收率达到85%，全国地膜残留量实现零增长。在垃圾清理方面，重点水域、重点旅游景区、农村地区的历史遗留露天塑料垃圾基本清零。塑料垃圾向自然环境泄漏现象得到有效控制。

2021年9月，中共中央、国务院印发的《关于完整准确全面贯彻新发展理念做好碳达峰碳中和工作的意见》（以下简称《意见》）指出，发展"双碳目标"是着力解决资源环境约束突出问题、实现中华民族永续发展的必然选择。《意见》强调，把节约能源资源放在首位，实行全面节约战略，持续降低单位产出能源资源消耗和碳排放，提高投入产出效率，倡导简约适度、绿色低碳生活方式，从源头和入口形成有效的碳排放控制阀门。大力推动节能减排，全面推进清洁生产，加快发展循环经济，加强资源综合利用，不断提升绿色低碳发展水平。扩大绿色低碳产品供给和消费，倡导绿色低碳生活方式。把绿色低碳发展纳入国民教育体系。开展绿色低碳社会行动示范创建。凝聚全社会共识，加快形成全民参与的良好格局。

近年来，国家为了鼓励资源回收再生，相继出台并实施了一系列扶持政策，同时在污染防治攻坚战的不断推动以及环保督查力度不断加强的情况下，中国再生资源回收行业呈现快速增长态势。数据统计显示，2020年中国再生资源回收总量达35100万t，2011~2020年年均增长率为8.8%。再生资源将在"双碳"目标实现过程中起到重要的作用，再生资源行业也将迎来新的发展契机。根据第十九届五中全会通过的"十四五"规划建议，加快推动绿色低碳发展、持续改善环境质量、提升生态系统质量和稳定性、全面提高资源利用效率等将是"十四五"期间的发展重点，再生资源行业符合国家政策导向。由此可见，中国再生资源行业后期发力空间较大。

（2）标准体系

废复合包装是指在生产和使用过程中，丧失使用功能或不符合产品标准的，以纸、塑料、金属中一种材料为基本结构主体，与其他材料经过复合工艺加工制成的包装。废复合包装包括生产过程中产生的多材质包装废料、残次品和使用后的多材质包装废弃物，此类包装物属于低值再生资源，由于其回收利用价值低，有效的回收利用渠道还未建立，大多只能做填埋或焚烧处理。

为了规范废复合包装物的回收行为，2015年3月1日，中国物资再生协会牵头起草的行业标准《废纸塑铝复合包装物回收分拣技术规范》（SB/T 11110—2014）正式实施。该标准规定了废纸塑铝复合包装物的术语和定义、回收要求、分拣要求、分离要求、贮存要求和运输要求，被废复合包装回收利用行业企业广泛采用。2020年6月2日，《废复合包装分选质量要求》（GB/T 38925—2020）获得国家市场监督管理总局、国家标准化管理委员会批准发布（2020年第14号中国国家标准公告），并于2020年12月1日起正式实施。《废复合包装分选质量要求》规定了废复合包装的分拣要求、分级质量要求、抽样检测方法，并对废复合包装的类别进行了划分。其中，将纸基废复合包装分为了纸/塑料、纸/金属箔、纸/塑料/金属箔三类，纸/塑料类别包括食品包装用纸塑复合包装材料的膜、袋、方便面碗和水泥袋等；纸/金属箔类包括牛皮纸复合铝箔包装袋和铝箔纸等；纸/塑料/金属箔类包括砖包、纸包、屋顶包等饮料纸基复合包装和纸铝箔塑复合牛皮纸包装袋等。该标准的实施应用能够更好地指导行业企业对废复合包装进行回收利用，提高其再生产品的附加值，有效提升废复合包装的回收利用效率，同时，也为《饮料纸基复合包装生产者责任延伸制度实施方案》的实施提供强有力的技术支撑。

7.3.2 我国典型包装物生产者责任履责情况分析

1. 生产者责任履责情况概述

2020年12月11日，国家发展改革委办公厅、住房城乡建设部办公厅、商务部办公厅和市场监管总局办公厅共同印发《饮料纸基复合包装生产者责任延伸制度实施方案》。该方案要求饮料纸基复合包装生产（进口）企业发挥市场主体作用，推动形成可持续的商业模式，并提出了"十四五"时期饮料纸基复合包装领域履行生产者责任延伸制度的主要目标，为饮料纸基复合包装领域推进生产者责任延伸制度提供行动指南，并为其他领域推行生产者责任延伸制度提供有益借鉴。该方案提出的主要延伸责任包括：开展生态设计、加强信息公开、规范回收利用、发布履责报告。

2021年12月29日，北京资源强制回收产业技术创新战略联盟饮料纸基复合包装回收利用专委会发布《饮料纸基复合包装生产者责任延伸履责报告2020》（以下简称《履责报告》）。《履责报告》选取专委会5家生产企业：利乐（中国）有限公司、康美包（苏州）有限公司、纷美包装有限公司、山东碧海包装材料有限公司、乐美包装（昆山）有限公司作为评价对象，上述5家生产企业在饮料纸基复合包装市场的合计市场份额超过80%，具有较高的代表性[74, 76]。

典型企业履责情况如下所述。

（1）山东碧海包装材料有限公司

山东碧海包装材料有限公司建于1985年，专注于乳品、饮料等液态食品灌装设备的研发与制造。主要生产无菌纸盒灌装机及配套设备、纸塑铝复合液态食品无菌包装纸。拥有加工中心等先进机械设备，装备有世界先进的德国戴维斯纸塑铝复合液体食品包装纸生产线，可年生产无菌纸盒灌装机及配套设备200余台，纸塑铝复合液体食品包装纸90亿个。作为饮料纸基复合包装回收利用专委会成员，以行业自律模式共同履行生态设计、信息公开、回收利用等资源环境责任，提高废弃饮料纸基复合包装的资源化利用率，并联合发布《饮料纸基复合包装生产者责任延伸履责报告2020》。

（2）纷美包装有限公司

选材方面：纷美无菌包装取自天然，归复天然。企业一直坚持推广和使用负责任的森林认证纸板，以确保原材料生产和自然生态可持续发展的一致性。所有工厂都通过了产销监管链（COC）认证，未来的目标是全部采用认证纸板。努力降低因使用木材而对环境造成的影响，并采取可补偿的手段，让更多的树木得以保护。

制造方面：纷美包装身体力行保护生态环境，在工厂建厂和运行期间实施低碳、节能方针。纷美包装坚持使用安全清洁的水性油墨，以保护消费者的健康利益。在山东工厂、内蒙古工厂和德国哈雷工厂，都建立了环境和职业健康安全管理体系，在确保员工在安全的环境下开展生产的同时，通过技术改造、生产工艺优化等持续提升环境效益，打造绿色工厂。

循环利用方面：无菌纸盒包装拥有成熟的回收利用技术。纷美包装积极倡导行业联盟对无菌纸盒包装的回收再利用项目，大力支持各项无菌包装的回收再利用活动。注重节能技术的应用，更多利用可再生资源创造包材更大的效能，符合绿色消费趋势的无菌纸盒对地球环境保护与永续发展做出贡献。作为饮料纸基复合包装回收利用专委会成员，以行业自律模式共同履行生态设计、信息公开、回收利用等资源环境责任，提高废弃饮料纸基复合包装的资源化利用率，并联合发布《饮料纸基复合包装生产者责任延伸履责报告2020》。

（3）乐美包装（昆山）有限公司

乐美包装（昆山）有限公司是集研发、生产和营销为一体的综合基地，主要致力于研发、生产和销售食品包装行业的纸质无菌包材及纸质容器业务，创新、质量、环境是乐美包装发展的核心理念。随着全球消费者环保意识的提升，乐美包装正在逐步发挥自己的作用。在砖包装产品范围内，乐美引入了 LamiNatural 方案（一种可持续的包装解决方案），在其包装产品中提供最低的碳足迹并包含了可持续性设计，盒体由外层生物基聚合物涂层和一个未漂白的纸板组成，在生产和运输过程中产生较低的碳足迹影响，还能减少化学品的使用和自然资源的浪费，对臭氧损耗的影响能降低 9%，减轻对自然资源的压力超过 10%，产品系列碳足迹更低。

（4）利乐（中国）有限公司

长期以来，利乐（中国）有限公司在经营活动中强调可再生（renewing）、减量化（reducing）和可循环（recycling），从原材料使用、产品设计到生产运作乃至消费后包装的回收再利用，着眼于整个供应链降低对环境的影响。从经营理念、环保目标、产品设计、原材料采购、使用可再生能源、供应商管理、生产过程、与客户分享节能技术和经验，直至推动消费后包装的回收再利用，利乐始终坚持有节制地使用和保护可再生资源，将环保的理念贯彻于完善的产品生命周期管理之中。《2019 可持续发展报告》显示，自 2010 年以来，利乐在整个价值链中已累计节约排放多于 1000 万 t 二氧化碳当量，已投入 2000 万欧元用于支持回收基础设施的扩建。利乐正通过可再生包装、可持续的开口方式、使用回收再生材料、通过设计助力回收等措施建立低碳循环经济。利乐也将打造可持续的回收价值链，以确保纸包装被妥善地收集、分类和回收再利用，并在整个价值链中持续创造价值。作为饮料纸基复合包装回收利用专委会成员，利乐以行业自律模式共同履行生态设计、信息公开、回收利用等资源环境责任，提高废弃饮料纸基复合包装的资源化利用率，并联合发布了《饮料纸基复合包装生产者责任延伸履责报告 2020》。

2. 履责绩效评价体系设计

（1）设计思路

以生产者责任延伸制度为基础，综合《中华人民共和国固体废物污染环境防治法》《中华人民共和国清洁生产促进法》《饮料纸基复合包装生产者责任延伸制度实施方案》《中华人民共和国循环经济促进法》等法律法规的相关规定，饮料包装物生产者履责绩效指标框架如图 7.15 所示。

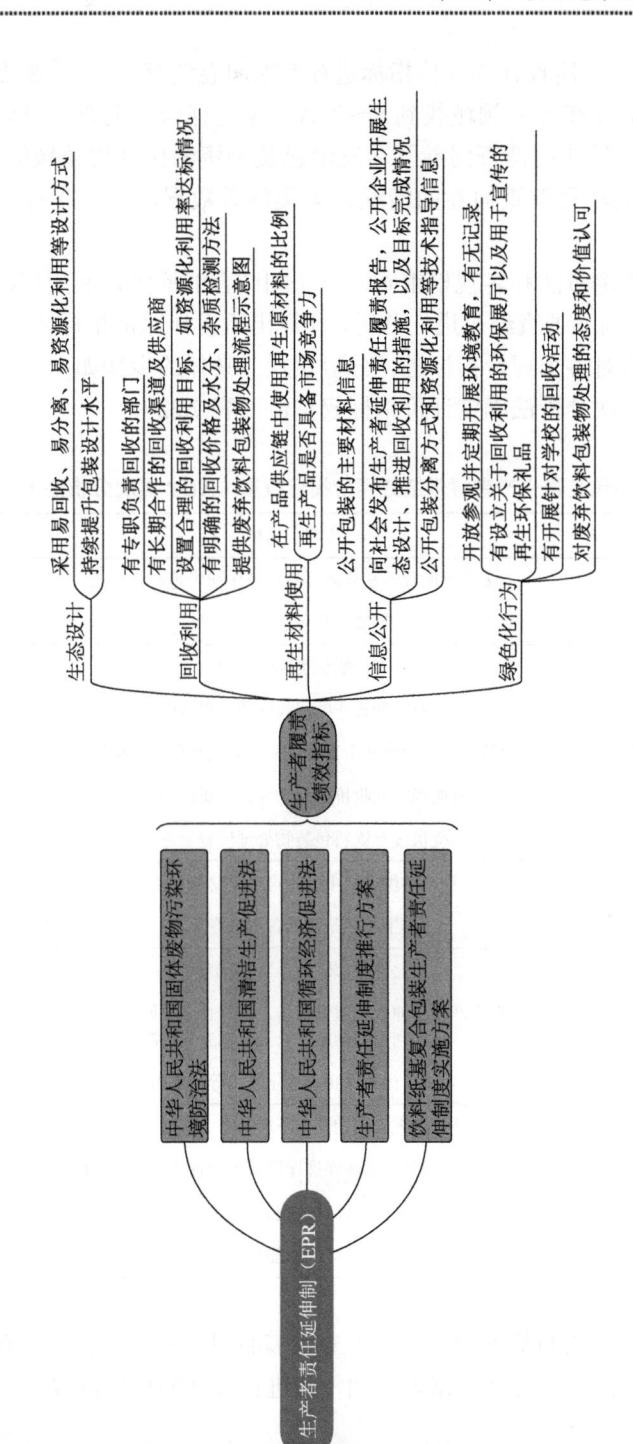

第 7 章　典型包装物全生命周期溯源技术

图 7.15　生产者履责绩效指标框架

采用 1~9 标度法对所设计的评价指标进行专家问卷调查。并且根据专家问卷调查规范的要求，需要在专业领域找到 5~7 名专家进行问卷调查，以保证问卷调查数据真实可靠。随即将调查问卷匿名发给包装物资源化利用领域的 6 名资深专家，汇总专家们填写调查问卷的情况，采集问卷数据，进行指标权重的测算分析。

按照主观权重确定方法和客观权重确定方法相结合的原则，利用层次分析法结合熵值法，对专家问卷调查结果进行分析，计算出所设计评价指标体系的权重，便于最终科学合理地对各个评价指标进行分值设置。具体的步骤如下所述。

第一步：利用层次分析法确定评价指标权重值（表 7.22）。

表 7.22 饮料包装物生产者履责绩效评价指标权重（AHP 层次分析法）

准则层指标	权重值	方案层指标	权重值
生态设计	0.1517	采用易回收、易分离、易资源化利用等设计方式	0.5672
		持续提升包装设计水平	0.4328
回收利用	0.4485	有专职负责回收的部门	0.2228
		有长期合作的回收渠道及供应商	0.1204
		设置合理的回收利用目标，如资源化利用率达标情况	0.2718
		有明确的回收价格及水分、杂质检测方法	0.2106
		提供废弃饮料包装物处理流程示意图	0.1744
再生材料使用	0.1749	在产品供应链中使用再生原材料的比例	0.7904
		再生产品是否具备市场竞争力	0.2096
信息公开	0.1404	公开包装的主要材料信息	0.2417
		向社会发布生产者延伸责任履责报告，公开企业开展生态设计、推进回收利用的措施，以及目标完成情况	0.3287
		公开包装分离方式和资源化利用等技术指导信息	0.4296
绿色化行为	0.0845	开放参观并定期开展环境教育，有无记录	0.0763
		有设立关于回收利用的环保展厅以及用于宣传的再生环保礼品	0.7254
		有开展针对学校的回收活动	0.0658
		对废弃饮料包装物处理的态度和价值认可	0.1325

第二步：层次分析法的基本数据是基于专家们的问卷调查进行，具有较强的主观性，因此结合熵值法以客观数据为基础，来进行客观的权重测算（表 7.23）。

表 7.23　饮料包装物生产者履责绩效评价指标权重（EM 熵值法）

准则层指标	权重值	方案层指标	权重值
生态设计	0.2863	采用易回收、易分离、易资源化利用等设计方式	0.4655
		持续提升包装设计水平	0.5345
回收利用	0.1084	有专职负责回收的部门	0.1486
		有长期合作的回收渠道及供应商	0.1470
		设置合理的回收利用目标，如资源化利用率达标情况	0.2323
		有明确的回收价格及水分、杂质检测方法	0.2387
		提供废弃饮料包装物处理流程示意图	0.2334
再生材料使用	0.1217	在产品供应链中使用再生原材料的比例	0.4227
		再生产品是否具备市场竞争力	0.5773
信息公开	0.2680	公开包装的主要材料信息	0.2768
		向社会发布生产者延伸责任履责报告，公开企业开展生态设计、推进回收利用的措施，以及目标完成情况	0.3494
		公开包装分离方式和资源化利用等技术指导信息	0.3738
绿色化行为	0.2156	开放参观并定期开展环境教育，有无记录	0.2538
		有设立关于回收利用的环保展厅以及用于宣传的再生环保礼品	0.2372
		有开展针对学校的回收活动	0.2510
		对废弃饮料包装物处理的态度和价值认可	0.2580

第三步：基于层次分析法和熵值法的权重结果确定综合权重。利用 θ 和 ρ 来分别表示主客观权重的相对重要性程度，运用矩阵对主客观权重的重要系数 θ_i 和 ρ_i 进行相应的计算，如下所示：

$$\begin{cases} \theta_i = \dfrac{v_i}{v_i + w_i} \\ \rho_i = \dfrac{w_i}{v_i + w_i} \end{cases} \quad (7.13)$$

基于 θ_i 和 ρ_i 的计算结果得到综合权重 q_i。

$$q_i = \dfrac{v_i \theta_i + w_i \rho_i}{\sum_{i=1}^{n} v_i \theta_i + w_i p_i} \quad (7.14)$$

通过计算，最终所得到的综合权重向量为：$Q=[q_1, q_2, \cdots, q_i]$。

饮料包装物生产者履责绩效评价指标综合权重见表 7.24。

表 7.24 饮料包装物生产者履责绩效评价指标综合权重

准则层指标	权重值	方案层指标	权重值
生态设计	0.2054	采用易回收、易分离、易资源化利用等设计方式	0.4287
		持续提升包装设计水平	0.5714
回收利用	0.3497	有专职负责回收的部门	0.2122
		有长期合作的回收渠道及供应商	0.2164
		设置合理的回收利用目标,如资源化利用率达标情况	0.2571
		有明确的回收价格及水分、杂质检测方法	0.1999
		提供废弃饮料包装物处理流程示意图	0.1144
再生材料使用	0.1122	在产品供应链中使用再生原材料的比例	0.3985
		再生产品是否具备市场竞争力	0.6015
信息公开	0.1796	公开包装的主要材料信息	0.2778
		向社会发布生产者延伸责任履责报告,公开企业开展生态设计、推进回收利用的措施,以及目标完成情况	0.3333
		公开包装分离方式和资源化利用等技术指导信息	0.3889
绿色化行为	0.1531	开放参观并定期开展环境教育,有无记录	0.3125
		有设立关于回收利用的环保厅以及用于宣传的再生环保礼品	0.1875
		有开展针对学校的回收活动	0.2477
		对废弃饮料包装物处理的态度和价值认可	0.2523

依据饮料包装物生产者履责绩效评价指标综合权重,最终确定的饮料包装物生产者履责绩效评价评分要求见表 7.25。

表 7.25 饮料包装物生产者履责绩效评价评分要求

准则层指标	分值/分	方案层指标	分值/分
生态设计	21	采用易回收、易分离、易资源化利用等设计方式	9
		持续提升包装设计水平	12
回收利用	35	有专职负责回收的部门	7
		有长期合作的回收渠道及供应商	8
		设置合理的回收利用目标,如资源化利用率达标情况	9
		有明确的回收价格及水分、杂质检测方法	7
		提供废弃饮料包装物处理流程示意图	4
再生材料使用	10	在产品供应链中使用再生原材料的比例	4
		再生产品是否具备市场竞争力	6

续表

准则层指标	分值/分	方案层指标	分值/分
信息公开	18	公开包装的主要材料信息	5
		向社会发布生产者延伸责任履责报告，公开企业开展生态设计、推进回收利用的措施，以及目标完成情况	6
		公开包装分离方式和资源化利用等技术指导信息	7
绿色化行为	16	开放参观并定期开展环境教育，有记录	5
		有设立关于回收利用的环保展厅以及用于宣传的再生环保礼品	3
		有开展针对学校的回收活动	4
		对废弃饮料包装物处理的态度和价值认可	4

（2）制定标准

推动实施饮料纸基复合包装生产者责任延伸制度的关键在于要以政府为主导，积极强化从事饮料纸基复合包装的生产（进口）企业，以及使用饮料纸基复合包装的饮料灌装企业的生产者延伸主体责任，提高复合包装材料的可回收性和资源化利用便利性，并依托自身销售渠道等多种途径，促进饮料纸基复合包装的回收利用效率。与此同时，政府相关部门要支持饮料纸基复合包装物的分类投放或集中分选，积极引导消费者形成废物分类回收利用的习惯，间接提升饮料纸基复合包装的资源化利用水平。

为有效支撑生产者责任延伸制度在饮料包装物领域的实施应用，中国物资再生协会牵头制定了《饮料包装物生产者履责绩效评价》（T/CRRA 9905—2021）和《生态设计产品评价规范 纸基复合包装》（T/CRRA 9904—2021）两项团体标准。其中，《饮料包装物生产者履责绩效评价》规定了饮料包装物生产者履责绩效评价的评价原则、基本要求、绩效指标、评价方式及方法，《生态设计产品评价规范 纸基复合包装》规定了纸基复合包装生态设计产品评价的评价要求、生命周期评价报告编制方法和评价方法，上述两项团体标准于2021年9月23日公布，并于2021年10月1日正式实施。

（3）实践案例

依据生产者履责绩效评价体系设计成果——饮料包装物生产者履责绩效评价指标权重及评分要求，发布实施了《饮料包装物生产者履责绩效评价》（T/CRRA 9905—2021）团体标准[74]，该项标准规定了饮料包装物生产者履责绩效评价的评价原则、基本要求、绩效指标、评价方式及方法，适用于第三方机构及饮料包装物生产者自身对饮料包装物生产者履责绩效水平进行评价，以及为饮料包装物生产者建立饮料包装物生产者履责绩效评价体系提供参考。为了更好地体现标准在推进建立饮料包装物生产者责任延伸制度中的基础性、引领性作用，邀请了山东碧海包装材料有限公司、纷美包装有限公司、康美包（苏州）有限公司、利乐（中国）有限公司等包装行业中的优势企业，参考该项标准对自身的饮料包装物生产者履责绩效水平进行自评价。结果表明，各个企业按照标准要求进行的自评价结果显示其绩效水平均可以达到最高级别——A级水平。

3. 履责困难

一是政策标准体系亟需健全。目前我国针对包装物的回收问题，也出台了一些法律、政策，如《中华人民共和国循环经济促进法》、《生产者责任延伸制度推行方案》等，这些法律法规基本确立了对饮料纸基复合包装实施生产者责任延伸制度的基本原则，而《饮料纸基复合包装生产者责任延伸制度实施方案》的出台进一步为饮料纸基复合包装实施生产者责任延伸制度的实际推广应用指明了方向。然而，我国现行的法律中，一些规定和条款内容过于零散、笼统，实际可操作性较差，存在饮料纸基复合包装物立法滞后的问题，完善的市场回收系统尚未建立，既缺乏统一的回收系统和组织，也缺乏统一的管理部门和回收技术标准、法规。

二是饮料纸基复合包装废弃物回收意识薄弱。现阶段，我国对饮料纸基复合包装物的回收和处置还不具备形成规模化和产业化的条件。尤其是饮料纸基复合包装，回收价值较低，一些企业、消费者的回收意识薄弱，生产企业也未履行生产者的回收义务和责任，灌装企业也鲜有参与复合包装的回收利用行动，大部分消费者没有对复合包装废弃物进行分类收集，使得很多纸基复合包装混杂在生活垃圾中被焚烧或填埋处理，造成了严重的资源浪费和环境污染。

三是回收效益低、难度大。饮料纸基复合包装不同于传统纸包或PET瓶的回收，受资源禀赋、回收成本、再利用难度的影响，目前该类包装物的回收并未受到重视，且还没有建立起高效、稳定的复合包装废弃物回收渠道，回收网点覆盖范围和回收数量较小，全国仅有几家专门回收纸基复合包装的企业，每家企业年回收处理能力一般在两三万吨，回收的纸基复合包装废弃物在品质和数量上均难以满足企业的要求。为了指导生产者责任延伸制度在饮料纸基复合包装上的实施，相关政府部门还需出台具体的实施细则，进一步推动制度的实施。

四是复合包装废弃物回收处理体系亟待完善。由于缺乏相关的宣传、教育工作，公众对包装废弃物的资源性和污染性缺乏认识，多数包装废弃物经流通消费后，被消费者当作生活垃圾随意丢弃，导致回收者进行收集的积极性不高。我国包装废弃物行业在区域上发展不平衡，在复合包装废弃物的综合利用方面，经济发达的珠三角、长三角、北京等地区实现了部分纸基复合包装物的回收再利用，西部地区及一些农村和偏远地区缺乏资源，环保意识薄弱，再生利用率较低，大多随生活垃圾处理处置。

4. 政策建议

一是制定包装废弃物相关政策标准。大部分包装废弃物由于其自身价值比较低、回收效率不高，属于低值再生资源。由于回收利用价值低，很难进入市场化回收利用渠道，政府在包装废弃物回收利用中应该发挥主导作用。可以在学习借鉴发达国家包装废弃物回收体系的经验基础上，建立相关行业回收体系的管理组织，加强法律监督，对较好完成指标的企业给予财政补贴或税费优惠。政府应尽快制订切实可行的包装废弃物回收利用的国家标准或行业标准，使包装废弃物回收利用走上标准化、规范化的轨道，回收利用或回收再生利用的包装废弃物符合相关产品包装或包装产品的质量标准和卫生标准。

二是加强包装废弃物回收体系建设。建立完善的包装废弃物资源回收体系，形成环环相扣的回收链，以此提高包装废弃物的回收效率。首先，要动员社会公众积极配合包装废弃物的回收工作，只有公众积极参与，才能实现包装废弃物分类。其次，在住宅区张贴包装废弃物回收知识、发放有关回收的宣传册。最后，开展一些既能调动人们积极性，又能促进包装废弃物回收的活动。各主要城市设立包装废弃物物流中心，负责废弃包装的回收、分类、分拣、运输、加工处理等物流活动。同时，回收机构和生产企业之间建立合作联盟关系，保证包装废弃物可以有效回收，变废为宝。材料生产商、产品包装商与包装废弃物处理商应形成自主循环体系，达成合作协议。材料的生产商及产品包装商可与当地的包装废弃物处理商达成协议，由材料商与包装商将生产线所生产的废弃材料或包装集中收集，由包装废弃物处理商进行定期收购处理，再辅以相对优惠的价格提供给材料商用作生产原料或提供给包装商用作外包装材料，形成自主循环体系，处理生产部分所产生的废弃资源。

三是建立合理的物流回收处理体系。鼓励生产企业、流通企业积极参与包装废弃物回收，逐步实行生产者、销售者责任延伸制。明确生产企业回收包装废弃物的责任，督促企业在设计和制造环节充分考虑产品废弃回收时的便利性和回收率，鼓励党政机关、企事业单位以及居民社区与回收企业建立包装废弃物定点定期回收机制，支持利用多种方式开展预约回收和交易，鼓励尝试押金回收、设置自动有偿回收机等灵活多样的回收方式，实现回收途径多元化，进一步做好包装废弃物回收体系建设试点工作。

7.4 典型包装物全生命周期识别溯源技术示范应用

7.4.1 典型包装物全生命周期大数据追溯信息平台

典型包装物全生命周期信息大数据平台的主要功能是对纸基复合包装和饮料

瓶两类产品进行全生命周期信息追溯,用于核验其是否最终进入规范的回收和处置体系。

1. 信息平台基本架构

建立典型包装物全生命周期大数据追溯信息平台,采用信息化手段对典型包装物在回收、转运、利用等各个环节的地点、质量、去向等数据进行全程监控管理,综合记录各个环节的数据,为后期典型包装物全生命周期追溯提供数据支持。追溯信息平台需要借助更多的信息化硬件设备,达到快速、有效采集追溯数据的目的。典型包装物大数据追溯信息平台的架构示意图见图7.16。

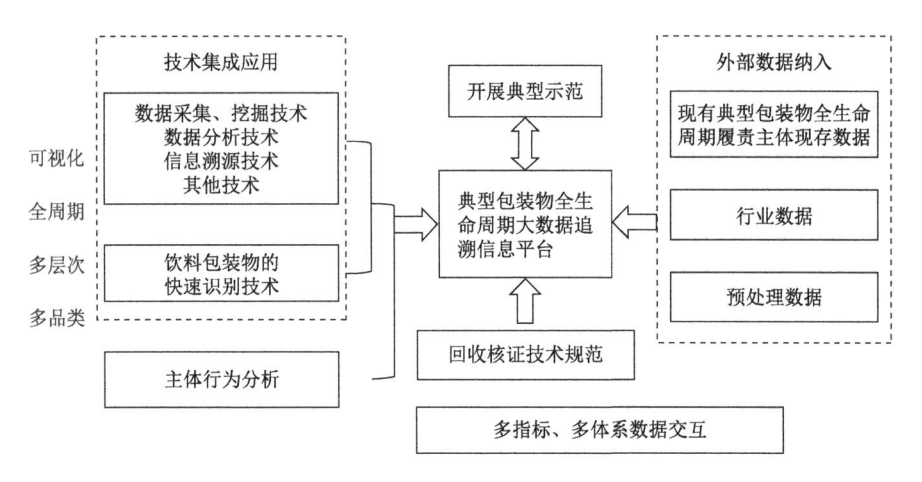

图 7.16 包装物追溯系统思路示意图

包装物在回收利用过程中的各个环节录入的数据最终都会被上传至典型包装物全生命周期大数据追溯信息平台中,后台可以实时查看其生命周期信息,如图7.17所示。

2. 基本操作流程

对纸基复合包装和饮料瓶两类产品,从投放回收环节开始追溯其生命周期。从投递开始,就对回收物流向进行全程追溯,投了什么、投了多少、什么时间清运等数据都实时可监控。此环节包括多种回收途径,如在学校、体育场馆等公共场所投放垃圾分类智能回收箱进行自助回收、统一清运。追溯系统主要收集回收站点的位置、名称、包装物类别等基本信息,以及回收质量和回收时间等关键信息。

图 7.17　后台追溯信息管理界面

回收点每回收一定数量的纸基复合包装，或智能回收箱每回收满一箱后，将其装袋并进行打包，每袋包装物赋予一个二维码 A，工作人员将回收点的位置、名称、回收质量等信息录入并同步到系统。此后，下一个中转回收环节的工作人员扫描袋子上的二维码 A，可将中转位置、中转时间和流向等信息录入并同步到系统。回收的包装物到达终端回收处置场所后，工作人员扫描二维码 A，录入最终的处置利用信息。至此，废弃的包装物从回收到中转到利用的全过程信息都被上传到了系统中，后续可以通过扫描二维码 A 得到包装物的生命周期信息，跟踪追溯其动态流向。对于生产环节的数据和信息，主要由生产商、品牌商或行业来提供。

智能回收装置回收典型包装物的工作流程如图 7.18 所示。

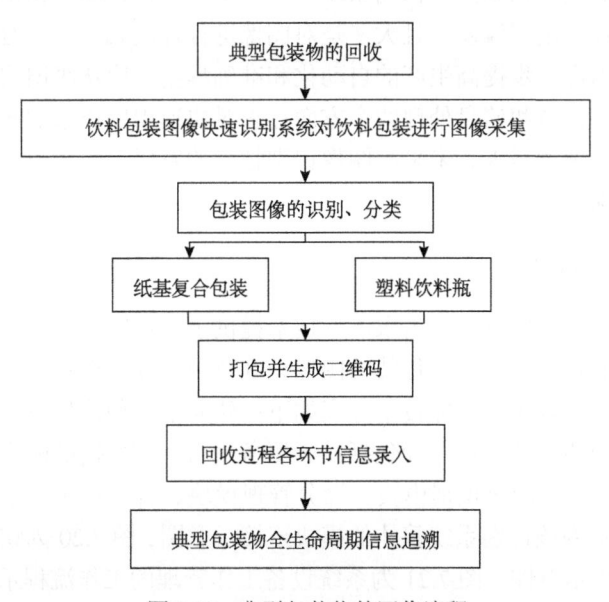

图 7.18　典型包装物的回收流程

7.4.2 饮料包装图像快速识别系统关键技术

1. 技术应用场景

目前国内企业研发出了各式各样的智能包装物分类回收箱。这类回收箱依托互联网、AI 等新技术，将可回收包装"变现"，成为垃圾回收领域的新生力量。智能回收箱本身能够进行智能的感知、判断和执行等工作，能够对投入包装物进行识别、分类、估值，并将对应奖励金返还给用户。不少使用过智能回收箱的居民对于扔垃圾的态度转变为从"不懂分类"转为"主动分类"。并且不仅仅是成年人从"不懂分类"变为"主动分类"，就连孩子们也发生了变化，从"随手扔"到"随手分"，甚至还会将捡拾到的瓶子等主动投进去。智能垃圾分类设备不仅能够调动群众参与垃圾分类的积极性，还提升了人民群众的幸福感和生活感。智能包装物回收设备打破了传统的回收方式，通过有偿兑换回收的方式接收居民投放的 PET 瓶、饮料纸基复合包装等垃圾，提高再生资源利用，为绿色生活贡献一份力量。

智能回收箱的核心技术是饮料包装的图像快速识别技术。该技术将视觉传感器和图像处理算法相结合，利用图像获取装置代替人眼功能，利用图像处理技术识别并获取所需的相关信息，能够准确分辨饮料包装物材质、颜色、来源、容量等关键信息，然后进行下一步操作。在传统回收装置操作不便捷的情况下，可在饮品包装回收方面应用图像识别技术。

但是现有的饮料包装图像识别系统具有以下局限性：图像识别范围较小，识别不够全面，容易出现偏差，且大多是对图像进行片段式识别，对饮料包装整体识别效果差。为进一步提高生产的自动化和准确程度，应从废旧饮料包装物的快速识别、分类、计量和信息处理四个方面寻求对快速识别技术的研究和突破，以满足企业生产的多种需求。未来，图像识别技术的发展趋势主要是智能化、集成化和多场景识别。

2. 核心技术内容

针对以上技术应用场景的需求，本技术提供了一种饮料包装的图像快速识别系统及方法，能够扩大对饮料包装的图像识别范围，提升识别准确率，强化对饮料包装的整体识别效果。具体技术方案如下：建立了一种饮料包装的图像快速识别系统。该系统的主要构成单元包括：云服务平台、AR 扫描模块、数据监测模块、AR 呈现模块、图像识别模块、筛分管理模块、警示模块、数据库和智能终端。图 7.19 所示为该识别系统整体的模块连接示意图。图 7.20 为饮料包装图像识别系统工作流程示意图，图 7.21 为系统设备工作管理的工作流程示意图，图 7.22

为系统设备工作管理与饮料包装识别的综合工作流程示意图。

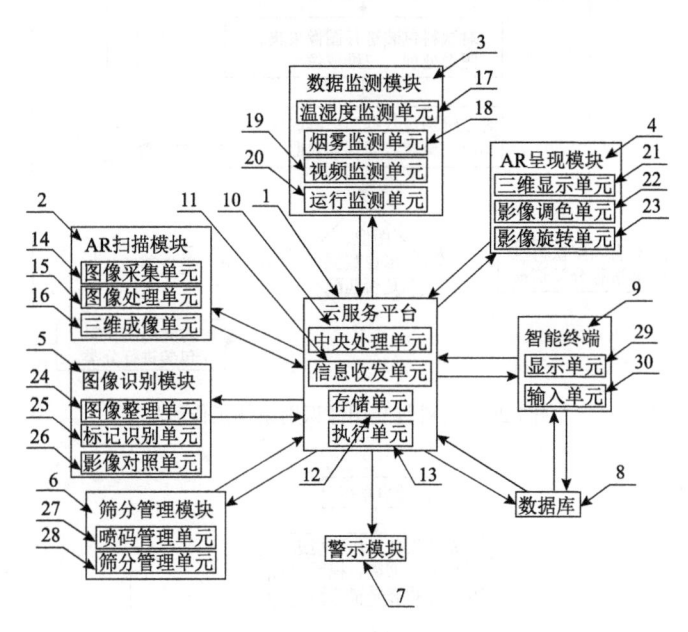

图 7.19　整体的模块连接框图

3. 具体实施方式

饮料包装的图像快速识别系统，主要包括云服务平台 1、AR 扫描模块 2、数据监测模块 3、AR 呈现模块 4、图像识别模块 5、筛分管理模块 6、警示模块 7、数据库 8 和智能终端 9，云服务平台 1 的输入端分别与 AR 扫描模块 2、数据监测模块 3、AR 呈现模块 4、图像识别模块 5、筛分管理模块 6、数据库 8 和智能终端 9 的输出端连接，云服务平台 1 的输出端分别与 AR 扫描模块 2、数据监测模块 3、AR 呈现模块 4、图像识别模块 5、筛分管理模块 6、警示模块 7、数据库 8 和智能终端 9 的输入端连接，数据库 8 的输出端与输入端均与智能终端 9 连接，云服务平台 1 包括中央处理单元 10、信息收发单元 11、存储单元 12 和执行单元 13，AR 扫描模块 2 包括图像采集单元 14、图像处理单元 15 和三维成像单元 16，AR 呈现模块 4 包括三维显示单元 21、影像调色单元 22 和影像旋转单元 23，图像识别模块 5 包括图像整理单元 24、标记识别单元 25 和影像对照单元 26，筛分管理模块 6 包括喷码管理单元 27 和筛分管理单元 28，智能终端 9 包括显示单元 29 和输入单元 30。

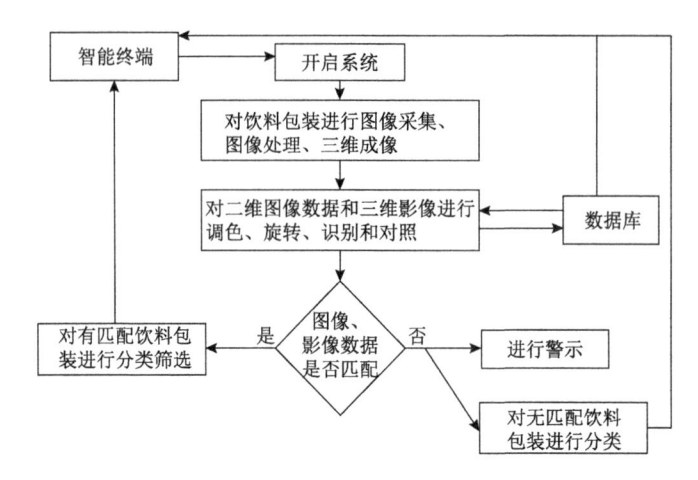

图 7.20　饮料包装图像识别系统工作流程

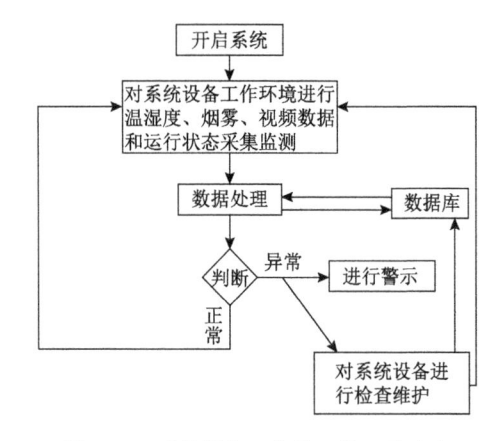

图 7.21　系统设备工作管理的工作流程

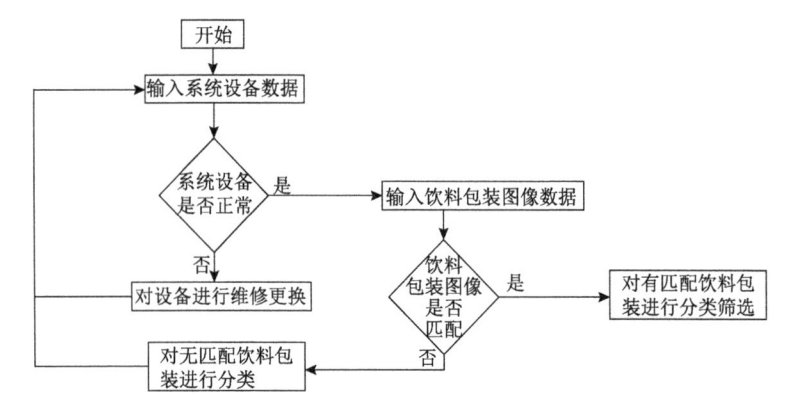

图 7.22　系统设备工作管理与饮料包装识别的综合工作流程

智能终端9为智能手机、平板电脑、联网计算机或其他智能设备，便于对系统中的各项数据进行查看和整理。

温湿度监测单元17设置两组，两组温湿度监测单元17分别设于系统设备壳体内部和外部，作用是对系统设备内外温湿度进行实时监测，监测数据更加准确。

烟雾监测单元18和视频监测单元19均设于系统设备外侧，对系统设备外部烟雾数据和视频数据进行监测。

运行监测单元20需始终与系统设备连接，对系统设备的运行状态进行监测。

警示模块7包括警示灯和蜂鸣器，警示灯和蜂鸣器均设于饮料包装识别处和监控室内部，在有需要的情况下对现场工作人员和远程监控人员起到警示作用。

图像采集单元14包括多个摄像头，分别安装在饮料包装识别区间的不同位置，保证能够对饮料包装进行多角度多方位图像数据采集。

存储单元12包括本地储存器和云储存器，可对系统数据进行双重储存，避免数据丢失。

喷码管理单元27为喷码机，喷码机对判定为"无匹配"结果的饮料包装进行喷码操作。

本技术方案还提供了一种饮料包装的图像快速识别系统的使用方法，包括以下步骤：

1）可通过智能终端9开启系统，AR扫描模块2中的图像采集单元14可对饮料包装进行多角度多方位二维图像采集，图像处理单元15可对二维图像数据进行分析处理，三维成像单元16可将二维图像数据整合成三维影像并将采集到的二维图像数据和三维影像数据发送到云服务平台1，云服务平台1将二维图像数据和三维影像数据发送到AR呈现模块4。

2）AR呈现模块4中三维显示单元21可对采集到的三维影像进行显示，影像调色单元22可对三维影像进行调色，使得三维影像更加清晰准确，可对不同颜色的饮料包装进行三维成像，影像旋转单元23可对三维影像进行旋转调节，可对三维影像进行多角度调整，便于对饮料包装进行多角度多方位识别对照，并将调色旋转后的三维影像发送到云服务平台1中。

3）数据库8向云服务平台1发送饮料包装二维标准图像和三维标准图像，提供基础识别对比数据，云服务平台1将采集到的二维图像数据、调色旋转后的三维影像、二维标准图像和三维标准图像发送到图像识别模块5。

4）图像识别模块5中的图像整理单元24可对接收到的数据进行整理，标记识别单元25可对二维图像和三维影像中的特别标记进行识别分类，判断饮料包装上的特别标记是否正确，影像对照单元26可将采集到的二维图像数据与二维标准图像进行对照，将调色旋转后的三维影像和三维标准图像进行对照，判断饮料包装采集图像与标准图像是否一致，并将识别结构发送到云服务平台1。

5）云服务平台1对接收到的识别结果进行整理，并将识别结果上传到筛分管理模块6、数据库8和智能终端9，当识别结果显示"无匹配"时，将判断结果发送到警示模块7。

6）筛分管理模块6中的喷码管理单元27对"无匹配"的饮料包装进行喷码，筛分管理单元28可将"有匹配"和"无匹配"的饮料包装进行分类处理，警示模块7可在识别出"无匹配"饮料包装时进行警示，同时当"无匹配"的饮料包装筛分之后，警示解除。

7）使用智能终端9可对数据库8中的数据进行查看，便于对饮料包装识别过程进行查看，并实时掌握系统设备的工作状态，保证识别的准确性。

该实施方式基本解决了背景技术中现有的饮料包装的图像识别系统中图像识别范围较小、识别不够全面、容易出现偏差、大多是对图像进行片段式识别、对饮料包装整体识别效果差的问题。

对于本技术应用，饮料包装的图像快速识别系统中还设置了数据监测模块3，实现对系统设备运行条件的实时监测，主要包括温湿度监测单元17、烟雾监测单元18、视频监测单元19和运行监测单元20。

实施方式具体为：使用时，数据监测模块3中的温湿度监测单元17可对系统设备内部和外部的温湿度数据进行监测，烟雾监测单元18可对系统设备外部环境进行烟雾数据监测，视频检测单元19可对系统设备外部进行视频数据监测，运行监测单元20可对系统设备的运行数据进行监测，并将温湿度监测数据、烟雾监测数据、视频监测数据和运行监测数据发送到云服务平台1；数据库8将系统设备工作环境的正常温湿度数据、烟雾数据、视频数据和运行数据发送到云服务平台1，云服务平台1将监测数据与正常数据进行对比分析判断，将判断结果上传数据库8和智能终端9；当系统设备工作环境数据判断异常时，向警示模块7发送警示信号，同时系统设备停机，饮料包装识别操作暂停，工作人员发现警示信号后，可通过智能终端9查看系统设备的具体问题，然后进行检修。

该饮料包装的图像快速识别系统的工作原理：通过设置AR扫描模块2、AR呈现模块4、图像识别模块5、筛分管理模块6、警示模块7、数据库8和智能终端9，可对饮料包装进行多角度、多方位的二维图像数据采集以及识别，并将二维图像整合成三维影像，经优化后得到饮料包装的三维影像，然后对三维影像进行识别，实现对饮料包装的整体式识别，从而有效减少误差，获得更佳的饮料包装图像识别分类效果。

在此基础上，通过设置数据监测模块3，可以实时监测系统设备的温湿度数据、烟雾数据、视频数据和运行数据等，从而能够随时识别、发现设备故障问题，采取措施及时处理，保证系统正常运行，避免由于系统设备异常造成饮料包装识别不准确的问题，有效提升饮料包装识别的准确性。

第 8 章
集成示范应用

8.1 产品全生命周期追溯湖州示范大数据集成平台

在浙江省湖州市开展了四类典型产品的集成示范应用，同时构建了典型产品识别溯源集成数据库和可视化展示平台。通过该平台可实现对电器电子、汽车、铅酸蓄电池和包装物四类产品集成数据库的管理、维护和使用的长效管理机制，使数据库能够不断地扩展和完善，保证数据的一致性、鲜活性、准确性。

自 2021 年 6 月起，以产品全生命周期追溯为原则，相关人员开始搭建各类产品从生产到拆解利用的全流程集成数据库。开发了一个界面四个接口组成基础集成数据平台，关联各产品生命周期数据系统，通过数据可视化展示各课题集成示范应用成果，拟解决不同产品数据库管理技术差异较大的问题。四个课题的产品数据库依据自己现实条件提供展示数据，对部分有条件的产品实现动态抓取实时数据。

从具体功能来看，该平台建立了统一的可视化管理页面，提供平台级别的数据管理功能，包括产品权限、数据时效管理和安全管控等方面功能，预设回收情况总览、生产情况总览、地理位置信息、拆解情况总览等图形组件，通过图形化的界面可快速联动在大屏进行展示。同时，基于数据基本情况进行嵌入式分析。

8.2 典型产品溯源系统集成示范

典型产品识别溯源集成数据库和可视化展示平台应用情况如下所述。

8.2.1 电器电子

数据类型：静态数据。
数据时间：2021 年 5 月~2022 年 12 月。
涉及环节：回收环节、中转环节、拆解环节。
数据分析：回收来源、品类占比、月度趋势。
电器电子产品全生命周期溯源可视化展示平台见图 8.1。

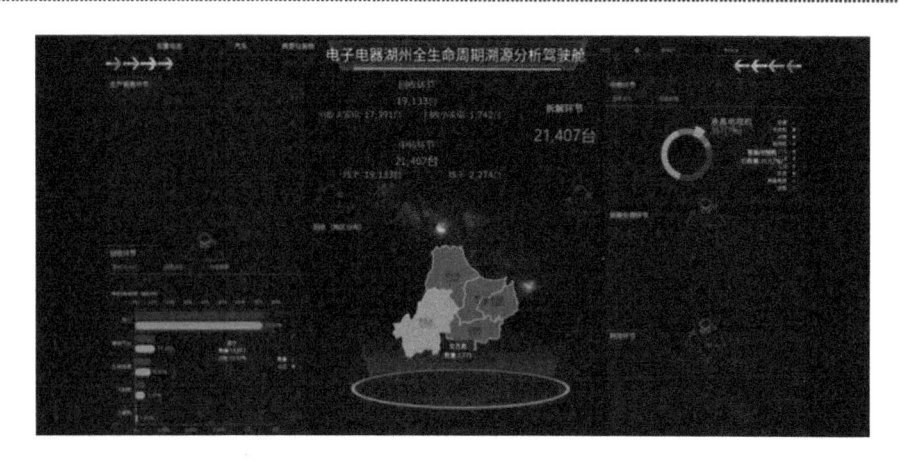

图 8.1　电器电子产品全生命周期溯源可视化展示平台

8.2.2　包装物

数据类型：动态数据。
数据时间：2021 年 4 月～2022 年 12 月。
涉及环节：回收环节、第一中转环节、第二中转环节、利用环节。
地区分布：湖州市安吉县。
数据分析：总质量、包装物分类占比、月度趋势。
包装物全生命周期溯源可视化展示平台见图 8.2。

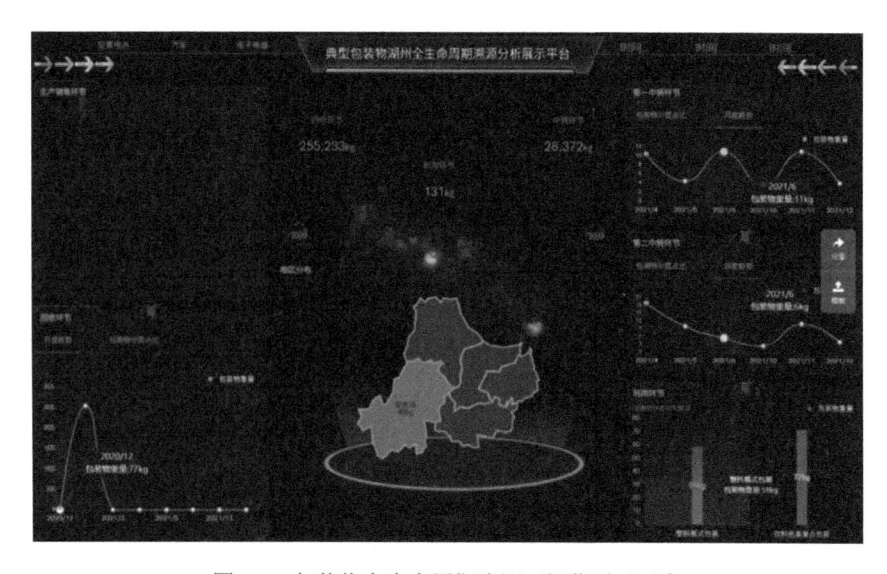

图 8.2　包装物全生命周期溯源可视化展示平台

8.2.3 汽车

数据类型：静态数据（分普通车辆及新能源车辆）。
数据时间：2021年1月～2022年9月。
涉及环节：车辆拆解及利用环节。
地区分布：湖州市及其他省份。
数据分析：拆解数量及回收拆解公司、拆解地点、五大总成利用情况、动力电池流向、月度趋势。

8.2.4 铅酸蓄电池

数据类型：动态数据。
数据时间：2021年4月～2022年12月。
涉及环节：回收环节。
地区分布：湖州市长兴县。
数据分析：上线门店数，295家；投售单数，834单；投售组数，11484组；转运吨数，92.4t。
铅酸蓄电池全生命周期溯源可视化展示平台见图8.3。

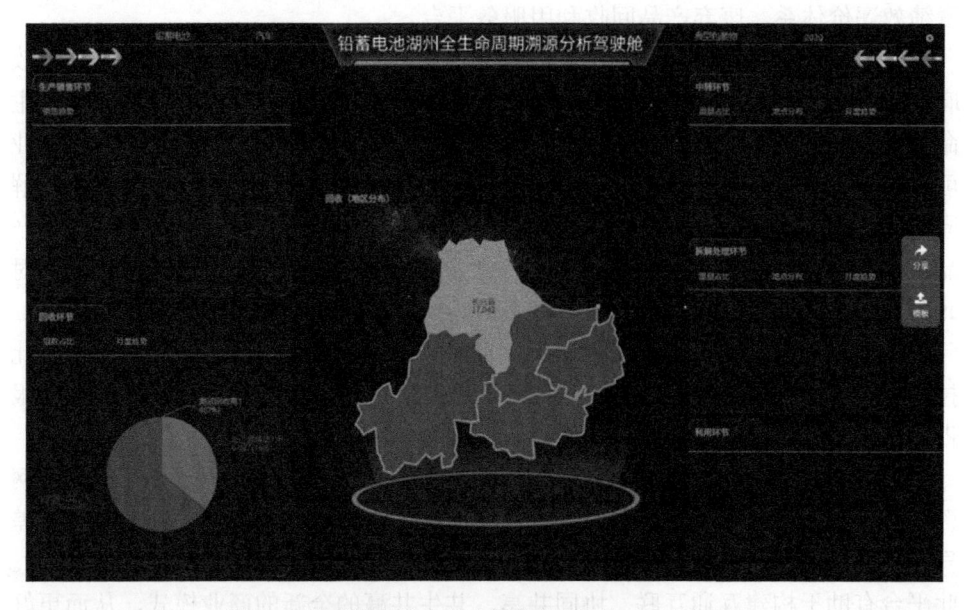

图 8.3　铅酸蓄电池全生命周期溯源可视化展示平台

8.3 技术应用商业推广模式模块化设计

为了便于其他地区参照本课题研究成果进行此四类产品的全生命周期识别溯源技术的应用推广，同时便于其他产品推行产品全生命周期识别溯源技术，对产品全生命周期识别溯源技术应用模式进行了模块化设计。

8.3.1 核心模块

核心模块主要由政府、企业、第三方、用户四部分组成。此模块中，政府通过税收补贴、绿色金融等政策激励企业完成生产者责任延伸，督促第三方协助企业完成产品全生命周期识别溯源；通过以旧换新等政策引导用户参与产品全生命周期识别溯源技术的应用。同时，通过技术交流、技术共享等方式，促进企业间、企业与第三方的合作共赢。

8.3.2 技术模块

该模式包含以下三个技术模块：产品全生命周期追溯平台、企业自主信息履责绩效评价体系、废弃产品回收利用服务平台。

目前产品全生命周期追溯平台分为两个端口和四个品类。两个端口分别为政府端口和企业端口。政府端口是指相关政府部门可通过本平台查询企业产品全生命周期实时信息，从而为政府管理、监督工作通过技术支持；企业端口是指企业可在本平台查询本企业实时的生产、销售、报废、再利用等信息，进而及时了解原料消费情况、生产节能情况。四个品类为本项目研究的电器电子产品、汽车产品及典型部件、铅酸蓄电池产品、典型包装物产品，虽然目前本追溯平台只针对此四类产品，但相应的技术模块可以根据其他产品的特点进行相应修改后使用。

企业自主信息履责绩效评价体系，目前只针对本项目研究的四类产品，但此技术模块可以拓展到其他品类，从而形成多品类的生产企业自愿披露环境信息报告，建立履责评价模型。

废弃产品回收利用服务平台，整合了线上的互联网金融服务及线下的物联网资源，通过本模块可以不断促进产业链布局深入，推进废弃产品回收的进程和差异化发展，是商贸业、物流业、金融业及其他服务业共同参与的综合性服务平台。此平台有助于构建互通互联、协同共享、共生共赢的全新的商业模式，从而更好地服务于生产者责任延伸制度的推行。

8.3.3 渠道模块

渠道模块是指技术推广的渠道，技术推广渠道主要分为三类：政府宣传渠道、企业/第三方宣传渠道、社会宣传渠道。政府可通过政策支持、财政补贴等方式进行宣传，企业/第三方可通过产品标识或销售广告等方式进行宣传，社会宣传渠道包括社区/街道入户宣传、公益广告宣传等。

EPR需要建立以企业为主体的市场机制，促进生产企业主动从改善产品全生命周期环境表现着眼，实现废物减量和循环利用。在此背景下，本研究针对国务院办公厅发布的《生产者责任延伸制度推行方案》所适用的电器电子、汽车、铅酸蓄电池和包装材料四大产品领域，聚焦全生命周期资源消耗与环境影响的减量化目标，全面回顾国内外EPR系统评估已有工作基础，采用企业自主披露信息与逆向物流系统平台信息相结合的方式，采集数据，建立了生产者履责绩效评价指标体系。基于生产者履责绩效综合评价模型和评价方法，整合生产企业现有的其他材料供应、市场销售、生态设计、信息公开以及回收利用等信息，建立生产企业履责绩效评价信息数据库。

建立整合个体责任与集体责任的EPR履责绩效评价一般方法。基于企业自主发布的可持续发展报告信息对其进行定性系统评价。鼓励企业将供应链管理、产品生态设计等内容向社会公开，保障了公众的知情权，促进了公共领域对于环境、可持续发展等主题的讨论，引导消费者关注，有利于社会机制的建设。并且相对于法定披露，企业自主信息披露具有更强的灵活性，能够充分发挥企业的主体创造性，通过产业链协调，促进行业共识的形成，进而发展相关的行业，充分发挥市场机制的激励作用。同时，建立基于回收利用系统的多源信息评价体系。通过产品消费后流转过程不同环节真实交易过程的信息采集，结合产品特点，选择关键指标，评估回收利用系统的资源环境性和经济效益。目前的管理模式下，评估主要采用模型估算数据，从产业集体责任的角度，对回收利用系统的总体表现进行评估。

建立统一数据标准下的全生命周期信息大数据平台和支撑生产者履责绩效评价的数据库。开发完成包含电器电子、汽车、铅酸蓄电池和包装物四类产品的生产者履责信息的数据库系统，该数据库系统作为全生命周期信息大数据平台的重要组成部分，需要能够储存、更新、共享信息，与多平台对接，并能有效供第三方核证机构使用，以支持我国生产者落实延伸责任。

具体分产品种类而言，在电器电子产品的全生命周期溯源技术研究中，实现了"四机一脑"的"报废—回收—拆解"回收利用过程的生命周期可追溯，完善了项目示范地湖州地区废弃电器电子产品的回收体系，改善了当地废弃电器电子产品回收统计数据缺乏的现状，推动了湖州当地更多的废弃电器电子产品进入规范拆解企业，降低环境风险，同时可为其他废弃产品的回收提供成功经验和典型模式，起到了积极的示范作用，为我国推行落实《生产者责任延伸制度推行方案》提供了技术支撑，具有一定的实用价值。

在汽车产品及典型部件全生命周期溯源技术研究中，开发了废弃产品快速识别和编码核心技术，并基于该技术建立报废汽车信息管理系统平台。应用物联网及大数据技术，构建了基于云计算与无线射频识别方法的报废汽车回收与处置监控体系，实现了对每辆报废汽车的精准计数、全程感知、全面覆盖、实时监控，以及在处理企业内部运转的全流程监控；建立了安全、高效、快速的电子支付结算系统，具有残值一键支付、交易跟踪和到账提醒等功能，实现报废汽车交易快速结算及高效回收。该技术的研发为全面落实《生产者责任延伸制度推行方案》（汽车产品）提供了技术基础。重点开发了退役动力电池快速检测技术。采用电化学阻抗谱的方法，将检测时间从 5h 缩短到 5min，同时降低了 95% 的检测成本投入。

在铅酸蓄电池全生命周期溯源技术研究中，按照"基础研究—技术突破—数据采集—平台建设—应用验证"的研究思路，针对铅酸蓄电池这一典型产品进行全生命周期识别溯源体系的设计及应用示范。基于传感技术和射频技术，研发废铅酸蓄电池快速自动识别和完整性检测技术，实现废旧电池的完整性检测和快速计量一体化。开发铅酸蓄电池全生命周期信息大数据平台、废铅酸蓄电池线上交易平台，采集并分析生产者履责绩效评价信息以及生产企业废铅酸蓄电池回收情况、市场投放情况。上述技术已经在我国最大的铅酸蓄电池生产企业天能集团示范应用，年回收废铅酸蓄电池达到 75 万 t；支撑生态环境部固体废物与化学品管理技术中心建设完成"废铅酸蓄电池公共服务信息管理平台"，试点应用范围覆盖全国 22 个省区市。通过该技术成果应用，支撑铅酸蓄电池生产企业落实生产者责任延伸制度，建设覆盖全生命周期的信息化管理系统，可使废铅酸蓄电池规范回收率由 2018 年的约 30% 提高到 2021 年的约 50%，年回收利用量达到约 300 万 t，有效防止废铅酸蓄电池流向非正规收集处理渠道，大幅提高了废铅酸蓄电池处置利用效率，减少二次污染，杜绝"血铅事件"的发生。

在复合包装全生命周期溯源技术研究中，综合运用数据采集技术、数据存储技术、数据挖掘技术、数据分析技术、信息追溯技术等信息技术进行技术集成与应用，在对行为主体的行为分析基础上，设计构建典型包装物全生命周期追溯体系，结合课题研究的包装生态设计和快速识别技术，开发了典型包装物全生命周期信息追溯大数据平台。实验证明，自助回收机可在社区垃圾分类的场景下实现对回收到的废弃包装物初始打包、运输中转、加工利用的完整链条并进行跟踪追溯，且能够在系统后台查阅、分析和监控。

参 考 文 献

[1] Lindhqvist T. Extended producer responsibility in cleaner production: policy principle to promote environmental improvements of product systems [D]. Lund: Lund University, 2000.

[2] 王曦. 论美国《国家环境政策法》对完善我国环境法制的启示[J]. 现代法学, 2009, 31(4): 177-186.

[3] 王红梅, 于云江, 刘茜. 国外电子废弃物回收处理系统及相关法律法规建设对中国的启示[J]. 环境科学与管理, 2010, 35(9): 1-5.

[4] 冷罗生. 电子废弃物回收利用和处置的法律措施——国外经验与我国对策[J]. 行政管理改革, 2012(12): 36-40.

[5] 王兆华, 尹建华. 生产者责任延伸制度的国际实践及对我国的启示——以电子废弃物回收为例[J]. 生产力研究, 2008(3): 95-96.

[6] 黄和平. 生命周期管理研究述评[J]. 生态学报, 2017, 37(13): 4587-4598.

[7] 王晓冬. 国外循环经济发展经验——一种制度经济学的分析[D]. 长春: 吉林大学, 2010.

[8] Kiddee P, Naidu R, Wong M H. Electronic waste management approaches: an overview[J]. Waste Management, 2013, 33(5): 1237-1250.

[9] Abejón R, Laso J, Margallo M, et al. Environmental impact assessment of the implementation of a Deposit-Refund System for packaging waste in Spain: A solution or an additional problem? [J]. Science of the Total Environment, 2020, 721: 137744.

[10] Choi B C, Shin H S, Lee S Y, et al. Life cycle assessment of a personal computer and its effective recycling rate[J]. The International Journal of Life Cycle Assessment, 2006, 11(2): 122-128.

[11] 沈银华, 向东, 吴育家, 等. 基于可追溯技术的家电产品拆卸信息管理系统的设计与开发[J]. 现代制造工程, 2016, (12): 133-137.

[12] 徐媛. 德国绿色供应链管理得益于成熟的法律体系[J]. 环境经济, 2017(18): 48-53.

[13] 胡楠, 柳溪, 赵娜娜, 等. 日本循环型社会建设对中国废物管理的启示[J]. 世界环境, 2018: 48-50.

[14] 张安迎, 童昕, 谷川宽树. 日本爱知县从产业集群到生态城镇的发展经验[J]. 国际城市规划, 2022, 37(4): 155-159.

[15] 董发勤, 徐龙华, 彭同江, 等. 工业固体废物资源循环利用矿物学[J]. 地学前缘, 2014, 21(5): 302-312.

[16] 童昕, 罗朝璇. 基于企业自愿信息披露的生产者责任延伸履责绩效评价[J]. 中国人口·资源与环境, 2020, 30(4): 63-74.

[17] 齐亚兵. 电子废弃物中稀贵金属回收技术的发展现状及研究进展[J]. 材料导报, 2022, 36(S1): 436-443.

[18] Jofre S, Morioka T. Waste management of electric and electronic equipment: Comparative

analysis of end-of-life strategies[J]. Journal of Material Cycles and Waste Management, 2005, 7(1): 24-32.

[19] Zeng X L, Mathews J A, Li J H. Urban mining of e-waste is becoming more cost-effective than virgin mining[J]. Environmental Science and Technology, 2018, 52(8): 4835-4841.

[20] 岳秀萍, 李波. 固体废弃物污染及其防治与处理[J]. 能源与节能, 2014 (10): 108-109, 123.

[21] 王娟, 陈星洁. 面向两网融合的城市生活垃圾与再生资源回收供应链政企合作策略[J]. 物流科技, 2022, 45(13): 130-135.

[22] 矫旭东, 吴佳, 王韬, 等. 基于全生命周期管理的固体废物分类资源化利用研究[J]. 环境工程, 2021, 39(10): 201-206, 170.

[23] 李备鑫. 新能源汽车电池包全生命周期溯源管理系统[D]. 南昌: 南昌大学, 2020.

[24] 敖琪. 汽车"身份"唯一性综合检验研究（Ⅱ）[J]. 刑事技术, 2019, 44(6): 490-496.

[25] 李维, 刘生全, 何兆麒. 动力电池多梯级利用的技术难点分析[J]. 汽车实用技术, 2018 (22): 11-13.

[26] 宋文吉, 陈永珍, 吕杰, 等. 锂离子电池容量衰减机理研究进展[J]. 新能源进展, 2016, 4(5): 364-372.

[27] 孟祥峰, 孙逢春, 林程, 等. 动力电池循环寿命预测方法研究[J]. 电源技术, 2009, 33(11): 955-958, 969.

[28] Brady K, Henson P, Fava J A. Sustainability, eco-efficiency, life-cycle management, and business strategy[J]. Environmental Quality Management, 1999, 8(3): 33-41.

[29] de Leeuw B. Life cycle management in developing countries: state of the art and outlook[J]. The International Journal of Life Cycle Assessment, 2006, 11 (1s): 123-126.

[30] 严曾. 生命周期管理框架与实施[J]. 上海师范大学学报（自然科学版）, 2001(3): 89-93.

[31] Ahluwalia P K, Nema A K. A life cycle based multi-objective optimization model for the management of computer waste[J]. Resources, Conservation & Recycling, 2007, 51(4): 792-826.

[32] Keith W, Barlaz M, Ranjithan R, et al. Life cycle management of municipal solid waste[J]. The International Journal of Life Cycle Assessment, 1999, 4(4): 195-201.

[33] 洪梅, 宋博宇, 丁琼, 等. 生命周期评价在电子废弃物管理中的应用前景[J]. 科技导报, 2012, 30(33): 62-67.

[34] 贺振, 李光明, 安莹, 等. 射频识别技术在电子废弃物回收中的应用[J]. 四川环境, 2012, 31(6): 133-137.

[35] 杨洪霆. 基于RFID技术的医药供应链追溯系统的应用研究[D]. 上海: 华东理工大学, 2013.

[36] 李富玉, 李浙昆. 射频识别(RFID)系统的频段特性及其应用现状分析[J]. 科技咨询导报, 2007 (9): 1+3.

[37] 王嘉宁. 农产品供应链安全追溯系统构建及应用[J]. 沈阳农业大学学报（社会科学版）, 2013, 15(1): 17-21.

[38] 陈利. 基于物联网的产品追溯系统关键技术研究[D]. 武汉: 武汉理工大学, 2012.

[39] Sahin E, Dallery Y, Gershwin S B. Performance evaluation of a traceability system. An application to the radio frequency identification technology[C]//IEEE International Conference

on Systems, Man and Cybernetics. IEEE, 2002, 3: 6.

[40] Morrissey M T, Almonacid S. Rethinking technology transfer[J]. Journal of Food Engineering, 2004, 67(1): 135-145.

[41] Wang J, Li Y K, Pan W, et al. Analysis and future market forecast research of China's end-of-life new energy vehicle recycling and dismantling technology[J]. E3S Web of Conferences, 2020, 165: 01033.

[42] Wang J, Huo L L, Huang Y H, et al. Research and policy suggestions on promoting the greenization of the lifecycle of automobile products[J]. E3S Web of Conferences, 2020, 165: 06058.

[43] 张科静, 魏珊珊. 国外电子废弃物再生资源化运作体系及对我国的启示[J]. 中国人口·资源与环境, 2009, 19(2): 109-115.

[44] Jen L C, Wu W W. A fuzzy extension of the DEMATEL method for group decision making[J]. European Journal of Operational Research, 2004, 156(1): 445-455.

[45] 李洪伟. 绿色产品评价理论方法研究及其在地面仿生机械中的应用[D]. 长春: 吉林大学, 2004.

[46] 马飞, 陈宏军, 杨华. 基于 DEMATEL 方法的绿色供应链关键绩效评价指标选择[J]. 吉林大学社会科学学报, 2011, 51(6): 126-131.

[47] 冯利华. 国外 EPR 制度立法实践对我国的启示[J]. 中国经贸导刊(理论版), 2018, (2): 28-30.

[48] 徐鹤, 周婉颖. 日本电子废弃物管理及对我国的启示[J]. 环境保护, 2019, 47(18): 59-62.

[49] 商务部. 中国再生资源回收行业发展报告(2018)[R]. 2018.

[50] Forti V, Balde C P, Kuehr R, et al. The Global E-waste Monitor 2020: Quantities, flows and the circular economy potential[R]. 2020.

[51] 胡楠, 柳溪, 赵娜娜, 等. 日本循环型社会建设对中国废物管理的启示[J]. 世界环境, 2018, (5): 48-50.

[52] 刘婷婷, 吴玉锋, 谢海燕. "城市矿产"利益相关者探析[J]. 生态经济, 2015, 31(11): 96-100.

[53] 再协. 废弃电器电子产品回收: 光有补贴还不够[J]. 中国资源综合利用, 2015, 33(9): 5-6.

[54] 刘娅茹. 北京市居民参与再生资源互联网回收影响因素研究[D]. 北京: 北京工业大学, 2020.

[55] Venkatesh V, Morris M G, Davis G B, et al. User acceptance of information technology: Toward a unified view[J]. MIS quarterly, 2003, 27(3): 425-478.

[56] 何艺, 王维, 丁鹤, 等. 铅蓄电池落实生产者责任延伸制度成效与展望[J]. 环境工程学报, 2021, 15(7): 2218-2222.

[57] 何艺, 郑洋, 何叶, 等. 中国废铅蓄电池产生及利用处置现状分析[J]. 电池工业, 2020, 24(4): 216-224.

[58] Xin Z, Zhang D Y. Analysis on the optimal recycling path of Chinese lead-acid battery under the extended producer responsibility system[J]. Sustainability, 2022, 14(9): 4850.

[59] 刘继永. 典型包装物全生命周期环境影响评价系统研究与开发[D]. 北京: 机械科学研究总院, 2010.

[60] 曹国荣, 王瑜, 黄仁晖, 等. 包装废弃物与逆向物流的研究[J]. 包装工程, 2006(6): 58-60.

[61] 刘嘉辉. 基于 Zedboard 的饮品包装识别回收系统设计[D]. 呼和浩特: 内蒙古大学, 2019.

[62] Fredrik W, Williams H, Venkatesh G. The influence of packaging attributes on recycling and food waste behaviour: an environmental comparison of two packaging alternatives[J]. Journal of Cleaner Production, 2016, 137: 895-902.

[63] Milios L, Christensen L H, McKinnon D, et al. Plastic recycling in the Nordics: A value chain market analysis[J]. Waste Management, 2018, 76: 180-189.

[64] Chang X Y, Wu J, Li T, et al. The joint tax-subsidy mechanism incorporating extended producer responsibility in a manufacturing-recycling system[J]. Journal of Cleaner Production, 2019, 210: 821-836.

[65] da Cruz N F, Simões P, Marques R C. Costs and benefits of packaging waste recycling systems[J]. Resources, Conservation and Recycling, 2014, 85: 1-4.

[66] Hao Y, Liu H, Chen H J, et al. What affect consumers' willingness to pay for green packaging? Evidence from China[J]. Resources, Conservation and Recycling, 2019, 141: 21-29.

[67] Venkatesh V, Morris M G, Davis G B, et al. User acceptance of information technology: Toward a unified view [J]. MIS Quarterly, 2003, 27(3): 425-478.

[68] 马小龙, 刘兰娟. 基于 UTAUT 的城镇居民对互联网社交理财产品使用意愿影响因素研究[J]. 消费经济, 2016, 32(2): 81-85, 39.

[69] 郭捷, 王嘉伟. 基于 UTAUT 视角的众包物流大众参与行为影响因素研究[J]. 运筹与管理, 2017, 26(11): 1-6.

[70] 李武, 胡泊, 季丹. 电子书阅读客户端的用户使用意愿研究——基于 UTAUT 和 VAM 理论视角[J]. 图书馆论坛, 2018, 38(4): 103-110.

[71] Hsu C L, Lin C C. Effect of perceived value and social influences on mobile app stickiness and in-app purchase intention[J]. Technological Forecasting and Social Chang, 2016, 108: 42-53.

[72] 王兴棠, 毛卓玮. 生产者责任延伸制度、企业社会责任与废弃物回收比例[J]. 产经评论, 2022, 13(2): 16-25.

[73] 熊志文. 我国包装废弃物资源化利用管理政策研究[D]. 赣州: 江西理工大学, 2011.

[74] 中国物资再生协会. T/CRRA 9905-2021 饮料包装物生产者履责绩效评价[S]. 2021.

[75] 财联社. 2021 年碳中和背景下 PET 瓶可持续发展报告[R]. 2021.

[76] 北京资源强制回收产业技术创新战略联盟饮料纸基复合包装回收利用专委会. 饮料纸基复合包装生产者责任延伸履责报告(2020)[R]. 2021.